한 권으로 배우는

경제 · 경영 · 정보시스템의 이해

공저자 약력 소개

노택환 (盧宅煥 roth@ynu.ac.kr)

경북대학교 대학원에서 경제학박사를 취득하고 1980년 이후 영남대학교 국제통상학부 교수로 재직하면서 통상정책 · 국제투자 · 국제경제관계 분야를 강의하고 있다. 영남대학교 학생처장 · 야강대학장 · 사회과학연구소장 · 경영대학원장 등을 역임하였고 Washington State Univ.(USA)와 Macquarie Univ.(Sydney) 객원교수로 재직하였으며, 한국무역학회 · 한국국제통상학회 · 한국국제경제학회 이사를 역임하였다. 주요 저서로는 무역학개론(박영사, 1985), 다국적기업의 해외직접투자이론(학문사, 1990), 기업의 합병 매수론(영남대출판부, 1994), 국제통상의 이해(박영사, 2004), 국제통상정책론(박영사, 2008) 등이 있다.

박종무 (朴鍾茂 jpak@ynu.ac.kr)

미국 St. John′s University에서 경영학 석사(MBA), University of Alabama에서 경영학 박사(Ph.D)학위를 취득하고 1992년 이후 영남대학교 경영학부 교수로 재직하면서 마케팅원론 · 마케팅조사론 · 서비스마케팅 분야를 강의하고 있다. 영남대학교 경영학부장과 경영대학원 부원장 등을 역임하였고 미국 Old Dominion University의 객원교수로 재직하였으며, 한국중소기업학회 이사, 한국마케팅학회와 한국산업경영학회 상임이사, 한국소비문화학회 편집위원장, 한국마케팅관리학회 부회장, 한국전략마케팅학회 회장을 역임하였다. 주요 저서로는 마케팅(공저, 경문사, 3판 2008), 소비자의 이해(공저, 영남대학교출판부, 2001), 한국산학협동의 실패와 전망(공저, 산학경영기술연구원, 2000) 등이 있다.

한동근 (韓東根 dghan@yumail.ac.kr)

미국 퍼듀(Purdue)대학에서 경제학박사를 취득하고 1995년부터 영남대학교 경제금융학부 교수로 재직하면서 게임이론 · 국제금융론을 강의하고 있다. 국토연구원 연구원, 영남대학교 경제금융학부 학부장 · 생활관 관장 · 상경대학 부학장을 역임하였고 한국경제통상학회 이사, 한국은행 자문교수, 대구경북연구원 객원연구위원으로 활동하였다. 주요 저서로는 게임이론(경문사, 1997), 국제금융의 이해(명경사, 2006), 헨리조지 100년 만에 다시 보다(공저, 경북대 출판부, 2002) 등이 있다.

한영춘 (韓榮春, ychan@yu.ac.kr)

미국 조지아주립대학교 대학원에서 경영정보학석사와 경영학박사 학위를 취득하고 현재 영남대학교 경영학부 교수로 재직하면서 경영정보시스템 · 인터넷비즈니스 분야를 강의하고 있다. 한국정보시스템학회 편집위원장 및 부회장, 한국산업경영학회 · 한국의사결정학회 · 한국인터넷전자상거래학회 이사를 역임하였다. 대표논문으로 "정보시스템의 아웃소싱 성과에 대한 조절요인" 외 30여 편이 있으며, 주요 저서로는 경영정보시스템(이프레스, 2007), Turban의 전자상거래(사이텍미디어, 2006) 등이 있다.

김기수 (金琪洙, kskim@ynu.ac.kr)

미국 University of Georgia에서 경영학박사를 취득하고 1991년부터 영남대학교 경영학부 교수로 재직하면서 경영정보시스템 분야의 강의를 담당하고 있다. 미국 Old Dominion University와 University of Washington에서 방문교수로 교육과 연구를 수행하였다. 주요 저서로는 컴퓨터와 정보시스템(한국지역발전연구재단, 1997), 사회과학을 위한 PC의 이해와 활용(자유아카데미, 1996) 등이 있다.

한 권으로 배우는

경제 · 경영 · 정보시스템의 이해

노택환 · 박종무 · 한동근
한영춘 · 김기수

pegasus

서 문

반드시 바람직한 현상이라고 할 수는 없지만 오늘날 우리나라 대학의 교육수요가 경상계열에 집중되고 있다. 매년 9만 명 내외의 신입생들이 대학(5만 5천)과 전문대학(3만 5천)의 경상계열에 새로이 진입하고 있어 총 35만 명 내외의 대학생들이 경상계열의 학문을 전공하고 있다. 이것은 우리나라 전체 대학생의 약 16%, 인문사회계열의 약 36% 정도에 해당되는데 이 비율이 계속 높아지고 있다.

경상계열 학문에 대한 대학생의 수요는 여기에 그치지 않는다. 어느 취업포털사이트가 조사한 바에 따르면 2007년도 대학졸업자 중 63.6%가 복수전공하였고 그들 중 43.7%가 경상계열을 복수전공 하였다고 하니 복수전공자 역시 적어도 25만 명 이상이 될 것으로 추정된다. 뿐만 아니라 최근 급격히 늘어나고 있는 외국인 유학생 중 70% 이상이 중국유학생인데 이들 중 70% 이상이 인문사회계열을 전공하고 있으며 그 중 70% 정도가 경상계열 학문을 선택하고 있는 것으로 알려지고 있다.

이처럼 대학의 경상계열은 학생들로 넘쳐나고 있지만 안타깝게도 정작 경상계열 학생들의 지적 수준이나 전공소양이 반드시 높다고 할 수만은 없는 것이 현실이다. 경상계열 대학에 입학하는 신입생들의 거의 대부분이 고등학교에서 아예 경제과목을 수학하지 않았거나 수학하였더라도 어렵다는 이유로 이를 수능과목으로 선택하지 않아 아주 기초적인 경제개념 조차 갖고 있지 못하다. 또한 경제과목을 나름대로 열심히 공부한 학생들 역시, 요즘 학생들이 대체로 그러하듯이, 본질적 개념이나 기초적 원리를 이해하려고 노력하였기보다는 정답 맞추기 위한 훈련만을 열심히 한 결과 대학에 입학한 후 전공강의에 제대로 적응하지 못하고 있다.

경상계열을 신택하여 입학한 신입생이 이러할진대 대학에 들어와 막연히 취업에 도움이 될 것이라는 이유만으로 경상계열 학문을 복수전공하는 타 계열 학생들의 경우 이러한 사정은 더욱 심할 수밖에 없고 이러한 어려움은 외국유학생의 경우 더 말할 나위가 없다. 위에서 언급한대로 최근 우리나라 대학에 중국유학생들의 진입이 매우 많지만, 이들의 대부분이 언어능력부족이나 전공에 대한 기초개념부족으로 사실상 제대로의 학업을 성취하지 못하고 있어 대학에서 강의를 담당하고 있는 우리 교수들로서는 민망하기까지 하다.

이러한 점들 때문에 경상계열을 전공하고자 하는 학생들에게는 각자의 전공과목 이수에 앞서 그것들을 제대로 이해하기 위한 경제 · 경영 · 컴퓨터에 대한 기초개념과 일반원리를 이해시키는 노력이 절실하게 필요해졌다.

한편, 오늘날 경제사회발전이나 경제세계화에 따라 경제가 어떻게 작동하는지를 잘 이해한다는 것은 비단 경상계열학문을 전공하는 학생들에게만 필요한 것이 아니라 타 계열 학생이나 일반 시민들 역시 하나의 생활인으로서 이에 대한 지식이 필수불가결한 것이 되고 있다. 또한 오늘날의 자본주의경제에서 가장 중요하고 중심이 되는 조직이 기업인만큼 기업경영과 경영학에 대한 기본적인 이해가 일반인의 상식이 되어가고 있으며, 더욱이 정보통신기술의 급속한 발달로 컴퓨터와 정보시스템에 대한 더 높은 지식과 이해가 모든 현대인들의 필수과제가 되고 있다.

이러한 추세에 따라 이러한 각각의 분야에 대한 수많은 서적들이 출판되고 있지만 정작 이들에 보다 쉽고 종합적으로 접근하고자 하는 일반인들의 니즈needs를 충족시켜주는 도서를 찾아보기는 결코 쉽지 않다.

이상과 같은 인식을 바탕으로 이 책은 기획되고 집필되었다. 이러한 목표를 위하여 본서는 다음과 같은 점에 유의하면서 다음과 같은 내용으로 구성하였다.

첫째, 이 책은 1차적으로는 경상계열에 새로이 입학하는 신입생이나 복수전공 희망자, 또는 외국유학생을 대상으로 한 학기 2-3학점 정도의 경상계열 전공기초교육을 위한 교재로서 활용할 수 있도록 기획하였다. 이를 위하여 각각의 토픽에 대하여 3-4개의 '주요용어'와 '토론주제' 등을 설정하여 각 편의 마지막 부분에 수록하였다. 이와 동시에 이 책은 경상계열 학문에 대한 소양과 지식을 넓히려는 비전공자나나 일반인들이 보다 쉽게 접근할 수 있는 교양도서로서의 기능도 가질 수 있도록 고려하였다. 따라서 경제 · 경영에 대한 지식과 개념이 모든 분야에서 더욱더 필요하고 중요해지는 오늘날의 환경 속에서 비전공자나 일반인들이 스스로 읽고 익히는 경제 · 경영 교양도서로서도 유용할 수 있으리라고 기대된다.

둘째, 경상계열 학문에 대한 입문자들이 보편적으로 이해하여야 할 기초개념과 기본원리를 균형 있게 편성하기 위하여 전체 내용을『경제와 경제학』(제1편),『기업경영과 경영학』(제2편),『컴퓨터와 정보시스템』(제3편)의 3개 분야로 나누어 각각의 분야에서 30개씩, 전체 90개의 토픽을 선정하였다. 물론 이것만으로 경상계열 학문의 광범위한 내용을 모두 커버하기에는 턱없이 부족할 수 있지만, 경상계열 입문자나 일반인들이 보편적으로 알아야 할 최소한의 기초내용을 종합적으로 수록하여 우리 학문의 전체적인 윤곽과 기초 개념들을 이 한권의 책으로 어느 정도 습득할 수 있도록 시도하였다.

셋째, 일반적인 교과서나 전문서적과는 달리 이 책은 가능한 우리 주변의 일상생활에서 자주 발생하고 신문이나 방송의 뉴스에서 자주 등장하는 사례들을 활용하려고 노력하였다. 안타깝게도 많은 사람들은 경상계열 학문을 딱딱하고 어렵다고 생각하는 경향이 있다. 여러 가지 이유가 있겠지만 경상계열 학문에서 사용하는 용어와 개념들이 평소 일상생활에서 익숙하지 않고 그 내용 역시 개념과 원리를 너무 어렵고 현학적으로 설명하고 있기 때문이기도 할 것이다. 따라서 이 책에서는 너무 난해한 이론이나 현학적인 설명을 피하고 독자들이 가능한 손쉽게 닿을 수 있는 우리 주변의 현실적인 지식을 제공하려고 나름대로 노력하였다.

아무쪼록 이상과 같은 우리의 기획의도가 빛을 발휘하여 경상계열의 신입생 · 복수전공자 · 편입생 · 외국유학생 등이 이 책을 통하여 우리 학문에 대한 기초지식과 원리를 습득함과 동시에 우리 학문에 대한 보다 큰 지적 흥미와 열의를 가지게 되어 더 큰 성취를 이루게 되기를 희망한다. 아울러 경제와 경제학 · 기업경영과 경영학 · 컴퓨터와 정보시스템 등 경상계열 학문에 관심을 가진 일반인들이 이 한권의 책으로 그에 대한 기초지식과 체계를 어느 정도 쉽게 접근하는 좋은 계기가 되기를 기대한다.

끝으로 이제 이 책의 출판에 즈음하여, 본서의 집필의도에 동의하고 동참해 준 공저자 여러분의 노고에 감사드리고 또한 본서를 기획하는데 하나의 모멘텀을 제공해 준 영남대학교 국제교류원과 도서출판을 담당해 준 출판부에도 감사드린다. 또한, 한편으로는 전공이 서로 다른 다섯 사람이 공동으로 집필하여 나름의 시너지효과가 발휘된 것도 사실이지만, 또 다른 한편으로는 이 때문에 책 전체를 가로지르는 전체적 통일성이나 토픽topic 구성의 정합성이 다소 부족한 점 역시 없지 않다. 앞으로 더욱 보완하고 수정해가야 할 과제라고 생각하면서 동학 제현의 많은 충고와 조언을 삼가 바란다.

2008. 8.

차 례

제3편 | 컴퓨터와 정보시스템의 기초개념 |

제1편

경제와 경제학의 기초개념

경제가 어떻게 작동하는지를 잘 이해한다는 것은 단지 경제학자나 정책당국자에게만 필요한 것은 아니다. 동네 가게 주인이든, 직장인이든, 심지어 전업주부라 하더라도 경제상황이 어떻게 돌아가고 또 왜 그렇게 되는지를 잘 이해하여야 합리적인 재무계획을 세우고 재정적으로 미래를 대비할 수 있다. 하물며 경제, 경영, 국제통상 등 경상계열의 학문을 새로이 접하려는 입문자들은 더 말 할 나위도 없다.

그런데 이러한 경제의 작동원리를 체계적으로 다루는 분야가 바로 경제학이다. 따라서 경제학 공부는 우리 생활에 꼭 필요한 것이지만, 안타깝게도 많은 학생들은 경제학을 딱딱하고 어려운 학문이라 생각하는 경향이 있다. 여러 가지 이유가 있겠지만 경제학에서 사용하는 용어와 개념들이 평소 일상생활에서 익숙하지 않은 것들이기 때문이기도 하다.

이에 제1편은 경상계열 입문자들이 기본적으로 알아야 할 광범위한 경제용어와 기초개념을, 일상생활에서 자주 발생하고 경제뉴스에 자주 등장하는 사례를 통해, 설명하고 있는데 주요한 내용은 다음과 같다.

1. 경제학의 학문적 성격과 연구 분야, 합리적 선택과 기회비용, 경제이론과 경제학적 방법론 등 경제학에 관한 기초개념
2. 시장의 작동원리와 기능, 탄력성과 공공재 등 미시경제 관련 기초이론과 개념
3. 금융, 화폐, 금리 등 금융관련 기초개념과 투자, 성장, 실업, 경기변동 등 거시경제 관련 기초개념
4. 국제무역, 국제금융, 국제투자 등 국제경제 관련 기초개념

1.1 경제학이란 어떤 학문인가?

우리 인간은 의식주를 해결하기 위해서는 물론 문화활동이나 여가활동을 위해서도 여러 가지 물질적 욕망과 정신적 욕망을 지니고 있다. 이러한 인간의 물질적 욕망을 충족시켜 주는 유형有形의 실체를 재화goods라고 하고 정신적 욕망을 충족시켜 주는 무형無形의 실체를 서비스services라고 한다. 인간의 욕망을 채워주는 재화와 서비스를 생산 · 교환 · 분배 · 소비하는 활동이 지속적 · 규칙적으로 이루어지며 형성된 인간행위 · 사회제도 · 질서와 같은 현상을 통틀어 **경제**經濟, economy라고 한다.

그런데 무한한 인간의 욕망과는 달리 이를 충족시킬 수 있는 자원은 한정되어 상대적으로 부족한 현상을 **희소성**稀少性, scarcity이라고 하는데 이로 인해서 경제문제가 발생하게 된다. 따라서 경제문제란 욕망(수요)과 충족(공급)의 불일치 때문에 생겨나는 문제이다. 만약 이러한 희소성 문제가 없다면, 다시 말해 인간에게 필요한 모든 자원이 얼마든지 있어 누구나 원하는 것을 가질 수 있게 되면 경제문제는 발생하지 않는다.

우리가 살아가는 데 필요한 산소는 아직까지는 희소성이 없는 **자유재**free goods이다. 따라서 누구나 마음껏 호흡할 수 있을 만큼 충분하기 때문에 산소에 대한 경제문제가 발생되지 않는다. 그러나 만약 산소가 모자라서 희소성이 생긴다면 산소를 생산하고 분배하고 소비하는 경제문제가 새로이 발생하게 될 것이다. 결국 경제문제가 일어나는 근본적인 이유는 이렇게 한정된 자원으로 인한 희소성 때문이다.

경제학經濟學, economics이 무엇인가라는 질문에 대해서는 여러 가지 서로 다른 대답이 나올 수 있다. 그러나 경제학을 가장 쉽게 정의하면 '경제현상이나 경제문제를 연구하는 사회과학' 이라고 할 수 있다. 그런데, 위에서 말한 것처럼, 이러한 경제현상이나 경제문제는 희소성 때문에 발생되므로 결국 경제학의 출발점 역시 희소성의 문제라고 할 수 있다. 이러한 관점에서 경제학을 정의하면, '한정된 자원과 무한한 욕망 간의 관계에 있어서 최선 또는 최적의 방법이 무엇인가를 논의하는 학문' 이다.

한정된 자원으로 무한한 욕망을 충족시킬 수 없는 이러한 희소성 때문에 경제학에서는 어떤 욕망을 충족시키고 어떤 욕망을 억제해야 할 것인가 하는 선택choice의 문제가 제기된다. 이 때문에 경제학을 '선택의 학문' science of choice 이라고 지칭하기도 한다. 여러 가지 많은 욕망 중에 어떤 것을 우선적으로 충족시키고 어떤 것을 그 다음으로 충족시킬 것인가, 여러 가지 욕망들 간에 얼마만큼의 자원들을 배분하여 전체적으로 가장 큰 만족을 얻을 것인가 하는 문제들이 바로 경제학의 주제이기 때문이다.

소비자는 한정된 소득으로 어떤 재화와 서비스를 얼마나 소비하고 언제 소비할 것인가를 합리적으로 선택해야 하고, 생산자 역시 ① 무엇을 얼마나what and how much, ② 어떻게how, ③ 누구를 위하여for whom, ④ 언제when 생산할 것인가를 합리적으로 선택하여야 한다.

그런데 이러한 문제를 연구하는 경제학은 그 분석방법 · 분석목표 · 분석대상 등에 따라 다시 여러 경제학 분야로 나누어지는데 경제학의 연구 분야는 일반적으로 다음과 같이 분류된다.

(1) 이론경제학 · 경제정책 · 경제사 : 이론경제학theoretical economics은 경제현상에 적용되는 원리와 법칙을 연구하는 분야이고, 경제정책economic policy은 바람직한 경제적 이상理想과 그렇지 못한 현실現實사이의 모순을 극복하고 바람직한 경제상태를 효율적으로 달성하기 위한 과제를 연구하는 분야이며, 경

제사economic history는 과거의 경제현상에 대한 인과관계를 역사적인 특수성에 의하여 파악하려는 연구 분야이다.

(2) 미시경제학과 거시경제학 : 미시경제학micro economics은 개인 · 가계 · 기업 등 경제활동을 영위하는 개별주체들의 경제행위를 분석하여 경제현상을 설명하는 연구 분야이고, 거시경제학macro economics은 국민소득 · 물가 · 고용 · 투자 · 저축 등 국민경제 전체와 부문의 운용수준과 움직임을 분석하는 연구 분야이다.(이에 대해서는 뒤에 다시 설명한다.)

(3) 실증경제학과 규범경제학 : 실증경제학positive economics은 경제현상 속에 내재하는 경제원리나 경제법칙을 객관적으로 인식하고 정립하려는 연구 분야이고, 규범경제학normative economics은 무엇이 더 바람직한 경제상태인가를 논의하고 그 해답을 제시하려는 연구 분야이다.(이에 대해서는 뒤에 다시 설명한다.)

(4) 플로경제학과 스톡경제학 : 플로경제학flow economics은 일정기간 동안 경제적 유량流量을 주요한 분석대상으로 하는 연구 분야이고, 스톡경제학stock economics은 일정 시점까지 비축된 경제적 저량貯量을 주요한 분석대상으로 하는 연구 분야이다.(플로와 스톡의 경제변수에 대해서는 뒤에 다시 설명한다.)

(5) 정태경제학과 동태경제학 : 정태경제학static economics은 시간의 흐름이나 여건의 변화를 고려하지 않고 더 이상 변화가 없는 균형상태의 경제현상을 연구하는 연구 분야인데 비하여, 동태경제학dynamic economics은 여건의 변화와 시간의 변화를 고려하면서 여러 가지 경제현상 간의 상관관계를 분석하는 연구 분야이다.

(6) 부분균형분석과 일반균형분석 : 부분균형분석partial equilibrium analysis은 다른 시장의 상황이 일정하다고 가정하고 어떤 특정시장만을 따로 떼 내어 분석하는 방법이고, 일반균형분석general equilibrium analysis은 특정시장과 다른 모든 시장의 상호연관성을 명시적으로 고려하면서 특정시장을 분석하거나 모든 시장을 분석하는 연구방법을 말한다.

경제적 선택과 기회비용 1.2

한정된 자원으로 무한한 욕망을 충족시킬 수 없는 희소성 때문에 경제행위에는 반드시 선택의 문제가 일어난다는 것을 앞에서 보았다. 따라서 우리가 경제행위를 할 때에는 이러한 선택을 합리적으로 하여야 한다. 합리적 선택이란 어떤 의사결정을 할 때 그 결정으로 얻어지는 편익(便益, benefit)이 소요되는 비용(費用, cost)보다 크다고 판단되는 경우 그것을 선택하는 것을 말한다. 따라서 합리적 선택을 하기 위해서는 편익과 비용을 정확하게 계산할 수 있어야 하는데, 이 때 비용과 관련하여서는 회계비용 · 기회비용 · 매몰비용의 개념이 중요하다.

이들 중 회계비용accounting cost은 실제로 지출된 여러 가지 명목의 비용으로서 우리가 일상생활에서 상식적으로 생각하는 비용을 말하는데 비하여, 기회비용opportunity cost이란 어떤 경제적 선택을 하였을 때 이 때문에 포기해야 하는 차선second best의 대안에서 얻을 수 있는 최대의 기대이익을 회계비용에 보탠 개념이다. 경제학에서는 이러한 기회비용을 중요한 비용개념으로 설정한다.

그것은 경제행위를 행함에 있어서 한정된 시간 · 소득 · 기술 등과 같은 제약조건 하에서 어느 하나를 선택해야 하는데 그러한 선택을 하는 순간 또 다른 하나를 포기 · 희생하지 않으면 안 되기 때문이다. 예컨대 어떤 사람이 포도

1kg을 가지고 있을 때 이것으로 포도잼을 만들면 포도주스 만드는 것을 포기해야 하고, 어떤 사람이 1만원을 가지고 이 돈으로 영화를 보면 연극을 보는 것을 포기해야 한다. 한정된 자원으로 어느 하나를 생산하려고 하면 다른 하나를 생산하지 못하고, 어떤 목적으로 자원을 소비하려고 한다면 다른 목적으로는 그 자원을 소비할 수가 없게 된다.

이러한 경제원리를 설명하기 위하여 경제학자들은 교과서에 '세상에 공짜는 없다' 또는 '공짜 점심은 없다' There is no free lunch.라고 가르친다. 이렇게 어떤 하나를 선택함으로써 또 다른 하나를 포기 · 희생하는데 따르는 비용을 기회비용이라고 한다. 이러한 기회비용의 개념을 통하여 세상에 공짜가 없다는 것을 잘 인식해야 함은 물론 자기의 선택이 도대체 얼마의 대가를 지불하는 일인지를 아는 것도 매우 중요하다.

예컨대 현재 월급 200만원을 받고 직장에 다니는 어떤 사람이 직장을 그만두고 분식집을 하려고 생각하고 있다. 대체로 6,000만원 정도의 투자를 해서 분식집을 운영하면 최종적인 영업이익으로 한 달에 200만원을 벌 수 있을 것 같다. 그렇다면 이 사람은 분식집을 시작하는 것이 좋은가? 아니다. 이 사람의 투자비 6,000만원을 은행에 정기예금 하였을 경우 연리 5%라면 한 달 이자수입이 25만원이고 직장을 그만두고 분식집을 하게 되면 직장에서 받았던 월급 200만원을 포기해야 한다. 따라서 분식집을 운영하는데 따르는 기회비용은 225만원인데 비하여 수입은 200만원이기 때문이다.

요즈음은 승용차를 운전하는 학생이 많아졌다. 이들 학생의 부모가 자식에게 1,200만 원 짜리 소형 승용차를 한 대 선물했을 경우 이러한 자동차의 기회비용은 얼마나 될까? 우선 자동차를 구입하는데 사용한 1,200만원을 은행에 정기예금 하였을 경우 발생되는 이자가 연리 5%라면 한 달 동안 5만원의 이자수입이 희생된 셈이다. 다음으로는 감가상각비가 발생되는데 그 차의 내용연수가 5년이라면 한 달 평균 감가상각비가 20만원이 된다. 따라서 이러한 승용차의 기회비용은 한 달에 최소한 25만 원이고 여기에 자동차운행 여부와 관계없이 부과되는 자동차세와 보험료까지 합하면 한 달간 최소한 30만 원 이상의 비용이 발생된다.

다시 말해 그 차를 고이 모셔두는데 드는 비용만 해도 하루에 1만 원 이상이 드는 것이다. 자가용을 갖고 있는 사람 중에서 차를 보유하는 데에만 이렇게 많은 비용이 든다는 사실을 자각하고 있는 사람들은 실제로 많지 않다. 물론 그 차를 실제로 운행하는 데는 연료비 등과 같은 추가비용이 드는 것은 말할 나위도 없다.

학생들이 대학에 다니는 기회비용은 얼마나 될까? 실제로 자녀를 대학에 보내고 있는 부모님 입장에서는 등록비 · 하숙비 · 도서구입비 · 기타 잡비 등 부모님의 주머니에서 나가는 일체의 지출 총합계를 대학교육비라고 생각한다. 그러나 이러한 교육비용을 기회비용의 관점에서 보면 좀 달라진다. 우선 하숙비와 잡비의 경우 대학에 다니지 않더라도 먹고 자야하고 잡비도 지출해야 하므로 이 모두가 대학교육비는 아니고 다만 대학에 다니지 않았다면 지출되지 않았을 비용으로서 추가적으로 지출된 부분만 대학교육비로 계산되어야 한다.

반면 자녀가 대학에 진학하는 대신 취업을 하였을 경우 월급 등의 소득을 얻었을 것이므로 대학진학으로 인하여 포기되는 이러한 기대소득의 합계가 기회비용에 계산되어야 한다. 물론 대학에 진학하는 것은 미래의 보다 높은 소득을 얻기 위하여 행하는 투자이므로 현재의 비용만을 가지고 계산할 문제는 아니지만 대학에 다니는 기회비용이 이렇게 상식적으로 생각하는 비용보다 더 엄청난 것임을 인식할 줄 알아야 한다.

이렇게 합리적 경제행위를 행하기 위하여 회계비용과 기회비용의 개념을 잘 이해하여야 하지만 이와 관련하여 추가되는 또 하나의 비용개념이 매몰비용이다. 매몰비용sunk cost이란 이미 지출했기 때문에 어떤 선택을 하더라도 다시 회수할 수 없는 비용을 말한다. 예컨대 빵을 사먹을지 우유를 사먹을지 고민하다가 빵을 사서 먹는 순간 맛이 없어 후회를 한다고 해도 이 비용은 다시 돌려받을 수 없다.

맛이 없어 먹기가 싫어지면 그만 먹어야 하는데 빵을 산돈이 아까워 억지로 다 먹으면 오히려 배탈이 날 수도 있고 이로 인해 약값을 더 지출하게 된다. 이처럼 빵을 사는데 들어간 비용은 매몰비용으로 다시 회수할 수 없는 비용이므로 무시하거나 잊는 것이 좋다. 그러나 매몰비용에 연연하게 되면 빵을 억지로 다 먹고 체하게 되는 것과 같이 다른 부작용이 나타날 수 있으므로 부적절한 선택에 의한 매몰비용은 다음 선택을 할 때 고려하지 말아야 한다.

미시경제학과 거시경제학 1.3

경제학은 연구방법 및 연구목표가 어떠하냐에 따라 미시경제학과 거시경제학으로 구분한다. '미시micro'와 '거시macro'라는 말의 어원은 각각 '작다'와 '크다'라는 의미의 그리스어에서 유래한다. 미시경제학은 개인 · 가계 · 기업 등과 같은 개별 경제주체들의 경제행위와 그 상호작용을 분석하는 경제학인데 비하여, 거시경제학은 이러한 개별경제주체들이 모여서 형성한 국민경제의 전체적인 움직임과 상호관계를 총체적으로 분석하는 경제학이다.

따라서 미시경제학micro economics은 ① 소비자는 어떻게 효용을 극대화 할 것인가?(소비이론), ② 생산자는 어떻게 이윤을 극대화 할 것인가?(생산이론), ③ 소비자와 생산자가 만나서 교환하는 시장의 기능은 어떠하고 그러한 시장조직의 유형은 경제행위에 어떠한 영향을 미치는가?(시장형태와 산업조직) ④ 시장에 있어서 수요와 공급의 균형은 어떻게 이루어지고 가격은 어떻게 결정되는가?(수요공급 및 가격결정이론) 등과 같은 문제를 연구하고 분석한다.

반면 거시경제학macro economics은 국민경제의 조직을 재화시장 · 노동시장 · 화폐시장 · 외환시장 등의 부문sector으로 나누고 총소비 · 총투자 · 총저축 등의 집계(集計, aggregate) 개념을 통하여 일 국민경제의 총생산 · 총고용 · 물가수준 · 국제수지 등이 어떻게 결정되고 변동되는가를 분석한다. 거시경제학은 실업과 인플레이션inflation에 따른 일국 경제의 경기변동 · 일국의 국내총생산GDP과 경제성장 · 환율과 국제수지 균형 등을 분석하고 연구하며, 완전고용full employment · 물가안정prices stability · 경제성장economic growth · 국제수지 균형balance of payment equilibrium 등을 위한 경제정책을 논의한다.

이와 같은 미시경제학과 거시경제학의 관계를 흔히 '나무와 숲의 관계'로 비유하기도 한다. 미시경제학이 숲을 이루는 개별 나무의 상태와 행태에 주목하는 것이라면 거시경제학은 이러한 나무들이 모여서 만든 전체로서의 숲의 상태와 변화를 연구하는 것과 같기 때문이다.

그런데 이러한 미시경제와 거시경제의 원리 간에는 구성의 오류(構成의 誤謬, fallacy of composition)가 존재한다. 이 용어는 원래 논리학의 개념으로서 부분(나무)에 대하여 진리인 것을 전체(숲)에 대해서도 진리라고 생각할 경우 오류나 모순이 발생된다는 것이다. 경제학에서는 이를 개별 경제주체의 합리성과 전체 경제의 합리성이 서로 다른 상충관계trade off, 또는 미시적 관점에서 바람직한 것이 거시적 관점에서는 바람직하지 않을 수 있는 상호 모순성을 지칭한다.

예를 들면 국가경제 전체가 불황으로 인하여 소비와 투자가 위축되어 있는 때에 개인이 저축을 늘리는 것은 그 개인으로서는 절약을 실천하여 바람직한 일이지만 이로 인해 국가전체의 소비가 더 위축되어 경제전체가 더욱 침체하게 되는 경우, 근검절약하는 것이 개인에게는 미덕이지만 국가경제 전체에게는 오히려 해악적일 수 있다. 이러한 경우를 절약의 역설(節約의 逆說, paradox of thrift)이라고 하는데, 이와 같은 또 다른 예로서는 경기침체로 어려움을 겪고 있는 기업주가 종업원들의 임금을 낮추는 경우라든지, 개별기업이 공해방지시설을 하지 않고 제품을 생산하여 자신의 생산비를 낮추지만 그들이 배출한 공해를 제거하기 위하여 사회는 더 큰 비용을 지불하게 됨으로써 그 재화의 사적 비용(私的 費用, private cost)과 사회적 비용(社會的 費用, social cost)의 괴리가 발생하게 되는 경우 등을 들 수 있다.

이러한 구성의 오류, 즉 미시적 원리와 거시적 원리 간의 이율배반성 때문에 미시경제학과 거시경제학은 독립적으로 연구되고 교육되어져 왔다. 그러나 우리는 거시경제학에서 사용하는 집계수치를 통하여서는 개별 기업이나 가계가 무엇을 하는지 알 수가 없고 단지 전체 또는 평균적으로 어떤 일이 일어나는지 알 수 있을 뿐이다. 또한 나라 경제 전체의 변화라는 것이 수많은 개인과 기업의 개별적인 의사결정에 의해 이루어지기 때문에 이와 관련된 미시경제현상을 고려하지 않고는 거시경제현상을 제대로 이해하기 곤란하다.

말하자면 개별적인 미시경제행위의 과정과 결과가 모여 거시경제가 되는 반면 나라 전체의 거시적 상황과 환경의 변화가 개별적인 미시경제행위에 영향을 미치기 때문에 미시경제문제와 거시경제문제는 결코 서로 분리할 수 없는 밀접한 상호관계에 있다. 따라서 미시경제학과 거시경제학은 어느 것이 더 중요하고 어느 것이 더 우월한 존재가 아니고 그 연구방법과 연구목표가 서로 다른 경제학의 2가지 측면이다. 따라서 양자의 관계는 결코 상호 배척적인 관계가 아니고 상호 보완적인 관계이다.

동일한 대상을 바라보는데 있어서 미시적 분석방법이 경제에 대한 상향식 전망이라면 거시적 분석방법은 경제에 대한 하향식 전망이다. 또한 미시경제학이 개별경제주체들의 극대만족이나 자원의 효율적 배분을 논의하는 경제학이라면 거시경제학은 국민경제 전체의 운용수준이나 자원의 적정한 이용수준을 논의하는 경제학이다.

이러한 관점에서 미시와 거시라는 양자의 결합을 통해서 경제학은 비로소 완전해질 수 있다. 우리가 살고 있는 경제 속에 미시부분과 거시부분이 분리되어 존재하는 것이 아니라 하나의 전체로서 존재하고 있으므로 미시와 거시의 분류란 결국 이 하나의 전체에 대한 두 가지 측면을 잘 설명하기 위하여 인위적으로 나눈 분류이기 때문이다.

1.4 실증경제학과 규범경제학

앞에서 살펴 본대로 경제학의 임무는 궁극적으로 희소한 자원을 여러 경제단위 간에 배분하는 데서 야기되는 문제를 취급하는 사회과학이지만 이러한 경제학의 과제를 해결하기 위해서는 실증적인 측면과 규범적인 측면이 대두된다. 경제학의 분석이 이들 중 어떠한 측면을 중심으로 논의하는가에 따라 실증경제학과 규범경제학으로 구분된다.

실증경제학(實證經濟學, positive economics)이란 현실 경제사회의 여러 가지 경제변수, 예컨대 재화의 가격 · 수요량 · 공급량과 같은 미시변수나 물가수준 · 고용 · 국민소득과 같은 거시변수들 사이에 존재하는 함수관계를 발견하고 그들 사이에 존재하는 경제법칙을 규명하는 경제학으로서 존재存在의 분석이다. 흔히 경제학 또는 경제이론이라고 할 때는 이러한 실증경제학을 가리킨다.

따라서 이러한 실증경제학은 경제학의 1차적 목표가 되는 것으로 어떤 경제현상의 '사실 그대로what actually is' 를 기술하고 분석하여 경제현상을 사실 그대로 설명하고 그 결과로 얻은 일련의 체계적 지식을 통하여 미래를 예측한다. 실증경제학은 이렇게 경제현상의 객관적 인식과 법칙성의 발견을 목표로 하는 만큼 분석자의 엄격하고 객관적인 가치중립성價値中立性을 전제로 한다.

규범경제학(規範經濟學, normative economics)이란 현실경제에서 발생되고 있는 경제현상이나 경제정책이 어떠한 후생효과를 가지느냐를 평가하고 이러한 후생의 증진을 위하여 '마땅히 있어야 할 상태what ought to be' 가 무엇인가를 분석하는 경제학으로서 당위當爲의 분석이다. 경제학의 1차적 목표는 어떤 경제현상에 대한 객관적 인식과 법칙성을 규명하여 그것에 대한 정확한 지식을 얻고자 하는 실증적 분석이 되겠으나 경제학의 궁극적 목표는 경제사회의 모순을 제거하고 후생을 증진시켜 더 바람직한 사회를 만들고자 하는 적극적이고 실천적 동기를 가진 규범적 분석이라고 할 수 있다.

경제학을 이러한 2가지 측면을 중심으로 정의하면, '경제에 내재해 있는 경제법칙을 발견하여 경제현상을 보다 체계적으로 설명하고 이를 기초로 하여 국민의 경제적 후생을 증진시키기 위한 방안을 연구하는 학문'이라고 할 수 있다. 이를 위하여 경제학자들은 경제현상을 반복적으로 관찰하여 사람들의 경제적 의사결정과 그 결과로 나타나는 제반 현상들을 지배하는 일관성 있는 법칙을 찾아내고 이를 통하여 더 바람직한 상태를 만들기 위한 제안을 내놓기도 한다.

예컨대 휘발유가격과 휘발유 소비량과의 관계를 알기 위하여 경제학자들은 가격변동에 대한 소비량의 변화를 관찰·비교·분석하여 양자 간에는 일정한 반비례관계가 존재한다는 것을 확인하고 이를 체계적으로 설명하는 이론을 정립한다. 더 나아가 이러한 이론에 기초하여 정부가 휘발유에 부과하는 소비세를 인상하면 휘발유소비가 억제되어 교통체증을 완화시키고 환경개선에도 도움이 되며 때로는 여기서 얻게 된 세금을 가난한 사람들의 복지향상에 쓰게 되면 소득의 재분배에도 도움이 된다고 제안하기도 한다. 이 경우 경제학자가 만든 전자의 과정은 실증경제학의 영역이고 후자의 과정은 규범경제학의 영역이 된다.

그런데 규범경제학은 어떤 경제현상이나 경제정책이 좋은가 나쁜가 또는 바람직한가 바람직하지 않은가를 다루는 경제학인 만큼 분석자의 엄격한 가치중립이 요구되는 실증경제학과는 달리 분석자의 어떤 가치판단value judgement이 전제되어야 한다. 예컨대 어떤 경제학자가 '최근 들어 여성흡연자가 늘어 전체 담배소비량 증가의 대부분은 여성흡연인구의 증가에 의한 것이다' 라고 주장하였다면 이는 아무런 가치판단을 포함하지 않는 명제로서 실증경제학의 대상이 된다. 그러나 이 경제학자가 '여성흡연은 남성흡연보다 태아의 건강에 치명적인 위험을 줄 수 있으므로 여성용 담배에 대해서는 더 높은 세금을 부과해야 한다' 라고 주장하면 이는 주관적 가치판단을 포함하는 명제로서 규범경제학의 대상이 된다.

이렇게 규범경제학에 속하는 명제들은 가치판단을 포함하므로 각 개인이 가지는 윤리관 · 가치관 · 세계관 등에 따라 서로 다른 평가가 내려질 수 있다. 그러나 이러한 가치판단은 확고한 실증적 연구와 결론에 입각해 있어야 하며 또한 일반적 사회통념과 정의에도 합치되어야 한다. 따라서 경제학에서는 이러한 가치판단의 기준이 되는 일반적이고 보편적인 공준公準으로서 효율성efficiency · 형평성equity · 자유성freedom · 안정성stability · 유연성flexibility 등을 들고 있다. 이러한 가치목표들은 구체적인 경제현상이나 분석자의 주관적 가치선호에 따라 그 우선순위가 바뀔 수 있음은 두말할 나위도 없다.

때때로 경제학도經濟學徒는 '냉철한 머리와 따듯한 가슴cool head and warm heart' 을 가져야한다고 말하여진다. 이 말은 1885년 영국의 경제학자 알프레드 마샬A. Marshall이 케임브리지대학의 교수로 취임하면서 행한 개강사開講辭의 내용으로 알려지기도 하였는데 이는 결국 실증경제학과 규범경제학에 대하여 경제학도가 가져야할 기본적인 태도, 즉 냉철한 이성으로 학문적 탐구에 매진하는 동시에 마음 속에 명확한 실천적 열정을 간직하여야 한다는 것으로 해석할 수도 있다.

경제이론과 과학적 방법론 1.5

일반적으로 모든 '이론theory'의 목표는 그 학문의 대상이 되는 실체와 현상에 내재하는 법칙을 발견하여 그것을 기초로 하여 여러 가지 현상들 사이의 인과관계를 설명하고 앞으로 어떠한 현상이 나타날 것인가를 예견하는데 있다. 따라서 경제이론economic theory의 목표는 경제의 실체나 현상을 올바르게 설명explain하고 예견predict하는 일이다. 이러한 설명과 예견을 위한 실증적 이론을 정립함에 있어서는 다음과 같은 3단계의 과학적 방법론을 거치며 이루어진다.

1. 가정의 설정

가장 먼저 해야 할 작업은, 복잡한 실체에 내재하는 여러 가지 부차적인 요소들을 제거하고 추상화하여 가장 중요하다고 생각되는 몇 가지 요소들의 관계에 초점을 맞추는 일이다. 따라서 모든 이론연구의 첫 단계에서 가장 먼저 요구되는 것은 이러한 추상화를 위한 가정, 이른바 '분석을 위한 단순화가정simplifying assumptions'의 설정이다. 이러한 논리는 경제이론연구에 있어서도 예외일 수 없으며 따라서 우리는 경제이론을 공부함에 있어서 '다른 조건이 동일하다면*cetris paribus*, others being equal' 등의 표현을 자주 접하게 된다.

이렇게 경제학자들도 자연과학자들처럼 가정假定을 사용한다. 가정은 문제를 단순화시켜 쉽게 분석할 수 있도록 해주기 때문이다. 예컨대 국제무역이 발생하는 원인과 영향을 분석하기 위하여 이 세계에는 오직 두 나라(2국) 두 재화

(2재화)만이 존재한다고 가정한다. 물론 이 세계에는 200여 개 이상의 국가가 존재하고 수천 가지의 재화가 교역된다. 그러나 이러한 2국 · 2재화의 가정을 통하여 문제의 핵심을 보다 명확하게 분석할 수 있으며 여기서 얻어진 결론을 이용하여 다수국 · 다수재화의 교역이 이루어지는 복잡한 현실세계를 이해할 수 있게 된다.

말하자면 때때로 너무 지나치게 제한적인restrictive 것으로 보이는 가정들이지만 그렇게 제한적인 가정들 하에서 얻어진 대부분의 결론들은 이후 이러한 가정들의 제거와 완화를 통하여 보다 현실세계에 적합한 이론으로 확장될 수 있는 기초를 제공해주게 되는 것이다.

2 경제모형과 가설의 정립

가정에 의하여 복잡 다양한 경제현상이 단순화되면 이제 단순화된 틀에서 성립될만한 일반적인 인과관계를 추론해본다. 이렇게 추리된 경제적 인과관계를 **경제모형**economic model이라고 하고 이러한 경제모형을 분석함으로써 얻어지는 명제를 **가설**hypothesis이라고 한다. 이러한 경제모형들은 대부분 방정식과 그래프graph로 구성되어 단순화되어 있다. 따라서 이러한 모형들은 실제의 현실경제의 모든 것을 다 지니고 있지 못하여 비현실적인 점을 가지고 있다. 그러나 이러한 비현실적인 단순성 때문에 경제현상들에 내재하고 있는 인과관계를 논리적으로 명확히 취할 수 있게 해준다.

이러한 가설은 대체로 '다른 조건이 일정하다면(가정) 어떤 경제변수(독립변수)의 변화에 따라 다른 어떤 경제변수(종속변수)가 어떻게 변화된다' 라고 표현된다. 예컨대 Y라는 경제현상에 영향을 주는 요인들이 X · A · B · C가 있다고 하였을 때 '만약 A · B · C가 일정불변이라면 X가 증가함에 따라 Y도 증가한다' 라고 말하면 이것이 하나의 경제모형이다. 이때 '만약 A · B · C가 일정불변이라면' 은 '가정' 이고 X는 '독립변수' 이며 Y는 '종속변수' 가 된다. 이처럼 경제모형은 가정 · 독립변수 · 종속변수로 구성된다.

3. 현실적 검증

위에서 살펴본 것처럼 경제모형은 가정에 의해 단순화된 틀에서 있음직하다고 추리된 인과관계이다. 따라서 이러한 모형이 실제의 경제에 대하여 적합한 것인가 여부를 확인하기 위해서는 현실적으로 검증해 보아야만 한다. 검증verification이란 여러 가지 현실적인 통계자료를 분석하여 그 결과가 경제모형이 제시한 가설과 일치하는가를 검사하는 것이다. 이러한 검증의 결과 그 경제모형이 현실과 일치하는 것으로 검증되면 그 모형은 **경제이론** 또는 **경제법칙**이 되지만 그렇지 못하면 그것은 여전히 하나의 가설로 머물게 된다. 따라서 경제이론이란 검증이 이루어진 경제모형이다.

우리가 익히 잘 알고 있는 수요이론 내지는 수요의 법칙을 가지고 이상에서 설명한 과정을 살펴보자. 사람들이 어떤 상품을 소비하고자 하는 수요에 영향을 미치는 요인들은 그 상품의 가격 · 소득수준 · 취미 · 다른 상품들의 가격 등 무수히 많은데 이들은 각기 서로 다른 영향력을 미치므로 이러한 요인들을 모두 함께 고려하면 어떠한 보편적인 인과관계를 밝히기가 어렵다.

따라서 '가격 이외의 모든 요인들이 일정불변이라면(가정)' 가격(독립변수)이 하락/상승하면 수요량(종속변수)이 증가/감소한다'는 모형을 정립시킨다. 그리고 여러 소비자들의 행태를 관찰하여 보니 이러한 모형이 실제로도 현실과 합치된다는 것을 확인(검증)하였다. 이때 우리는 이러한 경제모형을 수요이론 또는 수요의 법칙이라고 한다. 이와 같이 가격과 수요량의 관계를 일단 확인하고 나면 이제는 가격 이외의 요인, 예컨대 소득과 수요량이 어떻게 변하는가를 확인할 수 있다.

이렇게 경제이론이 성립되었다고 하더라도 그것이 결코 영구불변의 진리는 아니다. 이 점이 자연과학이론과 사회과학이론의 다른 점이다. 동일한 경제현상이라고 하더라도 그 시대와 사회의 경제여건 또는 경제체제 등에 따라 그 인과관계가 달라질 수 있기 때문이다. 따라서 경제이론은 끊임없는 검증을 필요로 하는 가설이다. 종래의 경제이론이 오늘의 경제현실을 제대로 설명할 수 없게 되면 이를 더 잘 설명할 수 있는 새로운 경제이론이 등장하게 된다. 따라서 경제학은 끊임없이 진화해가는 사회과학이라고 할 수 있다.

1.6 플로(유량)와 스톡(저량)

경제분석에 활용되는 경제변수에는 플로flow와 스톡stock이 있다. 플로는 일정기간에 흐르는 유동물량 · 유량流量을 말하고 스톡이란 일정시점에서 포착된 비축량 · 존재량 · 저량貯量을 의미한다. 이렇게 플로는 흐르는 양을 말하므로 1일 · 1개월 · 1분기 · 1년 등 '일정한 기간for a specified period of time' 을 정하지 않고는 측정할 수 없는 반면, 스톡은 연도 말 · 분기 말 등과 같이 '일정시점at a point of time' 에서 측정한 가치나 수량이다.

플로와 스톡의 관계는 댐dam에 들어오고 나가는 물의 유출입량과 댐에 담겨 있는 저수량의 관계에 비유된다. 어떤 기간 동안에 유출입 되는 물의 양flow에 따라 댐에 담겨 있는 저수량stock이 변화되기 때문이다. 댐을 안전하게 유지하면서 수자원을 효율적으로 운용하려는 댐의 관리자는 현재의 저수량이 얼마인가를 잘 파악해야 하는 동시에 얼마만큼의 물이 어떤 속도로 유출입 되는가도 잘 파악하여야 한다. 모든 경제단위의 운영에 있어서 이러한 플로변수와 스톡변수는 모두가 중요한 경제변수가 된다.

예컨대 가정경제를 운영하는 주부는 한 달 또는 한 해 동안 들어오는 가계수입이 얼마이고 나가는 지출이 얼마인지, 또한 수입의 원천이나 지출의 항목별로 크기는 어떠한지, 따라서 어떤 항목의 지출을 좀 더 줄여야 더 많은 저축을 할 수 있고 어떤 항목의 지출증가를 위하여 어떤 항목에서 절약해야 하는지를 잘 살펴야 한다. 이러한 수입과 지출의 흐름이 가정경제의 플로인데 이를 체계적으로 관리하기 위하여 주부는 가계부家計簿를 작성하기도 한다. 한편 가정주부는 현재 우리 가정의 자산이나 예금액이 얼마이고 부채는 얼마인지, 몇 년 후에 더 큰 아파트로 이사 가기 위해서는 얼마만큼의 저축이 더 필요한지 등도 살펴야 한다. 이러한 자산과 부채 또는 예금액이 가정경제의 스톡이다.

기업경제에 있어서도 마찬가지이다. 건전한 기업은 당기순이익 즉 기업소득flow이 많아야 함은 말할 것도 없지만 그 기업이 보유하는 기업자산asset의 내용도 분석되어야 한다. 따라서 기업은 일정기간 동안 얼마의 순이익 또는 순손실을 보았는지를 잘 파악하기 위하여 손익계산서income statement : I/S를 작성하고, 또한 일정 시점에 있어서 기업의 총자산은 얼마인데 이 중 부채는 얼마이고 자본은 얼마인가를 잘 파악하기 위하여 대차대조표balance sheet: B/S를 작성한다. 이 때 손익계산서는 기업의 플로변수를 체계적으로 기록하는 회계장부이고 대차대조표는 기업의 스톡변수를 체계적으로 기록하는 회계장부로서 기업에게 필요한 여러 가지 재무제표 중에서도 가장 기본적인 회계서류가 된다.

국민경제에 있어서도 플로변수와 스톡변수는 모두 중요하다. 국민경제가 일정한 기간 동안 이룬 총생산 · 총소비 · 총투자 등 국민소득과 관련되는 흐름은 국민경제의 플로변수이고, 어떤 한 시점에 있어서의 국민경제 전체로서의 자본의 축적을 가리키는 국민자본이나 그 나라가 보유하고 있는 유형 · 무형 자산의 경제적 가치를 나타내는 국부國富 등은 국가경제의 스톡변수이다. 각국의 국민 경제를 비교하는 경우 국민소득flow이 크고 성장률이 높은 나라가 경제부국이라고 불리는 것이 일반적이지만 기초적 자원 · 자산stock이 적은 나라가 경제대국이 되는 것은 매우 힘들다. 따라서 부존자원이 비교가 되지 않을 만큼 차이가 있는 나라에 대해 플로개념만으로 경제비교를 하는 것은 단기적으로는 의미가 있지만 장기적으로는 의미가 작을 수 있다.

또한 일국의 대외경제를 분석함에 있어서도 국제수지flow와 국제대차stock의 분석이 함께 이루어져야 완전한 분석이라 할 수 있다. 국제수지가 균형을 이루어 문제가 없다고 하더라도 국제대차가 좋지 않아 대외채무가 많다면 그 나라의 대외경제상태가 건전하다고 보기는 어렵기 때문이다. 국가와 국가 간의 경제거래에 있어 일정한 기간 동안 대외적인 수취와 지불을 나타내는 국제수지balance of payment는 플로 개념인데 대하여, 일정 시점에서 일국의 대외적 채권 · 채무를 나타내는 국제대차international indebtedness는 스톡 개념이다. 따라서 개방경제 하의 일국의 대외경제거래의 상황을 잘 파악하기 위해서는 이러한 국제수지와 국제대차를 함께 살펴보아야 한다.

이같이 경제변수는 플로와 스톡으로 구분되지만 경제학연구에 있어 플로변수를 통해 경제문제를 규명하려고 하는 '플로경제학' 이 주류를 이루고 있는 반면 스톡개념을 통한 경제연구는 극히 제한된 부분에 국한되고 있다. 따라서 경제학이라고 하면 보통 플로경제학을 일컫는다. 예를 들어 미시경제학과 거시경제학의 중요 내용인 수요량 · 공급량 · 국민소득 · 고용 등은 모두 플로경제학의 대표적 예이다. 그렇다고 하더라도 경제를 분석할 때에는 플로변수 뿐만 아니라 스톡변수도 함께 분석되어야 정확한 분석이 가능하다.

그런데 최근에 이르러 오늘날과 같은 지식사회에 있어서는 스톡보다 플로가 중요하다고 말해진다. 기존의 산업사회는 쌓아놓은 스톡이 중시되어 부동산이나 설비가 중요한 사회였다면, 앞으로의 지식사회는 기술 · 정보 · 인력의 유통을 통해 새로이 가치가 창출되는 플로의 시대이기 때문에 빠르게 변신할 수 있는 자산, 즉 유동성(流動性, liquidity)이 있는 자산이 더 중요해지고 유동성이 떨어지는 자산은 오히려 짐이 된다고 말한다. '프로는 플로를 좋아하고 아마추어는 스톡을 좋아한다' 는 말도 있는데 이 말은, '프로' 가 시대의 흐름에 따른 플로의 가치를 정확하게 이해하는 것에 반해 '아마추어' 는 아직도 스톡에 집착하는 것을 비판하는 말이라고 할 수 있다.

시장이란 무엇인가? 1.7

시장market은 상품과 서비스가 거래되는 장소를 말한다. 상품과 서비스가 거래되기 위해서는 수요자와 공급자가 만나야 하는데 그곳이 바로 시장이다. 수요자가 구입하고자 하는 양을 수요량quantity demanded이라 하고 공급자가 판매하고자 하는 양을 공급량quantity supplied이라 한다. 수요량이 공급량보다 많을 때 초과수요excess demand가 발생한다고 하고 공급량이 수요량보다 많을 때 초과공급excess supply이 발생한다고 한다. 초과수요가 있으면 가격이 상승하고 초과공급이 있을 때는 가격이 하락한다. 수요량과 공급량이 일치하는 상태를 균형equilibrium상태라 한다. 시장이 균형상태에 있다면 가격은 변동하지 않게 된다.

시장은 공급자가 몇 명이냐에 따라 완전경쟁시장perfect competition market과 불완전경쟁시장imperfect competition market으로 나눌 수 있다.

완전경쟁시장이란 상품이나 서비스를 공급하는 공급자가 너무나 많아서 개별 공급자가 시장가격에 영향을 전혀 미치지 못하는 시장을 의미한다. 예를 들어, 쌀 시장은 완전경쟁시장이다. 쌀농사를 짓는 농부가 너무나 많기 때문에 농부 개개인은 쌀 가격에 영향을 전혀 미치지 못한다. 한 사람의 농부가 쌀 공급량을 반으로 줄인다 하더라도 쌀 가격이 올라가지 않는다. 마찬가지로 한 두 사람의 농부가 쌀 공급을 서너 배로 늘린다 하더라도 쌀 가격은 내려가지 않는다. 왜냐하면 완전경쟁시장에서는 너무나 많은 농부들이 쌀을 공급하고 있기 때문에 개별 농부가 공급하는 쌀의 량은 시장전체에서 보면 거의 무시할 수 있을 만큼 적은 양이기 때문이다.

불완전경쟁시장은 공급자가 가격에 영향을 미칠 수 있는 시장을 의미한다. 불완전경쟁시장을 독점시장monopolistic market과 과점시장oligopolistic market으로 다시 나눌 수 있다.

독점시장은 공급자가 한명인 경우를 의미하고, 과점시장은 서너 명의 공급자가 있는 경우를 의미한다. 독점시장에는 한명의 공급자가 상품이나 서비스를 공급하기 때문에 그는 강력한 시장지배력market power을 가진다. 경쟁자가 없기 때문에 독점공급자monopolistic supplier는 자기 마음대로 가격을 정할 수 있고, 그 때문에 완전경쟁에 비해 가격이 높아진다.

과점시장은 몇몇의 소수 공급자가 공급을 하기 때문에 공급자끼리 서로 눈치를 보는 특징을 가진다. 예를 들어 한국의 자동차 시장은 과점시장인데, 현대자동차에서 어떤 자동차를 생산하여 가격을 매길 때는 GM대우의 반응을 살펴야 한다. 만약 GM대우 회사에서 비슷한 자동차를 더 싸게 생산한다면 현대자동차는 고객을 빼앗기기 때문이다. 서로 눈치를 보아야 하지만 과점시장에서의 공급자는 나름대로의 시장지배력을 가지고 있다. 현대자동차를 선호하는 고객은 다소 가격이 비싸더라도 현대자동차 제품을 구매하려 한다. 이 때 현대자동차는 가격을 제법 높게 불러도 고객을 빼앗기지 않는다.

시장이 어떤 종류인가는 소비자에게 중요하다. 예컨대 독점시장이라면 소비자는 독점기업이 요구하는 대로 가격을 지불할 수밖에 없다. 반면에 완전경쟁시장에서는 싼 값으로 물건을 살 수 있다. 그래서 독점이나 과점시장에서는 정부가 나서서 가격을 규제하기도 하고 감시하기도 한다. 한국에서도 공정거래위원회라는 감독기구가 있어서 과점기업이나 독점기업이 부당하게 소비자에게 피해를 입히는 행위를 감시한다.

요즘은 기술개발에 대한 경쟁이 워낙 치열하기 때문에 독점기업이나 과점기업에 대한 평가를 좋게 해야 한다는 의견도 나오고 있다. 새로운 기술을 개발하기 위해서는 엄청난 자금이 필요한데 독점기업과 과점기업들이 축적한 자금으로 그러한 기술개발을 할 수 있다는 말이다. 완전경쟁기업은 지금 당장은 소비자들에게 싼 값으로 상품을 공급하지만 이윤이 너무나 적어서 새로운 기술을 개발하기에는 힘이 부족하다. 삼성전자가 세계 최고의 기업으로 성장할 수 있었던 것은 막대한 자금을 기술개발에 투입했기 때문에 가능한 것이었다. 그런데 그러한 막대한 자금은 완전경쟁기업이라면 마련할 수 없었을 것이다.

1.8 자원배분과 시장

어느 사회든 그 사회가 가지고 있는 자원을 어떻게 이용할 것인가를 결정해야 한다. 예를 들어 한 사회가 가진 철이 100톤이라 하자. 이 100톤의 철로 아파트를 건설할 수도 있고 탱크를 만들 수도 있고 자동차나 시계를 만들 수도 있다. 도대체 100톤의 철을 각 용도에 어떻게 나누어 써야 할 것인가? 이와 같은 문제를 **자원배분**resource allocation의 문제라 한다.

자원을 배분하는 방법은 경제체제economic system에 따라 두 가지로 나눌 수 있다. 하나는 계획경제 혹은 명령경제command economy라는 것이고 다른 하나나는 시장경제market economy라는 것이다.

명령경제에서는 국가가 자원을 어떻게 배분할 것인지 결정한다. 예를 들어 100톤의 철 중에서 50톤은 아파트건설에, 30톤은 자동차 제조에, 나머지 20톤은 시계를 만드는데 사용한다는 식의 결정을 국가가 한다는 것이다. 사회주의 국가에서는 주로 자원배분이 이와 같은 명령에 의해 이루어졌다. 현재의 북한이나 개방 전의 중국에서는 심지어 노동력까지 국가가 배분했다. 누구는 어느 공장에서 일하고 누구는 어느 공장에서 일하라는 식의 명령을 내리는 것이다. 이렇게 국가 명령에 의해 자원이 배분되면 자원이 낭비되기 쉽다. 이렇게 자원이 낭비되는 상태를 경제학 용어로 '비효율적inefficient' 이라고 한다.

그렇다면 어떤 기준으로 자원이 낭비되는지를 판단할 수 있을까? 소비자 혹은 국민들이 원하는 상품을 그것도 원하는 양만큼 생산하는데 자원이 사용되면 그 자원은 낭비된다고 할 수 없다. 만약 소비자 혹은 국민들이 원하지도 않는 상품을 만들어 내거나, 반대로 원하는 상품은 만들어 내지 않는다면 자원이 비효율적으로 배분되고 있는 것이다. 명령경제에서는 국가가 소비자들이 무엇을 원하는지 정확히 알아야 한다. 그래야 필요한 상품과 양을 정해줄 수가 있다. 그런데 국가가 소비자의 마음을 어떻게 알겠는가? 소비자가 원하는 것을 파악할 수 있는 정보는 너무나 방대하여 그것을 얻는다는 것 자체가 불가능하다. 그래서 사회주의 국가에서는 국민이 원하지 않는 상품은 남아돌고 국민이 원하는 상품은 모자라는 현상이 자주 발생하는 것이다.

시장경제에서는 국가가 자원을 어디에 얼마만큼 쓰라고 명령하지 않는다. 그냥 기업들이 알아서 하도록 내버려 둔다. 얼핏 생각하면 대혼란이 발생할 것 같지만 사실은 자원이 꼭 필요한 곳에 필요한 만큼 쓰이도록 지시하는 장치가 있다. 그것이 바로 시장에서 결정되는 가격price이다. 가격은 국민들이 어떤 상품을 얼마나 원하는지 알려주는 신호signal의 역할을 한다.

예를 들어 보자. 소비자들이 자동차를 대단히 원한다고 하자. 그러면 자동차에 대한 수요가 늘어날 것이고 그 결과 자동차 가격이 올라간다. 자동차 가격이 올라가면 자동차 제조업체의 이윤이 늘어나기 때문에 그 회사는 자동차를 더 많이 생산하기 위해 더 높은 값을 지불하고서라도 철을 구입한다. 이러한 과정에서 아파트건설에 쓰일 뻔하였던 철이 자동차생산에 투입되는 것이다.

이제 자동차생산이 충분히 많이 되어서 더 이상 높은 가격을 받을 수 없다고 하자. 그러면 자동차 제조업체는 더 이상 자동차 생산을 늘리지 않을 것이다. 그 결과 철이 이제 더 이상 자동차 생산에 투입되지 않게 된다. 이와 같이 자동차 가격은 소비자들이 자동차를 얼마나, 얼마만큼의 양을 원하는지 알려주는 신호의 역할을 한다. 이윤을 추구하는 기업체는 가격의 변동을 보면서 생산이 너무 적은지 너무 많은지를 알 수 있고 거기에 따라 자원투입량이 결정된다.

이와 같이 자원배분을 시장에 맡기는 시장경제체제market economy에서는 자원이 낭비되지 않고 효율적으로 배분된다. 이것이 바로 사회주의 경제보다 시장경제체제를 채택한 나라가 더 잘 살게 되는 이유인 것이다.

1.9 탄력성 이야기

시장경제에서는 수요와 공급 사이에 불균형이 발생하면 그에 따라 가격이 변화되고 그와 같은 가격의 변화에 반응하여 자동적으로 수요 · 공급의 균형이 이루어지는 가격기구price mechanism가 작용한다. 그런데 가격이 인상(인하)되면 수요가 줄고(늘고) 공급은 늘어나는(줄어드는) 경향을 수요와 공급의 법칙이라고 하지만, 이때 가격이 변화하는 정도에 비하여 수요 또는 공급이 변화하는 정도는 상품에 따라 시간에 따라 서로 다르다. 이렇게 가격의 변화에 대응하여 수요 · 공급이 변화하는 정도 또는 영향을 받는 민감성 정도가 가격탄력성price elasticity이다.

가격이 변화할 때 수요량이 얼마나 변화하는가는 그 재화의 수요자들이 가격변화에 대하여 얼마나 민감한 반응을 보이느냐에 달려있다. 예컨대 담배 값이 인상되면 일시적으로 담배를 끊겠다는 사람도 나타나고 담배 소비량을 줄이려는 태도도 나타나 담배의 수요가 줄어들지만 대부분은 얼마가지 못해 다시 담배를 예전처럼 소비하게 되어 결국 담배의 수요는 크게 줄어들지 않는다. 그러나 쇠고기 값이 오르면 주부들은 쇠고기보다 돼지고기의 소비를 늘리게 되어 쇠고기의 수요는 크게 줄어들 수 있다.

이와 같이 가격의 변화에 대하여 수요량이 변화하는 정도 또는 가격변화에 대하여 수요량이 영향을 받는 민감도는 상품에 따라 서로 다르므로, 이러한 탄력성개념은 경제현상을 분석하고 앞으로의 변화를 예측하는데 있어 매우 중요한 개념이 된다. 일반적으로 탄력성이란, 어느 한 변수가 변화되었을 때 그것에 영향을 받는 다른 변수가 변화하는 정도를 나타내는 것으로, 그 변화정도가 클 때를 탄력적elastic이라고 하고 크지 않을 때를 비탄력적inelastic이라고 한다.

어떤 재화의 수요를 결정하는 주요한 변수가 가격이므로 이러한 가격의 변화가 수요량의 변화에 미치는 정도를 '수요의 가격탄력성' 이라고 한다. 이처럼 수요의 가격탄력성price elasticity of demand은 어떤 재화의 가격이 변화할 때 그 재화의 수요량이 변화하는 정도(수요량의 %변화율/가격의 %변화율)를 나타내므로 이것이 크다(작다)는 것은 가격의 변화에 수요가 민감(둔감)하다는 것을 말한다.

일반적으로 이러한 수요의 가격탄력성은 개인적 소비자의 취향이나 개인의 욕구를 형성하는 여러 가지 경제적 · 사회적 · 심리적 요인들에 의해서 결정되지만 경험적으로 다음과 같은 일반적인 규칙들이 작용할 수 있다.

(1) 필수품과 사치품 : 대체로 필수품은 가격이 변화하더라도 수요량의 변화가 그만큼 민감하게 일어나기 어려우므로 수요의 가격탄력성이 크지 않은 반면 사치품은 가격의 변화에 수요량이 민감하게 변동되므로 수요의 가격탄력성이 크다.

(2) 대체재의 존재 : 어떤 재화와 밀접한 대체재가 존재하는 경우 그 재화의 가격이 변화하면 그 재화 대신 대체재를 사용할 수 있는 여지가 크므로 대체재가 존재하지 않는 재화에 비하여 수요의 가격탄력성이 크다. 위에서 예로 든 쇠고기와 돼지고기처럼 쇠고기의 값이 조금만 변화하여도 이에 대한 수요량은 크게 변화되는 경우 쇠고기 수요의 가격탄력성이 커진다.

(3) 시간의 경과 : 어떤 재화의 가격이 변동되었을 때 단기적으로는 수요의 가격탄력성이 작지만 장기적으로는 그것이 커지는 경향이 있다. 예컨대 휘발유가격이 인상되었을 경우 처음 몇 달 동안은 휘발유소비가 별로 줄어들지 않지만 시간이 흐름에 따라 에너지 절약적인 자동차가 생산되거나 자동차보다는 대중교통수단을 더 많이 사용하는 등 휘발유가격인상에 대한 경제적 적응이 높아지면 이에 대한 수요가 크게 줄어들기 때문이다. 이와는 반대로, 위에서 예를 든 것처럼, 담배 값이 인상되거나 또는 택시비가 인상되었을 경우 일

시적으로는 수요의 변화가 나타나지만 얼마가지 못해 다시 수요가 예전 수준으로 돌아오는 경우도 물론 있다.

지금까지 살펴본 바와 같이 수요가 가격에 영향을 받는 정도가 수요의 가격탄력성인데 비하여, 수요는 소비자들 개개인의 소득수준에도 영향을 받으므로 소득변화가 그 수요에 영향을 미치는 정도는 '**수요의 소득탄력성**income elasticity of demand' 이다.

대부분의 재화의 경우 소득이 증가하면 재화에 대한 수요도 증가하므로 수요의 소득탄력성은 양수陽數의 값을 가진다. 그러나 때때로 소득수준이 높아질수록 그 재화에 대한 수요가 오히려 떨어져 수요의 소득탄력성이 음수陰數의 값을 가지는 재화도 있다. 전자의 경우를 정상재(正常財, normal goods)라고 하고 후자의 경우를 열등재(劣等財, inferior goods)라고 한다. 예컨대 소득수준이 올라가면 오히려 택시나 자가용의 사용이 높아져 그 수요가 떨어지게 되는 대중교통수단과 같은 재화가 열등재라고 할 수 있다. 정상재의 경우 수요의 소득탄력성 역시 가격탄력성과 마찬가지로 필수품의 경우 작고 사치품의 경우 크다.

한편 이러한 탄력성개념은 공급의 측면에 있어서도 동일하게 존재한다. 공급 역시 그것을 결정하는 중요한 요인이 가격이므로 가격의 변화에 따른 공급량의 변화를 '**공급의 가격탄력성**price elasticity of supply' 이라고 한다. 이러한 공급의 가격탄력성은 공급자들이 생산을 얼마나 신축적으로 조절할 수 있는가에 따라 달라진다.

예컨대 해변에 인접한 택지는 추가생산이 불가능하여 공급의 가격탄력성이 작고 농산품의 경우도 공급량을 신축적으로 조정하기 어려워 공급의 가격탄력성이 작은 반면, 대부분의 공산품은 가격이 높아지면 시설확충이나 조업시간 연장을 통하여 생산량을 늘릴 수 있기 때문에 공급의 가격탄력성이 높다. 또한 단기적으로는 가격이 변화하더라도 공장시설의 변화를 가져오기 어려우므로 탄력성이 작은 반면 장기적으로는 가격변화에 대한 공급자의 경제적 적응이 이루어지므로 탄력성이 커진다.

공공재 이야기 1.10

상품과 서비스는 사적재화private goods와 공공재public goods로 나눌 수 있다. 사적재화는 시장에서 거래되는 상품과 서비스이다. 사적재화를 소비하기 위해서는 누구나 시장에서 정해진 가격으로 구입해야 한다. 일단 사적재화를 구입하면 그것을 구입한 사람은 독점적으로 사용할 수 있다. 자동차 · TV · MP3 · 사과 · 청바지 등 사람들이 사고파는 모든 것들은 이러한 사적재화에 속한다. 그런데 공공재는 사적재화와 전혀 다른 다음과 같은 성질을 가진다.

(1) 소비의 비배타성 : 공공재는 소비의 배타성(排他性, exclusivity)이 없다. 소비의 배타성이란 가격을 지불하지 않은 사람은 소비를 할 수 없도록 하는 원칙을 의미한다. 사적재화에는 소비의 배타성이 적용된다. 사과를 먹고 싶은 사람은 누구나 값을 지불해야 한다. 사과 값을 지불하지 않은 사람은 사과를 먹을 수 없다. 그러나 공공재에는 이와 같은 배타성이 적용되지 않는다. 즉 어떤 사람이 가격을 지불하지 않았다고 해서 소비를 못하게 할 수 없다는 것이다.

공공재의 예로 방송서비스를 생각해 보자. 일단 방송이 전파를 타고 나가면 누구나 그 방송을 공짜로 들을 수 있다. 방송을 듣는 대가, 즉 수신료를 방송국에서 받는다고 하더라도 수신료를 내지 않고 숨어서 듣는 것을 막을 수 없다. 가로등도 하나의 예이다. 동네 사람들이 돈을 거두어 가로등을 설치했다하자. 일단 가로등이 설치되면 돈을 내지 않은 다른 동네 사람들도 그 가로등의 혜택을 볼 수 있다. 방송서비스 · 가로등의 불빛 등은 소비의 배타성이 적용되지 않는 공공재이다.

(2) 소비의 비경합성 : 공공재의 두 번째 성질은 소비의 경합성(競合性, rivalry)이 존재하지 않는다는 점이다. 경합성이란 한 사람이 소비를 하면 다른 사람이 소비할 수 없게 되는 성질을 의미한다. 예를 들어 내가 사과를 먹으면 다른 사람은 그 사과를 먹을 수 없다. 모든 사적재화는 이러한 소비의 경합성이 적용된다.

그러나 앞에서 예로 든 방송서비스의 경우 친구가 라디오를 듣는다고 해서 나의 라디오 듣기가 방해를 받는 것은 아니다. 수 백 명, 수 천 명이 라디오 방송서비스를 소비해도 내가 소비할 수 있는 방송서비스의 양은 줄어들지 않는다. 가로등의 불빛도 마찬가지이다. 다른 사람이 가로등으로 밝혀진 거리를 안전하게 지나간다 해서 내가 받을 가로등의 혜택이 줄어드는 것은 아니다.

공공재는 이 같이 소비의 배타성과 경합성이 없는 재화이다. 공공공원public park · 해수욕장 · 등산로 · 국방과 치안 서비스 · 공공도서관public library · 인터넷에서 얻을 수 있는 무료 지식 등이 모두 공공재에 속한다. 그러면 극장에서 상영하는 영화는 어떨까? 극장이 만원이 되기 전까지는 영화소비의 경합성은 없다. 즉 열 사람이 관람하든, 스무 사람이 관람하든 나의 관람(영화를 소비하는 것)은 영향을 받지 않는다. 그러나 소비의 배타성은 있다. 극장에 입장하려는 사람은 반드시 값을 지불해야 한다. 영화는 공공재가 아니다.

공공재의 이러한 특수성 때문에 아무도 공공재를 공급하려 하지 않는다. 공공재를 생산해 봐야 소비자에게 돈을 받을 방법이 없기 때문이다. 그래서 공공재의 공급은 정부가 나서는 수밖에 없다. 물론 공공재의 생산에는 비용이 들어가므로 그 비용은 세금으로 충당한다. 또 하나의 문제는 공공재의 사회적 수요가 잘 드러나지 않는다는 점이다. 사적재화의 경우에는 수요가 증가하면 그것이 즉시 가격상승으로 나타나기 때문에 수요가 밖으로 들어난다. 그러면 이윤을 추구하는 기업들이 그 재화의 생산을 늘린다.

이와 같이 사적재화의 경우에는 가격의 신호price signal로 적정한 량이 공급된다. 그러나 공공재는 시장에서 거래되지 않기 때문에 가격이 존재하지 않는다. 그러므로 현재 공급되고 있는 공공재의 량이 적당한지, 과도한지, 과소한지를 알 수 없다. 그래서 국가는 여론조사나 정치과정을 통해 공공재에 대한 국민들의 수요를 파악하려고 노력한다. 그러나 이러한 방법은 사적재화에서의 가격신호 만큼 정확하지 않다. 따라서 어떤 공공재는 너무 많이 공급되는 반면 또 다른 공공재는 너무 적게 공급되는 현상이 자주 발생 한다.

1.11 시장의 실패와 정부의 실패

앞에서 배운 것처럼 시장은 자원을 가장 합리적으로 배분하는 기능을 가지고 있다. 그러나 때때로 이러한 시장이 자원을 효율적으로 배분하지 못하는 예외적인 경우가 발생할 수 있는데 이러한 경우를 경제학에서는 **시장의 실패**market failure라고 한다. 말하자면 시장의 본질적인 기능인 **'보이지 않는 손**invisible hand'이 제대로 작동하지 않아 자원의 배분이 비효율적이 되거나 공평하지 못하게 되는 경우이다. 이러한 시장의 실패가 있는 경우 자원의 효율적이고 공평한 배분이 일어날 수 있도록 하기 위하여 정부가 시장에 개입하게 된다.

이러한 시장의 실패와 이로 인한 정부의 시장개입이 발생할 수 있는 대표적인 경우는 다음과 같다.

(1) 시장지배력 : 독점이나 과점과 같이 한 사람 또는 소수의 사람들이 시장가격에 대하여 임의로 영향을 미칠 수 있는 시장지배력market power이 있게 되면 이러한 시장지배력을 가진 사람들은 자원을 효율적으로 배분하는 생산량·가격이 아닌 자신들의 이윤을 극대화하는 생산량·가격으로 제품을 생산·판매하게 된다. 따라서 정부는 이러한 독과점을 규제하는 공정거래법 등을 운영함으로써 적정한 생산·적정한 가격이 이루어지게 함으로써 국민경제 전체의 후생을 증대시키려고 한다.

(2) 외부효과 : 외부경제external economy란 어느 한 경제주체의 소비 또는 생산이 교환과정에 참여하지 않는 다른 경제주체의 소비 또는 생산에 유리한 영

향을 미치는 경우이고, 외부불경제external diseconomy란 그와는 반대로 불리한 영향을 미치는 경우를 말하는데 이 두 가지를 합하여 외부효과externality라고 말한다. 공해는 외부불경제의 전형적인 예이다. 만약 어느 화학회사가 자기가 배출한 매연으로 사회전체에 피해를 주는 외부불경제를 발생하는 경우에도 아무런 규제를 하지 않는다면 매연을 지나치게 내뿜어 사회 전체적으로 가장 효율적인 생산량을 초과함은 물론 자신이 만든 폐해를 자신이 책임지지 않아 공평하지도 않을 것이다. 이 경우 정부는 이러한 화학회사에 공해물질 배출부과금 등과 같은 환경규제를 하여 적정한 생산량을 유지하게 하고 사회전체의 후생을 증가시키게 된다.

(3) 공공재 : 방송서비스 · 공원 · 국방과 치안서비스 등과 같은 공공재public goods의 경우, 앞에서 보았듯이, 소비의 배타성과 소비의 경합성이 존재하지 않는다. 따라서 이러한 공공재의 공급을 시장에 맡겨두면 대가를 지불함이 없이 소비하려는 무임승차자free rider 때문에 소비가 적정한 소비수준을 초과하게 되고 공급자는 이 때문에 생산을 기피함으로써 자원의 공평한 배분이나 효율적인 배분이 일어나지 않게 된다. 이때 정부가 개입하여 무임승차자가 발생하지 않도록 하는 제도적 장치를 미련하거나 정부가 직접 나서서 그러한 공공재를 공급하고 그 재원을 세금으로 충당하게 된다.

(4) 정보의 비대칭성 : 시장에서 판매자와 구매자의 이익이 일치하면 거래에 참여한 당사자 모두가 이익을 보는 시장거래가 쉽게 이루어질 수 있지만 시장정보가 불완전하거나 비대칭적일 경우 시장거래가 효율적으로 형성되지 못하는 경우가 발생한다. 예를 들어 중고차시장의 경우 구매자가 중고차의 품질을 잘 알 수 있다면 이를 고려하여 적정한 가격을 지불하고자 할 것이다. 그러나 판매자에 비하여 구매자는 품질을 잘 알 수 없기 때문에 구매자가 평가하는 품질은 판매자가 평가하는 품질보다 항상 낮게 되어 효율적인 시장거래가 이루어지지 않는다. 이러한 경우 정부는 책임 있고 신뢰할 수 있는 중고차 거래제도를 법제화하여 이러한 정보의 비대칭성을 해소시켜 줌으로써 중고차의 원활하고 공정한 거래가 이루어지도록 한다.

이와 같이 자원의 효율적인 배분이 시장을 통하여 보장되지 않거나 시장가격이 반드시 효율적인 결과만을 가져오는 것이 아니어서 가격기능에만 의존할 수 없는 경우 정부는 시장경제체제를 유지 · 보호하기 위하여 시장에 개입하여 바람직하지 않은 경제활동을 규제하고 공공재를 생산하고 물가안정과 분배의 공정성을 유지하려고 노력한다. 이처럼 정부가 시장의 경제활동에 적극적으로 개입하는 정부를 '큰 정부' · ' 적극적인 정부' 라고 하고 이러한 경제체제를 '혼합경제' 라고도 한다. 또한 가격기구를 '보이지 않는 손' 이라고 하는데 비유하여 이러한 정부의 시장개입을 **'보이는 손**visible hand' 이라고도 한다.

그러나 시장의 실패를 교정하기 위한 이러한 정부의 시장개입은 때때로 오히려 효율적인 자원의 배분을 더 저해하는 상황을 만들기도 하는데 이러한 경우가 **정부의 실패**government failure이다. 이러한 정부의 실패가 일어나는 이유는 매우 다양할 수 있다. 예컨대 정부의 책임자가 이런 저런 인간관계나 압력단체의 요구 때문에 국민경제 전체의 입장에서 바람직한 정책을 결정하지 못할 수도 있고, 복잡다양해지는 실물경제의 거래관계를 제대로 파악하지 못하거나 불완전한 정보 때문에 잘못된 규제를 행할 수도 있다. 또한 이러한 시장개입의 결과로 인하여 정부부문이 지나치게 비대해져 비효율을 가져오고 공평을 추구하기 위하여 마련된 정부의 적극적인 사회보장정책이 오히려 사회전체의 도덕적 해이moral hazard현상을 유발할 수도 있다.

실제로 오늘날 서구의 복지국가에서는 정부부문이 극도로 비대해지고 자본주의적 활력이 둔화되는 문제점들로 고민하고 있다. 따라서 시장의 실패나 정부의 실패가 발생하지 않도록 합리적이고 현명한 균형을 찾는 일이 가장 중요하다.

금융이란 무엇인가? 1.12

개인이건 기업이건 경제활동을 하다보면 자금이 부족할 때도 있고 남을 때도 있다. 자금이 부족한 개인이나 기업을 적자단위deficit unit라 하고 자금이 남아도는 개인이나 기업을 흑자단위surplus unit이라 한다. **금융**이란 적자단위가 흑자단위로부터 자금을 융통finance하는 것을 의미한다.

금융은 적자단위와 흑자단위 모두에게 이익을 준다. 적자단위는 부족한 자금을 빌려 투자를 할 수 있고 흑자단위는 여유자금을 이용하여 이자수익을 챙길 수 있기 때문이다. 물론 적자단위는 지급해야 하는 이자보다 더 높은 투자수익을 올릴 자신이 있을 때 자금을 빌릴 것이다. 대개 가계household는 흑자단위이고 기업은 적자단위이다. 기업은 미래의 수익 창출을 위해 대규모 투자를 하는 경우가 많은데 자기자본만으로는 투자금액을 다 조달할 수 없을 때 흑자단위의 자금을 이용한다.

기업이 자금을 어떻게 빌려오느냐에 따라 직접금융direct finance과 간접금융indirect finance으로 나눌 수 있다.

직접금융은 기업이 흑자단위로부터 직접 자금을 빌리는 경우를 말한다. 자금을 빌리기 위해 기업은 회사채corporate bond라는 차용증서를 발행하여 흑자단위에게 준다. 흑자단위는 회사채를 받고 돈을 빌려준다. 이러한 회사채에는 빌린 돈의 원금principal · 이자율interest rate · 만기expiration date가 기록되어 있다.

회사채를 발행한 회사가 튼튼한 회사라면 흑자단위가 마음 놓고 돈을 빌려 줄 수 있기 때문에 이자율이 낮다. 그러나 회사가 재정적으로 위험한 상태라면 높은 이자율을 약속하지 않고서는 자금을 빌릴 수 없다. 회사채를 받고 돈을 빌려준 흑자단위는 채무불이행(부도, default)의 위험을 스스로 안아야 한다. 만약 회사채를 발행한 회사가 돈을 갚기 전에 망해버린다면 돈을 되돌려 받을 수 없다. 따라서 직접금융은 자금을 제공한 흑자단위가 위험을 안게 된다.

간접금융은 예컨대 가계household가 여유자금을 은행에 예금을 하고, 은행이 여러 가계로부터 모은 예금을 기업에게 빌려주는 것을 말한다. 흑자단위의 자금이 은행을 경유하여 적자단위로 넘어가기 때문에 간접금융이라 부른다. 이 간접금융에서는 기업이 부도가 나더라도 흑자단위는 은행으로부터 돈을 되돌려 받을 수 있다. 대신 기업부도의 위험을 은행이 떠안게 되는 것이다.

금융은 경제발전에 대단히 중요한 역할을 한다. 사실 18세기에 일어난 산업혁명industrial revolution도 금융의 발달이 없었더라면 불가능 했을 것이다. 예를 들어 기차와 철도가 없었더라면 산업혁명은 상상하기 힘들었을 것이다. 그런데 전국적으로 철도망을 까는 데는 막대한 자금이 필요하다. 그 막대한 자금을 한 개인, 혹은 한 회사가 감당할 수 없다. 아무리 기차와 철도를 발명해 봐야 그것을 실행에 옮길 자금이 없다면 아무 소용이 없는 것이다.

금융은 여유자금을 가진 수많은 흑자단위로부터 자금을 모아 철도사업을 하려는 회사에 빌려주는 역할을 한다. 전국적으로 흩어져 있는 여유자금을 모아서 한 곳으로 집중할 수 있도록 해 주는 것이 바로 금융의 역할이다. 영국은 유럽국가 중에서 가장 먼저 금융이 발전한 나라이다. 만약 19세기 영국에서 금융이 발달하지 않았더라면 막대한 자금이 들어가는 철도와 대규모공장의 설립은 불가능 했을 것이다. 바로 이와 같은 이유로 세계 각국은 금융발전에 노력을 한다.

요즘은 금융이 세계적으로 확대되어 있다. 즉 미국의 흑자단위가 한국의 기업에 돈을 빌려주는 식이다. 여유자금이 있는 미국의 가계는 한국의 회사가 발행한 채권을 매입함으로써 한국 기업에 돈을 빌려주는 셈이다. 금융시장이 세계로 확대됨으로써 특별한 기술을 가진 기업이 자금을 빌리기가 훨씬 쉬워지고 있다. 또한 한국의 흑자단위도 한국 기업뿐만 아니라 외국의 다양한 적자단위를 대상으로 돈을 빌려줄 수 있기 때문에 투자의 기회가 세계로 확대된다는 의미도 있다.

1.13 금리란 무엇인가?

생활을 하다보면 어떤 때는 여유자금이 생기고 또 어떤 때는 자금이 부족해 다른 사람으로부터 돈을 빌려야 하는 경우가 있다. 자금이 부족한 사람은 여유자금을 가진 사람으로부터 돈을 빌려야 하는데 빌린 대가로 지급하는 돈을 이자interest라고 한다. 원금principal에 비해 몇%의 이자를 주는가를 나타낸 용어가 바로 **이자율**interest rate 또는 **금리**金利이다. 예를 들어 100만원을 1년 동안 빌린 사람이 110만원을 돌려준다면 원금은 100만원이고 이자는 10만원인 셈이다. 이자 10만원은 원금의 10%가 되기 때문에 이자율은 연리 10%가 된다.

돈을 거래하는 사람끼리 이자율을 정하는 경우도 있지만 대부분의 경우에는 이자율이 자금시장money market에서 정해진다. 자금시장에서는 자금을 빌리려는 수요와 자금을 빌려주려는 공급이 나타나는데 수요량과 공급량이 일치하는 선에서 **시장이자율**market interest rate이 정해진다. 보통의 상품과 마찬가지로 자금수요량이 공급량을 초과하면 초과수요가 발생하여 이자율은 상승하고 자금공급량이 수요량을 초과하면 초과공급이 발생하여 이자율은 하락한다. 이자율은 경제에 대단히 중요한 영향을 미친다.

이자율이 높으면 기업들이 돈 빌리는데 부담이 되므로 투자investment를 잘 하지 않게 된다. 여유자금이 있는 기업들이라 하더라도 이자율이 높으면 스스로 투자하기 보다는 남에게 빌려주어서 높은 이자를 받는 것이 더 유리하다고 생각할 수 있다. 따라서 이자율이 높으면 투자가 저해된다는 것이 경제원리이다. 반대로 이자가 낮으면 투자가 늘어난다. 기업들의 입장에서는 돈 빌리는 비용이 적게 드는 셈이어서 기계를 사고 공장을 짓는 일이 쉬워진다.

또한 이자율이 낮으면 소비자consumer들도 빚debt을 내어 물건을 사려고 하기 때문에 상품이 잘 팔린다. 그래서 이자율이 낮아지면 경기business cycle가 좋아지는 경향이 있다. 그러나 이자율이 너무 낮아도 탈이 생긴다. 물가general price가 오르기 때문이다. 물가가 오르면 봉급생활자처럼 고정된 임금wage을 받는 사람들은 손해를 본다. 같은 돈으로 그 전보다 적은 양의 물건밖에 살 수가 없기 때문이다.

이자율은 자본수지capital balance에도 영향을 미친다. 자본수지란 외국에서 들어온 돈과 외국으로 나간 돈을 비교하여 보여주는 숫자를 말한다. 자본수지가 흑자라는 말은 외국에서 들어온 돈이 더 많다는 말이고, 자본수지가 적자라는 말은 외국으로 나간 돈이 더 많다는 뜻이다. 한국의 이자율이 다른 나라보다 높으면 외국의 투자자들이 한국으로 돈을 가지고 들어온다. 즉 자본수지가 흑자가 될 가능성이 높아진다. 그러나 이자율이 너무 낮으면 외국사람들이 자금을 한국에서 빼내간다. 이자율이 높은 외국에 투자하기 위해서이다. 이런 경우 자본수지가 적자가 된다.

이렇게 이자율이 경제에 미치는 영향이 대단히 크고 중요하기 때문에 이자율은 너무 높아도 안 되고 너무 낮아도 안 된다는 것을 알 수 있다. 그래서 이자율을 적정한 수준에서 유지하는 것은 대단히 중요한데, 주로 중앙은행central bank이 이자율을 조정하는 역할을 한다.

한국의 중앙은행은 한국은행Bank of Korea이다. 한국은행은 시중은행commercial bank에 돈을 빌려주거나 빌려준 돈을 회수함으로써 통화량money supply을 조절한다. 한국은행이 시중은행에 돈을 빌려주면 시중은행은 다시 일반 고객에게 돈을 빌려주므로 국민들이 보유하는 현금의 량이 많아진다. 국민들이 보유하는 현금의 양을 통화량이라 한다.

통화량이 많아지면 자금이 풍부해져서 이자율이 낮아진다. 만약 한국은행이 시중의 통화량이 너무 많다고 판단한다면 통화량을 줄이기를 원할 것이다. 통화량을 줄이기 위해서 한국은행이 시중은행에 빌려주었던 자금을 회수하면 된다. 그러면 자금이 부족해진 시중은행은 고객에게 빌려준 돈을 회수하게 되고 이것이 국민들의 호주머니에 있는 자금의 양을 줄이게 된다. 물론 이와 같은 방법으로 시중의 자금이 감소하면 이자율이 상승한다.

화폐와 분업 1.14

18세기 말의 산업혁명industrial revolution 이후 인류의 물질적 진보는 눈부시게 빨랐다. 새로운 기술의 개발은 생산성productivity을 증가시켜 인류는 같은 생산요소factor of production의 투입으로 더 많은 상품과 서비스를 생산할 수 있게 되었다. 이와 같은 경제성장의 힘은 어디서 나오는 것일까? 그 해답은 분업division of labor과 교환trade의 확대에 있다.

분업이 발달하지 않은 옛날에는 거의 모든 생활물자를 자기가 직접 만들어 썼다. 배가 아프면 산에서 약초를 채취하고 신발도 스스로 만들었으며 가옥도 가족들이 함께 지었다. 그러다 보니 옛날 사람들이 할 수 있는 일은 무척 많았지만 그 기술은 형편없었다. 전문화specialization가 이루어지지 못하기 때문이다.

그러나 산업사회industrial society에서는 분업에 의해 상품과 서비스가 생산된다. 농부는 곡식을 생산하고, 신발은 신발공장에서, 주택은 건설업자가, 치료는 의사가 담당한다. 분업을 하면 한 분야에만 집중할 수 있으므로 기술개발이 촉진되고 일의 능률이 높아진다. 즉 일의 전문화가 가능하게 된 것이다. 이같이 분업은 일의 전문화를 낳고 그것은 다시 경제성장의 기초가 되는 기술발전을 가져왔던 것이다.

그런데 분업은 교환이 없으면 발생할 수 없다. 쌀만 생산하는 농부가 몸이 아프면 치료를 받을 수 있는 것은 쌀과 의료서비스가 서로 교환되기 때문이다.

만약 쌀과 의료서비스가 서로 교환되지 않는다면 몸이 아플 때 농부는 쌀농사를 그만두고 스스로 약초를 캐러 산으로 가야한다. 또한 의사도 농사를 짓지 않으면 먹고 살 수가 없다. 그래서 의료기술에 전력을 다 하지 못한다. 이러한 예는 교환이 전제되지 않은 분업은 불가능하다는 것을 보여준다. 자기가 생산한 상품과 서비스가 다른 사람이 생산한 것과 교환될 수 있다는 믿음이 있어야만 사람들은 하나의 일에만 전념할 수 있다.

그런데 교환이 말처럼 그리 쉬운 것은 아니다. 위의 예에서 몸이 아픈 농부는 쌀을 필요로 하는 의사를 만나야 한다. 만약 쌀이 아닌 신발을 원하는 의사를 만난다면 쌀을 주고 의료서비스를 받는 교환은 일어나지 않는다. 또한 새 신발이 필요한 의사는 몸이 아픈 신발 제조업자를 만나야 병을 고쳐주고 신발을 얻을 수 있다. 이와 같이 교환이 성립되려면 내가 가진 상품을 원하면서 동시에 내가 필요한 상품이나 서비스를 줄 수 있는 상대방을 만나야 한다. 그러한 상대방을 찾는 데는 시간과 노력이 많이 든다. 제대로 된 교환의 상대방을 찾기 위해 쓰는 시간과 노력을 경제학 용어로 거래비용transaction cost라고 한다. 거래비용이 크면 교환이 잘 일어나지 않고 그에 따라 분업도 잘 발달할 수 없다.

거래비용을 크게 낮추는, 그래서 교환이 잘 발생할 수 있도록 해 주는 것이 바로 화폐money이다. 농부는 쌀을 판 대가로 받은 화폐를 가지고 의사에게 가서 치료를 받을 수 있다. 의사는 치료해 준 대가로 받은 화폐를 가지고 신발을 살 수 있다. 이와 같이 화폐라는 것이 중간에 끼어들면 교환이 아주 쉬워진다. 몸이 아픈 농부는 더 이상 쌀을 필요로 하는 의사를 찾아 돌아다닐 필요가 없다. 쌀이 아니라 신발을 필요로 하는 의사도 농부에게 치료를 해 준다. 돈을 받으면 되니까.

이와 같이 화폐는 거래비용을 낮추어서 교환을 쉽게 만들어 주고 또한 교환이 쉬워지면 사람들은 안심하고 자신의 전문분야에 종사할 수 있다. 이와 같은 과정에서 화폐는 기술발전에 기여하는 것이다. 분업이 세분화 될수록 교환해야 할 상품과 서비스도 많아지므로 교환을 도와주는 화폐의 양도 많아져야 한다. 그래서 경제가 발전할수록 한 사회가 필요로 하는 화폐의 양이 증가해야 하는 이유를 이해할 수 있다.

이상과 같은 화폐의 역할이 교환의 매개수단general medium of exchange으로서의 기능이지만 화폐는 이 밖에도, 여러 상품들의 가치를 측정·비교할 수 있는 가치척도기능 또는 회계단위unit of account의 기능, 외상으로 구입한 상품 또는 빌린 돈에 대하여 장래에 지불해야 하는 장래지불의 표준standard of deferred payment기능, 보유하고 있을 때 가치를 저장하는 가치저장의 수단means of store of value 등의 기능도 가진다.

1.15 **경제성장**의 요인

아이가 자라면서 키가 커지고 몸무게가 늘어나는 것처럼 경제도 성장한다. 한 나라의 국민들이 일 년 동안 생산한 상품과 서비스를 돈으로 환산하여 합한 금액을 **국민총생산**Gross National Product이라 한다. 국민총생산이 전년에 비해 가령 5%증가했다면 경제성장률이 5%라고 한다. 한 나라가 잘 살기 위해서는 경제가 빨리 성장해야 한다. 경제가 성장한다는 말은 국민총생산이 늘어난다는 말이다. 한국은 지난 30~40년 동안 대단히 빠른 경제성장을 하였다. 현재에는 중국경제가 빠른 속도로 성장을 하고 있다. 물론 경제성장이 빨라지려면 국민총생산이 빨리 늘어나야 한다. 그러면 국민총생산은 어떻게 늘어날 수 있을까?

가장 쉬운 방법은 **투입**input을 늘리는 것이다. 국민들이 일을 더 많이 하고, 기계를 더 많이 쓰고, 원료를 더 많이 쓰면 생산량이 늘어난다. 현재의 중국을 보자. 농촌에서 거의 실업상태에 있던 많은 사람들이 도시로 나와서 일을 한다. 나라 전체로 보면 일하는 국민들이 더 많아진 셈이다. 즉 노동투입labor input이 크게 늘어난 것이다. 또 외국에서 기계나 장비를 들여와서 중국의 생산시설이 크게 늘어나고 있다. 이를 자본투입capital input이 늘어난다고 표현한다. 과거의 한국도 그랬다. 도시화urbanization로 농촌인구가 도시로 흘러 나와서 일하는 사람들이 많아졌고 외국에서 자금을 빌려와 기계를 샀다. 이러한 투입input의 증가는 생산의 증가로 이어졌다.

국민총생산을 늘리는 두 번째 방법은 기술을 개발하는 것이다. 기술이 발전하면 같은 노동이나 원료를 투입하고도 더 많은 생산을 할 수 있다. 또 품질이 더 좋은 상품을 만들 수 있다. 예를 들어 기술수준이 낮으면 철 1톤으로 숟가락밖에 만들지 못한다. 그러나 기술이 높아지면 철 1톤으로 자동차나 시계를 만들 수 있다. 철 1톤이라는 동일한 투입을 하고서도 숟가락을 만드는 것보다 자동차나 시계를 만들면 국민총생산이 훨씬 커진다. 자동차나 시계의 가격이 숟가락보다 훨씬 비싸기 때문이다.

기술이 발전하지 못한 나라 국민들은 선진국의 국민들 보다 훨씬 더 열심히 일을 하고서도 늘 가난하게 산다. 그 이유는 그들이 만든 상품들이 선진국 국민들이 만든 상품들 보다 가격이 훨씬 낮기 때문이다. 그래서 어느 나라나 기술개발을 하려고 노력한다. 그런데 기술개발이라는 것이 말처럼 그리 쉬운 것이 아니다. 기술개발을 잘 하기 위해서는 먼저 국민들의 지식과 창의력이 높아야 한다. 지식과 창의력은 그냥 생기는 것이 아니다. 교육을 통해서만 얻을 수 있다. 다행히 아시아 국가들은 교육열이 높다. 한국도 그렇고 중국도 그렇고 일본도 그렇다. 경제학자들은 한국 · 일본 · 중국 · 대만 등 아시아 국가들의 경제성장률이 높은 것은 높은 교육열 때문이라고 말한다.

국민총생산을 늘리는 또 하나의 조건은 사회와 경제 환경이 안정되어야 한다는 것이다. 사회가 안정되지 못하고 불안정하면 아무도 미래를 위해 투자하려 하지 않을 것이다. 기업가는 내일이 어떻게 될지 모르기 때문에 공장을 짓지 않으려 하고, 위험을 무릅쓰면서까지 자금을 빌려다가 기계를 설치하려 하지 않는다. 그러나 사회가 안정되고 미래에 대한 불안이 없어지면 기업가들은 투자를 하고, 특히 외국투자자들이 자본을 빌려주기도 한다. 이렇게 사회적 안정은 간접적으로 경제성장에 기여한다. 이렇게 보면 사회가 불안정한 아프리카의 많은 나라들이 가난에서 벗어나지 못하는 이유를 이해할 수 있다.

지금까지 살펴본 바와 같이 한 나라가 경제성장을 잘 하기 위해서는 투입의 증가, 기술의 개발, 사회적 안정이라는 조건이 모두 충족되어야 한다. 요즘에는 특히 기술의 개발이 중요해 지고 있다. 스위스나 싱가포르와 같이 작은 나라가 잘 사는 것은 그들의 기술이 높기 때문이다.

1.16 투자의 중요성

근래 몇 년 동안 한국은 경기침체depression를 경험하고 있다. 경기침체의 이유로 내수domestic demand가 부진하다든가 좀처럼 살아나지 않고 있는 기업의 투자활동을 꼽고 있다. 여기서는 경기business cycle와 투자가 어떤 관련을 가지고 있고 또 투자 마인드를 살리기 위해 무엇을 해야 하는지 알아보기로 한다.

먼저 투자가 무슨 뜻인가부터 정리해 보자. 투자는 기업이 생산활동을 위해 기계를 장치한다든지, 공장건물을 신축한다든지, 기술개발을 위해 자원을 투입한다든지 하는 활동을 의미한다. 즉 생산능력을 키우기 위한 활동이 바로 투자이다.

투자는 경제에 이중으로 큰 영향을 미친다. 첫째로는 투자활동 자체가 내수를 창출할 수 있다는 점이다. 생산설비production equipment를 새로 구입한다면 기계를 만들어내는 기업의 판매량이 늘어날 것이고 공장건물을 신축한다면 건축경기construction business가 살아날 수 있다. 따라서 소비자들이 지갑을 열지 않아서 발생하는 내수위축contraction of domestic demand을 투자활동이 상당히 보충해 줄 수 있다. 한 기업의 투자는 다른 기업의 판매증가로 이어져 내수확대에 도움을 주기 때문이다.

투자의 두 번째 기능은 단순히 내수창출creation of domestic demand 이상의 것으로 미래의 생산능력을 키운다는 점이다. 평소에 적정한 투자가 계속되어야 경기가 회복될 때 늘어나는 주문을 맞출 수 있다는 것이다. 많은 사람들이 한국의 성장잠재력potential of growth이 약화되고 있다는 지적을 많이 하는데 이것은 바로 투자가 부진하기 때문이다.

그러면 현재 우리나라 기업의 투자수준은 어느 정도일까? 투자의 수준이 어떠냐를 가늠하는 여러 가지 지표들을 종합해 보면 우리나라의 투자활동은 매우 부진하다고 할 수 있다. 경제규모가 커지면 거기에 걸맞게 투자량도 확대되어야 하는데 국내총생산액 대비 설비투자규모는 최근까지 몇 년간 연속으로 IMF외환위기 이전의 수준을 회복하지 못하고 있다. 한마디로 몸집이 커지는 만큼 투자가 따라가지 못하고 있다는 말이다. 이 때문에 내수가 위축되고 고용이 잘 안 되고 있다.

그러면 투자가 부진한 이유가 **투자자금**이 부족하기 때문인가? 그렇지는 않다. 국가 전체적으로 투자자금은 상당히 풍부하다. 예를 들어 외환위기 이후 국내 총저축률gross saving rate이 총투자율gross investment rate보다 지속적으로 높았다. 이것은 국민들이 쓰고 남은 자금이 기업들이 투자에 필요한 자금을 초과하고 있다는 의미이다. IMF경제위기 이전에는 투자활동이 활발해서 모자라는 투자자금을 보충하기 위해 외국에서 자금을 차입했다. IMF이후에는 상황이 완전히 반대로 되어 지금은 자금이 남아도는 상황이 되었다.

그러면 왜 투자자금이 풍부해도 실제로 투자는 일어나지 않는 것일까? 혹시 기업들이 투자할 마음이 없다는 말인가. 한마디로 그렇다고 할 수 있다. 현재 기업들은 자신감 부족의 늪에 빠져 있다고 해도 과언이 아니다. 투자는 오늘 한다고 당장 내일 수익이 나오는 것이 아니다. 투자의 효과는 장기간에 걸쳐 서서히 나타나는데, 미래가 불확실 하다고 생각하면 투자를 할 기업이 없을 것이다. 케인스J. M. Keynes라고 하는 유명한 경제학자는 기업가들의 투자는 동물적 본능animal spirit에 의해 움직인다고 했다. 한마디로 투자가들에게 공격적인 마인드, 미래를 낙관적으로 보는 분위기를 만들어야 한다는 뜻이다. 그러나 현재 우리는 기업들이 가진 동물적 본능을 깨우지 못하고 있는 상황이라 할 수 있다.

투자의 절대액이 부족하다는 점 이외에도 **투자의** 내용도 문제라는 지적도 있다. IMF경제위기 이후 우리나라 기업의 투자성향을 보면 미래를 내다보는 투자라기보다는 현상유지를 위한 방어적이고 소극적인 투자라는 특징을 발견할 수 있다. 미래를 내다보는 투자란 바로 신기술이나 신상품을 개발하기 위한 연구개발투자를 의미한다. 그런데 우리나라의 연구개발투자 규모는 경쟁상대국에 비해 대단히 열악한 상태에 있다. 예를 들어 한국의 연구개발비는 일본의 11%, 미국의 4.9% 수준에 불과하다.

투자의 의욕이 이렇게 낮은 이유의 첫 번째는 앞서 지적한 기업의 자신감부족이다. 두 번째 원인은 IMF위기 이후 기업들이 생존 자체에 집착한 나머지 축소경영패턴을 고집하고 있다는 점이다. 즉 먼 미래를 내다보는 투자보다는 단기실적을 중시하고 부채비율debt ratio 하향과 같은 재무구조개선에 온 신경을 쓰고 있다는 것이다. 이미 우리 기업들이 상당한 정도로 재무구조가 개선되었다. 우리나라 제조업의 부채비율은 123% 정도 되는데 이것은 미국이나 일본보다 낮은 수준이다. 또한 우리 기업들은 IMF때 유동성부족에 워낙 혼이 나서 현금을 많이 쌓아놓는 경향이 높아졌는데 이것도 과감한 투자를 막는 요인으로 작용하고 있다.

다음으로, 투자환경도 썩 좋지 않다는 점도 이유가 될 수 있다. 높은 땅값 때문에 국내 공단분양가격이 경쟁상대국보다 높고, 인건비도 대단히 높은 상황이다. 불안한 노사관계와 경직적인 노동시장도 투자에 장애요인으로 지적될 수 있다.

이제, 투자를 살리기 위한 정책에 대해 생각해 보자. 가장 먼저 해야 할 일은 경제에 불확실성uncertainty을 제거하여 기업가의 투자정신을 살리는 것이다. 국회에 상정된 법안이 처리되지 못하고 있다든가, 한번 정해진 정책이 압력단체에 굴복해 이리저리 휘둘리는 상황은 불확실성만 더해 줄 뿐이다. 다음으로, 기업하기 좋은 환경을 만들어야 한다. 각종 규제regulation 때문에 사업을 하고자 해도 비용과 시간, 무엇보다도 기업가정신이 꺾인다는 지적이 많다. 적극적인 규제완화와 국민들의 친기업정서corporate-friendly sentiment 등도 투자를 살리는데 도움이 된다.

경기변동 1.17

산업사회의 고질적 질병 중의 하나는 주기적으로 찾아오는 불황depression이다. 생산이 늘고 소득이 증가하고 취직이 잘 되는 호황boom이 계속되다가 어느 날 갑자기 생산과 소득이 감소하고 기업이 도산하며 일자리 얻기가 어려워지는 불황이 찾아온다. 이렇게 불황과 호황이 번갈아가면서 찾아오는 현상을 **경기변동**business cycle이라 한다. 경기변동은 왜 발생할까?

산업사회의 가장 두드러지는 특징은 분업division of labor이다. 분업 때문에 개인들과 기업들은 특정한 분야에서 전문화specialization를 할 수 있게 되고 기술이 발전한다. 그런데 역설적으로 경제를 발전시키는 바로 그 분업 때문에 경제가 경기변동을 심하게 겪을 수 있다. 분업 때문에 한 개인 혹은 한 기업은 다른 개인이나 기업에 의존성을 가진다.

예컨대 제지산업에서 파업이 발생하여 종이의 생산이 중단된다고 하자. 그러면 종이를 원료로 쓰는 모든 상품의 생산이 지장을 받는다. 책을 찍어 내지 못하게 될 것이고 신문의 발행도 어려워 질 것이다. 컴퓨터용지의 부족으로 행정이 제대로 돌아가지 않을 수도 있다. 포장용지가 부족해져서 유통업체가 어려움을 겪을 수도 있다. 이와 같이 물자의 생산과정이 세밀하게 분업화 될수록 어떤 한 분야에서 발생한 문제가 다른 산업에 영향을 크게 미친다.

산업사회에서는 이와 같은 **생산의 상호관련성**interconnection 말고도 **소득의 상호관련성**도 있다. 소득의 상호관련성이란 한 사람의 소득이 증가하면 다른 사람의 소득도 증가하고 한 사람의 소득이 감소하면 다른 사람의 소득도 감소하는 경향을 의미한다.

예를 들어 수출이 잘 되어 수출업체가 잘 돌아간다고 하자. 그러면 그 회사에 근무하는 사람들의 임금이 상승하거나 고용이 늘어 소득이 증가한다. 소득이 증가하면 근로자는 그 돈을 쓸 것이므로 회사 주변의 음식점이나 옷가게가 장사가 잘 된다. 그러면 음식점에 재료를 공급하는 사람들도 돈벌이가 잘 되고 옷을 만드는 회사도 장사가 잘 된다. 그러면 옷감이나 단추와 같은 옷 재료를 생산하는 업체가 다시 이익을 볼 것이다. 이와 같이 한 분야의 소득증가는 다른 분야의 소득을 올리는 역할을 한다. 반대로 한 분야가 어려움에 빠져 근로자에게 임금을 삭감하면 그 여파가 다른 분야에 옮겨간다.

이와 같이 경제를 구성하는 사람들은 생산 및 소득에서 상호관련성을 맺고 있기 때문에 한 곳에서 어떤 충격shock이 발생하면 그 효과가 다른 곳으로 옮겨가고 결국에는 경제전체로 옮겨간다. 그래서 경제전체가 불황이나 호황을 함께 경험하게 되는 것이다. 그러면 경제를 호황이나 불황으로 몰고 가는 최초의 충격은 무엇일까?

경제충격에는 여러 가지가 있다. 자연재해로 인한 농업부문의 생산부족은 가장 전통적인 충격이다. 중동지역의 불안으로 기름 값이 급상승한다든지, 파업이 발생한다든지 하는 것은 모두 경제를 불황으로 이끌 수 있는 충격들이다. 반면에 호황으로 이끌 충격도 많다. 새로운 반도체의 개발이나 수출의 증가는 호황을 가져올 수 있는 충격이다. 좋은 충격과 나쁜 충격이 서로 섞여 항상 발생하기 때문에 서로 효과가 상쇄되어 경제에 큰 영향을 미치지 않는 것이 보통이다. 그러나 하나의 충격이 특히 커서 다른 충격들이 그것을 상쇄하지 못하면 경제는 호황이나 불황으로 간다.

경기변동이 심해지면 특히 가난한 사람들이 피해를 입는다. 가난한 사람들은 불황에 대비할 저축이나 다른 자산이 없기 때문에 불황 때 특히 어려워진다. 그래서 국가에서는 경기변동을 완화하기 위해 여러 가지 노력을 한다. 불황이 발생할 때 중앙은행이 할 수 있는 가장 대표적 수단이 이자율을 낮추는 것이다. 이자율이 낮아지면 소비자는 더 많은 소비를 하고 기업은 투자를 더 많이 하기 때문에 불황을 벗어날 수 있다. 반면에 호황이 너무 과도해서 물가와 임금이 치솟으면 중앙은행은 이자율은 높여서 경기가 너무 과열되지 않도록 조절을 한다.

1.18 실업의 종류와 대책

자기의 노동력을 팔아 먹고사는 근로자들에게 실업만큼 큰 고통은 없다. 실업 unemployment은 근로자들이 일하고자 하는 의지를 가지고 있지만 일자리를 구하지 못하는 상태를 말한다. 실업은 개인에게 고통일 뿐만 아니라 사회적으로도 자원의 낭비이다. 실업자가 생기면 사회가 가지고 있는 노동력이라는 자원을 다 이용하지 못하기 때문이다. 실업에도 다음과 같이 몇 가지 종류가 있다.

(1) **마찰적 실업** frictional unemployment : 마찰적 실업은 근로자가 직장에 들어가기 위해 준비하는 동안 경험하는 실업이다. 예를 들어 직장을 옮기는 경우 다니던 직장을 나와서 새로운 직장을 찾는데 시간이 필요하다. 어떤 직장이 있는가 알아보아야 하고 또 그 직장에 들어가기 위해 어떤 자격증이 필요한지도 알아보아야 한다. 자격증을 따기 위해 학원을 다녀야 할지도 모른다. 이와 같이 자신의 적성에 맞는 직장을 찾기 위한 과정에서 잠시 실업상태에 있을 수 있는데 이것을 마찰적 실업이라 한다. 마찰적 실업은 필연적인 것으로 사회적으로도 문제가 되지 않는다. 이것은 사회가 노동력을 활용하기 위해 불가피한 실업이기 때문이다.

(2) **구조적 실업** structural unemployment : 구조적 실업은 기술과 소비자의 수요가 변화함에 따라 거기에 적응하지 못한 사람들이 당하는 실업을 의미한다. 예를 들어 구둣가게를 운영하던 기술자가 자동화된 대량생산의 구두에 밀려 손님을 잃게 되는 경우를 보자. 과거에는 손님들이 모두 동네 구둣방에서 구두를 구입했지만 이제는 자동화로 대량생산된 구두를 구입함에 따라 동네

구둣가게는 문을 닫을 수밖에 없다. 이와 같이 일자리를 잃은 구둣가게 주인은 구조적 실업에 빠진 것이다. 구둣가게 주인이 새로 직장을 얻으려면 사회가 필요로 하는 새로운 기술을 배워야 한다. 요즘처럼 기술의 변화속도가 빠른 사회에서는 구조적 실업이 발생할 가능성이 높다. 구조적 실업에 빠지지 않기 위해서는 개인은 항상 새로운 지식을 습득해야 한다. 국가에서도 구조적 실업자를 줄이기 위해 각종 직업훈련기관을 만들어 운영하고 있다.

(3) 경기적 실업 cyclical unemployment : 불경기가 되면 생산을 줄이거나 문을 닫는 기업이 많아진다. 이때 발생하는 실업을 경기적 실업이라 한다. 불황이 깊어지면 경기적 실업자가 많아지다가 경기가 풀리면 다시 실업자가 줄어든다. 특히 건설현장에서 근무하는 노동자들이 경기적 실업에 빠질 가능성이 높다. 건설수주construction order가 줄어들면 건설회사는 현장 근로자들을 해고한다.

실업자가 많아지면 사회적 문제가 되므로 정부에서는 여러 가지 정책을 동원하여 실업자를 도와준다. 실업자가 최소한의 생활을 유지할 수 있도록 하기 위해 **실업보험제도**unemployment insurance가 있다. 실업보험제도는 정부와 기업 그리고 근로자가 일정 금액을 떼어 적립해 두었다가 실업을 당한 사람에게 지급하는 제도이다.

실업자를 근본적으로 도와주는 방법은 일자리를 마련해 주는 것이다. 일자리 창출job creation을 위해 정부는 **경기부양정책**economy boosting policy을 쓰기도 한다. 경기부양정책은 경기가 불황에서 빠져 나올 수 있도록 쓰는 정책을 말한다. 예를 들어 정부예산으로 도로를 건설한다든지 대규모 공공 프로젝트public project를 수행하는 것이다.

이러한 정책은 수요를 키워 기업이 더 많은 근로자를 고용하도록 유도하는 역할을 한다. 경기부양정책은 경기적 실업자를 구제하는데 효과가 있지만 구조적 실업자를 구제하는 데는 큰 효과가 없다. 앞에서 설명한 것처럼 구조적 실업자는 기본적으로 사회가 필요로 하는 기술이나 지식을 갖추고 있지 않기 때문에 일자리를 잃은 사람이다. 그런 사람들에게는 새로운 지식이나 기술을 습득하도록 도와주는 것이 바른 정책방향이다.

1.19 일본경제의 회복과 교훈

10년 이상 장기불황의 늪에 빠져있던 일본경제가 최근 들어 다시 살아나고 있다. 일본의 불황 극복과정을 살펴보면 경기부진으로 어려움에 처해있는 우리 경제에 교훈을 얻을 수 있을 것이다.

지난 1990년대 초반 주식가격과 부동산가격real estate price의 폭락으로 시작된 일본의 불황이 13-14년 만에 다시 살아나고 있다. 2002년 하반기부터 회복의 징후marks of recovery가 보이기 시작하더니 2004년 1/4분기에는 GDP성장률이 전년 같은 기간에 비해 5.9%로 뛰어 거품붕괴 이후 13년 만에 최고치를 기록했다. 3/4분기에도 3.9% 성장하였고, 4/4분기에도 플러스 성장positive growth이 예상되고 있다.

이는 내년도 우리나라 성장률이 3%대에 머물지 모른다는 우려를 생각할 때 비교적 높은 성장세라 할 것이다. 따라서 생산production · 투자investment · 소비consumption가 꾸준히 증가하고 이에 힘입어 실업률unemployment rate도 떨어지고 있다. 일본 기업들의 경영실적management performance도 크게 나아지고 있다. 상장기업companies listed on security exchange market들의 경상이익current profit이 2002년 이후 플러스로 돌아섰고 2004년에는 2년 연속 사상최고의 이익을 실현하였다.

일본은 장기불황의 여파로 그동안 물가가 계속 떨어지는 디플레이션deflation이 큰 문제였는데, 이 문제도 해결되고 있다. 2002년까지 소비자물가가 매년 평균 1%정도 계속 하락하는 디플레이션에 시달려 왔다. 이같이 물가가 계속 하락하면 기업들의 수익성이 나빠질 뿐 아니라 기업들이 금융기관으로부터 빌린 부채의 실질가치가 높아지기 때문에 기업들이 이중 삼중으로 고통을 당하게 된다. 소비자들은 소비자대로 물가하락을 예상해서 물건구입을 자꾸 미루게 되고 그것이 소비부진, 내수부진으로 이어져 경제에 큰 애로로 작용했다. 그런데 최근 경기의 회복에 따라 소비자물가가 더 이상 떨어지지 않는 것으로 조사되고 있다. 이제 소비자들도 물건 구입을 더 미룰 필요가 없게 되었고 이것이 경기를 살리는 힘으로 작용하고 있다.

10년 이상이나 지속되었던 장기불황에서 일본경제가 되살아나는 몇 가지 이유가 있다.

먼저 중국경제의 고속성장으로 인한 혜택이 대단히 컸다고 할 수 있다. 우리나라와 마찬가지로 일본에서도 내수domestic demand가 맥을 못 추는 상황에서는 수출이 기업의 유일한 판로가 된다. 일본의 수출은 2002년 이후 연평균 11%나 증가했으며 특히 대중국 수출은 최근 들어 매년 30%이상씩 증가하고 있다. 중국이 경제성장을 계속하기 위해서는 기계나 부품을 수입해야 하는데, 중국이 수입을 가장 많이 하는 나라가 바로 일본이다. 2003년을 기준으로 보면 중국 수입시장에서 일본 상품이 18%를 차지하여 2위인 대만(11.9%)이나 3위인 한국(10.4%)보다 압도적인 우세를 나타내고 있다. 또한 일본이 자랑하는 평면 TV · DVD · 디지털카메라 등 디지털 가전제품의 수출도 큰 몫을 하고 있다.

중국으로의 수출 증대뿐 아니라 일본 경제 내부의 요인도 **불황탈출**escape from depression에 기여했다. 10년 이상 지속되는 불황을 겪으면서 일본기업들은 철저한 구조조정의 고통을 감수했다. 구조조정의 첫 번째 목표는 인건비의 감축이었는데, 2000년 이후 대대적인 인원감축이 이루어졌다. 원래 일본은 한 번 고용을 하면 좀처럼 해고를 시키지 않는 종신고용life time employment의 전통이 있었다. 이러한 종신고용의 전통이 극심한 불황 속에서 무너졌다.

예를 들어 마쓰시다는 2001년 한 해 동안에만 13,000명의 종업원을 감축했다. 인력감축으로 몸집이 가벼워진 일본기업들은 사업체의 통폐합을 단행했다. 이윤이 나지 않는 사업은 과감하게 정리하고 비효율적인 공장은 폐쇄했다. 예를 들어 닛산자동차는 공장폐쇄 · 인원감축 · 사업재구축을 통해 2년 만에 흑자로 변모했다. DRAM반도체 업체 NEC와 히타치가 통합하였고 철강회사도 원래 5개의 기업에서 2개의 기업으로 재편되었다. 조선산업ship building industry도 원래 7개사에서 4개로 통폐합되었다. 이와 같은 구조조정의 고통을 거쳐서 많은 일본기업들이 수익성profitability과 경쟁력competitiveness을 다시 확보하게 된 것이다.

많은 사람들은 불황을 벗어나기 위해서는 정부가 적극적인 정책을 펴야 된다고 생각하지만, 일본의 경우를 보면 꼭 그렇지는 않다. 일본은 재정지출government expenditure 확대를 통한 경기부양boosting economy을 여러 차례 시도했지만 실패로 끝났다. 불황이 시작된 1990년대 초반부터 2000년까지 10여년에 걸쳐 막대한 재정을 지출했지만 불황탈출에는 실패하고 국가재정government budget balance만 악화되었다.

예를 들어 GDP대비 정부부채의 규모가 1992년 당시에는 62%였으나 2004년에는 139%로 높아졌고 매년 부채상환debt repayment에 드는 비용만도 정부예산의 20.5%를 차지하고 있다. 따라서 기업들의 구조조정을 통한 효율성efficiency향상과 소비자들의 자신감 회복 없이 재정지출만 확대하면 문제는 해결하지 못한 채 부작용만 커진다는 교훈을 얻을 수 있다. 이를 인식한 일본정부는 2001년 이후부터 규제완화와 기업의 구조조정을 돕는 방향으로 정책방향을 수정했다. 우리나라도 현재의 불황에서 벗어나기 위해서는 규제완화loosening regulation와 기업구조조정corporation restructuring이 쉬워지도록 하는 환경의 조성이 가장 먼저 필요하다.

불황탈출에 쉬운 길은 없다. 모든 근로자와 기업 그리고 정부가 고통을 분담하면서 우리경제의 구조를 효율적으로 바꾸는 도리밖에 다른 방법이 없다. 기업들이 구조조정을 통해 비용을 절감할 수 있도록 노동시장labor market이 더 유연화flexible 되어야 할 것이고, 동시에 기업들의 연구개발에 투자가 확대되어야 한다. 일본기업들은 어려운 가운데서도 연구개발에 꾸준히 투자하여 경쟁력을 유지할 수 있었다. 정책적인 면에서는 정부가 직접 재정지출을 확대하기 보다는 기업 활동을 더 쉽게 할 수 있도록 각종 규제를 완화하고 정책의 투명성과 예측가능성을 높이는 노력을 기울여야 할 것이다.

1.20 고령화사회의 경제효과

한국사회는 노인인구의 급증으로 인한 고령화 현상이 아주 빠르게 진행되고 있다. 의료기술이 눈부시게 발달하고 있고 소득은 계속 증가하고 있기 때문에 평균수명이 길어지는 것은 자연스런 현상으로 볼 수 있다. 하지만 전체 국민 중 노인이 차지하는 비율의 증가는 여러 가지 사회적 · 경제적 문제를 낳고 있다. UN이 정한 기준에 따르면 보통 65세 이상이 된 사람을 노인으로 분류한다. 한국의 총 인구가 약 4천8백만 명쯤 되는데 그 중에서 400만 명 이상이 노인이다. 이는 100명 중 8~9명이 노인이라는 의미이다. UN의 기준에 의하면 한 사회의 노인인구 비율이 7%이상이 되면 그 사회를 '고령화사회'라고 부른다. 이미 한국은 고령화 사회로 진입한 셈이다.

문제는 앞으로 노인인구의 비율이 더욱 증가할 것이라는 데 있다. 사실 한국은 세계에서 가장 빨리 노인인구의 비중이 높아지고 있는 나라이다. 여성들의 사회참여가 높아지고 결혼연령이 높아지면서 출산율이 1을 밑돌고 있다. 이는 세계 최저의 출산율로서 이 상태가 계속되면 22년 후가 되면 노인인구의 비율이 전체 인구의 20%를 차지하게 된다. 즉 5명 중 1명이 노인이 되는 초고령 사회가 될 것이다.

지금까지는 일본이 세계에서 가장 빠른 고령화 속도를 보여주었는데 몇 년 안에 일본의 노인인구 비율은 20%가 넘을 것으로 예상되고 있다. 그런데 한국의 고령화 속도는 일본보다 훨씬 바르다. 일본의 노인비율이 7%에서 20%로 높아지는데 약 36년이 걸릴 것으로 예상되지만 한국은 일본보다 10년이나 빨리 20%대에 진입하게 될 것으로 전망된다.

고령화사회가 되면 경제환경이 많은 변화를 가져올 것으로 예상된다. 고령사회가 되면 우리 사회가 어떤 모습으로 변모할 것인가는 초고령 사회의 진입을 목전에 두고 있는 일본의 현상을 보면 이해가 쉽다.

무엇보다도 노인을 위한 건강 · 요양 · 안전 · 복지 관련 보험시장이 크게 발달할 것이다. 핵가족화로 갈수록 젊은 사람들이 노인을 부양하려는 태도가 약화되고 있기 때문에 노인 스스로 건강을 챙겨야 하는 문제가 발생한다. 또한 요양시설에 들어갈 수 있도록 재산을 관리한다든지 비상시에 도움을 요청할 수 있는 안전서비스에 가입한다든지 하는 보험시장이 커질 것이다. 또한 경제력을 가진 노인계층이 소비의 주체로 떠오를 것이다. 이미 기업들은 노인층을 붙잡기 위해 경영전략과 마케팅 전략을 수정하는 등 엄청난 노력을 기울이고 있다.

고령사회에 적응하기 위한 기업들의 노력은 어떤가? 일본기업의 예를 보자. 먼저 노인층을 겨냥한 신규 및 주택개조 사업이 활발해 지고 있다. '미쓰비시상사'와 '도큐부동산' 등 부동산 개발회사들이 고령자 전용 아파트 건설에 참여하고 있고, 개호보험이라고 불리는 노인보험에서 주택개조에 비용을 보조해 주고 있다.

노인들의 안전확인 서비스도 인기를 끌고 있다. 자녀들이 부모를 직접 찾아가지 않고서도 부모의 건강상태와 안부를 확인할 수 있는 서비스가 생겨난 것이다. 마쓰시다 회사는 '안심네트워크'라는 서비스를 제공하고 있는데, 각 방마다 센서sensor를 설치해 놓고 노인들의 출입시간과 실내 상태를 감지하여 휴대폰으로 가족에게 자동연락을 해 준다. 또한 가족의 휴대폰에 노인이 사는 방안의 상황을 전송하는 서비스도 하고 있다. 건강용품 관련 시장도 크게 성장하고 있다. 고령자용 휠체wheel chair · 특수 침대 · 목욕보조기구 등의 판매와 수요가 급증하고 있다. 건강한 노인들을 위해서는 취미와 여가생활을 도와주는 서비스도 생겨났다. 노인들에게 맞는 여행 · 스포츠 · 자원봉사 단체가 새로이 등장하고 있고 지방자치단체들도 노인전문 서클circle을 운영하고 있다.

이러한 기업들의 움직임과 더불어 장차 노인이 될 개인들도 고령화 사회에 적응하기 위한 준비를 갖추어야 한다. 먼저, 정보화 시대에 뒤떨어 지지 않도록 끊임없이 배우고 자기개발에 힘써야 한다. 젊은이들의 비중이 줄어들고 노인층이 두터워짐에 따라 경제활동에도 노인인력의 활용이 중요해 진다. 그런데 정보화 시대에 맞는 지식을 갖추지 못하면 노인이 경제활동에 적극적으로 참여할 수가 없다. 그러므로 이제부터는 노인도 경제활동의 중심에 선다는 의식을 가지고 컴퓨터기술, 외국어 능력의 향상, 봉사활동을 통한 경험의 습득 등 자기개발에 힘써야 한다.

국제무역과 비교우위의 개념 1.21

국가와 국가 간에 왜 무역이 발생하며 자유무역은 어떠한 경제적 이득을 가져다주는가를 설명하는 이론이 국제무역의 비교우위론이다. 이러한 비교우위론은 일찍이 아담 스미스Adam Smith가 제시한 절대우위론을 또 다른 고전학파 경제학자 리카도D. Ricardo가 확장하고 일반화시킨 이론으로서 오늘날까지도 국제무역의 발생원인과 무역패턴의 결정원리를 설명하는 무역이론인 동시에 자유무역정책의 주요한 이론적 근거로서 자리 잡고 있다.

아담 스미스가 그의 국부론The Wealth of Nation, 1776을 통하여 절대우위론absolute advantage theory을 주장하였을 때 유럽에서는 중상주의적인 사고방식이 지배하고 있었다.

중상주의mercantilism적 사고방식이란 그 당시 유럽에서 금 · 은이 국부國富를 축적하는 중요한 방법이고 무역거래수단이 되었으므로 가능한 한 수출을 많이 하고 수입을 적게 하여 금 · 은이 자국에 많이 쌓이는 것을 선호하는 것이다. 이러한 중상주의 정책 하에서는 정부는 가능한 한 수입을 억제하고 수출을 장려하는 정책을 실시하였다. 그러나 이러한 중상주의정책의 가장 큰 오류는 국부를 금 · 은과 같은 귀금속으로 정의하고 또한 국제무역을 제로-섬게임zero-sum game으로 파악하여 한 나라가 이익을 보면 다른 나라는 반드시 손해를 보는 것으로 파악한 것이었다.

이에 아담 스미스는, 국부란 금 · 은과 같은 귀금속 그 자체가 아니고 그 나라가 매년 생산해내는 생산물이라고 정의하고 또한 국제무역을 제로-섬게임으로 파악하는 중상주의자를 비판하고 각국이 더 생산성이 높은 절대우위의 재화의 생산에 특화하고 이와 교환으로 다른 나라에서 특화되어 생산된 재화와 자유롭게 교역하면 모든 무역당사국이 이득을 얻게 된다는 절대우위론 theory of absolute advantage을 주장하였다.

40여년 후 리카도D. Ricardo는 아담 스미스의 이러한 절대우위론을 비교우위론theory of comparative advantage으로 한층 더 발전시켰다. 절대우위론은 한 나라가 다른 나라에 대하여 모든 재화의 생산에 있어서 절대우위가 있을 때에는 두 나라 간에 무역이 발생하지 않는 것처럼 설명하고 있지만, 리카도의 비교우위론에 따르면 설령 한 나라가 다른 나라에 대해서 모든 재화에 대해 절대우위 또는 절대열위에 처해 있다고 할지라도 상대적인 생산성이 높은 산업에 특화함으로써 두 나라 모두에게 무역이익이 발생한다는 것이다.

이와 같은 절대우위와 비교우위의 개념을 우리의 일상생활과 관련지어 설명해 보면 더 쉽게 이해할 수 있다.

어떤 변호사가 문서처리업무를 위하여 비서를 고용하고 있는데 그 변호사는 문서처리능력도 그 비서에 비하여 2배 정도의 속도를 가지고 있다고 가정하자. 이 경우 변호사는 비서를 고용하는 것이 바람직한가 아니면 비서를 고용하는 대신에 스스로 문서처리를 하는 것이 바람직한가? 이러한 경우를 비교우위의 논리에 따라 분석해보면, 변호사는 비서보다 문서처리능력이 더 높음에도 불구하고, 또한 비서는 변호사보다 문서처리능력이 상대적으로 뒤떨어짐에도 불구하고, 변호사는 비서를 고용하는 것이 더 효율적이고 또한 사회 전체적으로도 새로운 일자리가 창출된다는 점에서 더 바람직하다.

이 경우, 변호사는 법률사무를 행함에 있어서 변호사자격이 없는 비서에 비하여 절대우위에 있음은 물론 문서처리업무에 있어서도 2배의 효율을 지니고 있어 절대우위에 있다. 반면 비서는 법률업무를 취급할 자격이 없으므로 법률사무에 있어 절대열위에 있음은 물론 문서처리능력도 변호사의 1/2수준이어서 절대열위에 있다. 이같이 변호사는 2가지 업무에 대해 모두 절대우위에 있고 비서는 2가지 업무 모두에 대하여 절대열위에 있다. 그러나 이러한 경우에도 변호사와 비서는 상호업무를 분담하여 처리하는 것이 더 효율적이고 바람직하다. 왜냐하면, 변호사의 경우 2가지 업무 모두에 절대우위에 있지만 그 우위의 정도가 문서처리업무(2배) 보다 법률사무에서 상대적으로 더 높고, 비서의 경우 2가지 업무 모두에 대해 절대열위에 있지만 그 열위의 정도는 문서처리업무가 상대적으로 덜하기 때문이다. 말하자면 변호사는 법률사무에 비교우위를 가지고 있고 비서는 문서처리업무에 비교우위를 지니고 있기 때문이다.

이 경우 변호사는 법률사무로 시간당 100달러의 수익을 얻고 비서에게 문서처리업무를 시키는데 시간당 10달러를 지불하는 경우, 만약 변호사가 법률사무 대신 문서처리를 스스로 행한다면 시간당 20달러를 벌 수 있지만 그 시간만큼 법률사무를 행하지 못하여 시간당 100달러를 포기해야 하는 기회비용 opportunity cost이 발생하여 결국 시간당 80달러를 손해 보게 된다. 따라서 변호사는 시간당 10달러의 임금을 지불하고라도 비서를 채용하는 것이 더 효율적이다.

이러한 우화를 다른 경제학 교과서에서는 '아인슈타인과 실험조수' 또는 '마이클 조단과 잔디 깎는 인부'의 우화로서 설명하기도 한다. 이 경우 아인슈타인은 좀 더 창조적인 연구활동에 전념하고 실험이나 계산 등은 실험실 조수를 고용하는 것이 바람직하며, 마이클 조단 같은 위대한 운동선수는 이벤트나 광고행사에 참석하여 더 많은 수익을 올리고 자신의 정원의 잔디를 깎는 일은 일당을 지불하고 잔디 깎는 인부에게 일임하는 것이 더 효율적이다.

국제무역 역시 절대우위에 따라서만 무역이 발생한다면 강대국(선진국)은 모두를 수출하고 약소국(개도국)은 모두를 수입해야 하는 결과가 도출될 수도 있지만, 비교우위에 따른 자유무역이 이루어지면 강대국(선진국)은 강대국대로 또한 약소국(개도국)은 약소국대로 각각의 비교우위에 입각하여 상호 유익한 무역이 발생될 수 있다는 것이다. 이것이 비교우위가 내포하고 있는 경제적 함의이다.

1.22 교역조건의 이해

최근 들어 국제유가의 상승으로 인한 교역조건terms of trade이 계속 악화되고 있다는 소식이 있다. 올해 2/4분기만 하더라도 교역조건 악화로 실질 국민총소득national income의 증가가 크게 둔화되었다. 그렇다면 교역조건이란 무엇이며 왜 그것이 중요한가?

우리는 수출을 하기도 하고 수입을 하기도 한다. 그런데 수출을 장려하는 근본적인 이유는 수출로 벌어들인 돈으로 외국에서 필요한 원자재나 상품을 수입하려는 것이다. 이런 시각으로 본다면 국제교역이란 수출품을 내보내고 그 대가로 원자재나 수입품을 교환해 오는 것으로 이해할 수 있다. 이때 우리 수출품 한 개를 내 보내고 수입품 몇 개를 얻어올 수 있느냐 하는 것을 나타내는 것이 바로 교역조건이다.

우리 상품의 가격이 높고 외국상품의 가격이 낮다면 수출품 한 개를 내보낸 대가로 구입할 수 있는 외국상품의 개수가 많아 질 것이다. 이때 교역조건이 개선되었다고 한다. 최근 들어서 교역조건이 계속 악화되고 있는데 그것은 한국이 동일한 양의 상품을 수출한다고 해도 그것으로 구입해 올 수 있는 원자재나 상품의 양이 적어지고 있다는 것을 의미한다.

그러면 최근 들어 교역조건이 얼마나 악화되고 있는가? 교역조건 악화의 실태를 보자. 교역조건은 특정 연도를 기준으로 정하고 기준년도의 교역조건을 100으로 보고 비교년도의 교역조건을 산출한다. 예를 들어 2000년을 100으로 보았을 때 2005년의 교역조건지수는 1/4분기가 86.5, 2/4분기가 84.6을 나타내어 최근 6년간 최저수준을 경신하고 있다. 다시 말해 우리가 상품 한 개를 외국에 팔아 번 돈으로 구입할 수 있는 외국 상품의 개수가 계속 줄어들고 있다는 뜻이다.

그러면 교역조건이 이렇게 계속 악화되고 있는 이유는 무엇일까?

먼저 국제원자재 가격의 상승을 들 수 있다. 중동지방의 정치적 불안과 일부 산유국가의 내정혼란 때문에 국제유가가 치솟고 있다. 우리나라의 원유도입단가는 2005년도 상반기에 배럴당 31.5달러를 나타내 전년도 같은 기간에 배해 14.2%나 상승했다. 2005년 2/4분기 두바이유 가격은 배럴당 33.2달러로 전년도 같은 기간에 비해 무려 35.9%나 급등했다. 한국의 수입 중에서 유가가 차지하는 비중이 높기 때문에 전체적으로 수입단가가 전년도에 비해 10%이상 상승한 것이다. 반면에 한국의 수출품 가격은 그리 높아지지 않았다. 석유제품과 철강제품을 중심으로 일부 수출품의 가격이 올랐지만 수입가격 상승폭에는 미치지 못했다. 이와 같이 수출품의 가격은 별로 오르지 않고 원유나 원자재 같은 수입품의 가격은 훨씬 비싸지니까 교역조건이 악화될 수밖에 없는 것이다.

환율도 교역조건에 영향을 준다. 수출촉진을 위해 원화가치를 낮게 유지한 정책이 오히려 교역조건을 악화시킬 수도 있다. 내수가 좀처럼 살아나지 않고 있는 상황에서 정책당국은 환율을 높게 유지함으로써 수출증대를 노린다. 그런데 높은 환율은 수출량은 증가시킬 수 있지만, 우리 수출품의 달러표시 가격을 낮추어서 교역조건을 악화시키는 요인이 된다. 따라서 최근의 연속적인 교역조건 악화는 원유와 국제원자재 가격의 폭등만이 아니라 정책당국의 고환율정책에서 기인한다고 볼 수 있다. 그 이외에도 우리의 수출주력 상품인 반도체와 정보통신 관련 상품들의 국제가격이 하락하고 있다는 것도 원인으로 지적할 수 있다.

위에서 설명한 여러 가지 이유로 우리나라의 교역조건이 계속 하락하고 있다면 이것은 우리 경제에는 어떤 영향을 미치게 되는가?

교역조건 하락의 가장 직접적인 결과는 우리국민의 실질 국민총소득이 낮아진다는 것이다. 국민들이 잘 살기 위해서는 국민들이 상품을 소비할 수 있는 능력, 즉 소득의 구매력이 높아져야 한다. 그런데 교역조건이 악화되면 우리가 생산한 상품을 많이 수출하고서도 외국 상품이나 원자재를 조금 밖에 구입할 수 없게 되기 때문에 우리 소득의 구매력이 그만큼 감소하는 결과가 나타난다. 이것은 우리가 열심히 일해서 생산을 많이 하고 수출을 많이 한다하더라도 실제로 우리가 쓸 수 있는 상품의 양이 적어진다는 것을 의미한다. 따라서 교역조건이 하락하면 국민들이 느끼는 체감 소득이 감소하는 결과가 발생하는 것이다.

교역조건의 악화는 또한 기업의 채산성을 낮추고 경기하락을 심화하는 역할도 한다. 수출단가는 하락하고 원자재의 수입단가는 비싸지니까 기업의 수익성이 악화된다.

이제 교역조건 개선을 위한 방안을 생각해 보자. 앞으로도 고유가와 반도체 가격 하락세의 지속으로 교역조건이 크게 나아질 것으로 보이지 않는다. 결국 교역조건의 개선은 국제유가가 안정되고 미국경제를 비롯한 세계경제가 얼마나 빨리 회복하느냐에 달려 있다고 할 수 있다. 우리가 할 수 있는 노력으로는, 세계시장에서 우리의 수출품이 높은 가격을 받을 수 있도록 고부가가치의 고급상품을 계속 개발해야 할 것이고, 원화가치가 지나치게 떨어지지 않도록 환율을 적정수준에서 관리하는 노력이 있어야 한다.

관세와 비관세장벽 1.23

외국으로부터 들어오는 수입을 제한하기 위하여 사용하는 무역정책수단으로서는 관세와 비관세장벽이 있다. 관세tariff, customs, customs duties란 법정의 관세구역을 통과하는 수출입화물에 부과되는 일종의 조세를 의미한다.

관세를 부과하면 그 재화의 국내가격이 상승되는 가격효과price effect가 발생된다. 이로 인하여 그 재화에 대한 국내소비가 감소되는 소비효과consumption effect가 발생되고 이에 따라 소비자후생이 감소된다. 반면 이러한 가격효과로 인하여 수입경쟁(대체)재의 국내생산이 증대되는 생산효과production effect가 발생되는데 이러한 생산효과는 결국 관세를 통하여 국내 산업을 보호하는 보호효과protection effect가 된다. 관세부과는 또한 정부의 재정수입을 증가시키는 재정수입효과revenue effect를 발생시킨다.

관세의 부과는 이와 같이 소비자의 후생감소 · 생산자의 후생증대 · 정부의 재정수입증대를 동시에 가져오는데 이러한 후생의 전체변화를 보면 관세부과국의 경제적 후생을 감소시키는 마이너스(-)효과가 있다. 관세가 부과되면 고용이 증대되고 소득이 증대되는 고용효과employment effect와 소득효과income effect가 발생된다. 또한 관세가 부과되면 국내생산증대와 국내소비감소를 통하여 수입이 감소되는 무역효과trade effect가 발생되고 이를 통하여 일국의 국제수지를 개선시키는 국제수지효과balance of payment effect가 발생된다.

이 같이 관세의 부과는 여러 가지 경제적 효과를 발생시키지만 이러한 효과들 중에서 가장 기대되는 관세의 효과는 보호효과(생산효과)라고 할 수 있다. 왜냐하면 소비효과 · 후생효과 등은 관세부과로 인한 마이너스(-)적인 효과들이고 보호효과 이외의 기타효과들은 플러스(+)적인 효과들이기는 하지만 그 효과가 별로 크지 않거나 일정한 조건 하에서만 나타날 수 있기 때문이다.

한편 비관세장벽NTB : non-tariff barrier이 무엇을 의미하는가에 대해서는 통일적이고 명확한 정의가 내려지고 있지는 못하지만, 일반적으로 ① 외국의 수출업자와 국내수입업자에게 어떤 비용을 증가시키거나, ② 수입량을 양적으로 제한시키거나, ③ 외국의 수출업자와 국내수입업자에게 고도의 위험을 부담시키는 등 국내의 수입가격을 올리고 수입량을 감소시킬 목적으로 실시되는 관세 이외의 모든 무역장벽이라고 할 수 있다. 이러한 비관세장벽이 하나의 세계적 현상으로서 본격적으로 채택되고 이에 따른 경제적 영향이 보편화된 것은 1970년대 이후의 신보호무역주의의 대두와 함께였다. 비관세장벽이 신보호주의의 중요한 정책수단으로 채택된 것은 다음과 같은 이유 때문이다.

첫째로, 전후 GATT에 의한 무역자유화의 추진으로 케네디라운드Kennedy round를 비롯한 7차에 걸친 관세의 일괄인하가 이루어졌고 개도국에 대한 선진국의 일반특혜관세제도GSP가 실시됨으로써 무역장벽으로서의 관세의 비중이 크게 약화되었기 때문에 각국은 관세장벽을 대체한 비관세장벽을 주요한 무역정책수단으로 채택하게 되었기 때문이다.

둘째로, GATT는 발족 당시부터 관세 이외의 일체의 무역제한조치를 불법화하고 있으나 구체적인 GATT 규정 자체에는 각종의 비관세장벽을 합법화시키는 예외규정들이 너무 많아 그 실행 면에서 관세에 관한 규정에 비하여 엄격한 구속력을 가지지 못하였다. 따라서 많은 비관세장벽들이 GATT의 규율 밖에 존재하였기 때문이다.

셋째로, 비관세장벽은 관세장벽보다 보다 신속하고 강력하며 탄력적으로 운용될 수 있는 특성을 지녔으며 또한 그 속성상 개발도상국에 대하여 보다 차별적이므로 최근에 이르러 선진국들이 개도국의 농산품이나 노동집약적 상품에 이를 강화시키는 사례가 증가되었기 때문이다. 이러한 비관세장벽의 특성을 요약하면 다음과 같다.

(1) 복잡성과 다양성 : 19801년대 초 GATT의 자료에 따르면 비관세장벽은 유형은 무려 500여종에 달하여 그 내용이 다양하다. 또한 비관세장벽은 관세 이외의 모든 정책수단들을 통칭하는 것이므로 그 내용이 매우 이질적이고 복합적이며 그 적용 및 운영도 매우 복잡하다.

(2) 불확실성과 융통성 : 관련정보가 불충분한 상태에서 수출업자는 수입국의 여러 가지 비관세장벽이 자기의 수출에 어떻게 어느 정도 제한적인가를 확실히 판단할 수 없게 되는 불확실성을 지닌다. 또한 수입국의 정책은 어느 시점에서나 아무런 통고 없이 변경될 소지를 갖고 있으므로 고도의 융통성을 가진다. 때문에 수출업자는 이러한 불확실성과 융통성 때문에 더 큰 위험부담을 받게 된다.

(3) 효과측정의 곤란성 : 이와 같은 복잡성 · 불확실성 · 융통성 때문에 무역정책수단의 효과를 측정하는 것이 매우 어렵다. 더욱이 비관세장벽의 어떤 것은 아주 유동적이어서 그 실시가 관계당국의 전적인 재량에 의존되거나 은밀히 적용되어 이러한 효과측정의 곤란성은 더욱 커진다.

(4) 협상의 곤란성 : 이와 같은 비관세장벽의 특성 때문에 관세와는 달리 그 완화 및 철폐를 위한 협상이 매우 곤란해진다. 왜냐하면 비관세장벽의 경우 그것의 복잡성 · 불확실성 · 효과측정의 곤란성 때문에 상호간 그 정도를 비교하여 이를 균일화할 어떤 지표설정이 불가능하고, 또한 설사 정부 간에 어떤 협상이 성립되었다 하더라도 그것이 바로 비관세장벽의 철폐를 보장해 줄 수 없기 때문이다.

(5) 선별성 및 차별성 : 비관세장벽은 어떤 수출국에 대하여 선별적 · 차별적으로 부과될 수 있다. 또한 비관세장벽은 명목상으로는 선진국과 개발도상국 모두에 무차별적인 것 같지만 실제로는 개발도상국에 대하여 차별적인 성격을 지닌다.

1.24 자유무역협정

2004년 칠레와의 FTA협정을 시작으로 우리나라도 FTA시대에 들어섰다. FTAFree Trade Agreement는 두 나라 혹은 몇 개의 나라가 자유무역지대Free Trade Area를 형성하는 것을 의미한다. 자유무역지대가 되면 관세를 서로 없애거나 아주 낮은 수준으로 유지한다. 관세가 높을수록 수출도 어려워지고 수입도 힘들게 되지만 FTA로 자유무역지대가 형성되면 회원국끼리의 무역에는 서로 관세를 물리지 않거나 매우 낮게 물리므로 수출과 수입이 활발해지게 되는 것이다.

사실 한국은 FTA를 형성해서 적극적으로 무역을 촉진하겠다는 세계적인 추세에 비해 늦게 관심을 가지게 되었다. 현재 전 세계적으로 FTA체결 건수가 250건이 넘는데 우리는 이제 겨우 칠레 · 싱가포르 등과의 실적을 올리고 있다. 대표적인 FTA를 몇개 보면 NAFTA라고 불리는 미국 캐나다 멕시코의 북미FTA가 있고 유럽은 오래전에 이미 자유무역지대를 운영해오고 있으며 아시아에는 ASEAN이라고 불리는 동남아시아 국가들의 FTA가 있고 중국 · 일본 · 특히 싱가포르가 적극적으로 FTA 체결에 나서고 있다.

이렇게 세계 여러 나라가 FTA에 적극적으로 나서는 이유는 무엇인가? 우선 FTA를 통해 수출증대를 노릴 수 있다. 예를 들어 칠레와의 FTA체결로 한국의 자동차 · 전자제품 등 수출품에 대한 관세가 거의 철폐되어 수출이 증가되는 효과가 있다. 또한 외국인직접투자FDI가 증가되는 효과가 있다. 예를 들어 한국과 중국이 FTA를 형성하여 한국과 중국이 서로 관세를 물지 않는 하나의 시장이 되면 한국에서 상품을 만들어도 관세 없이 중국에 수출할 수 있는 길이 열린다. 이렇게 되면 한국의 고급 노동력과 기술을 이용하면서도 중국시장을 노리는 외국인들의 직접투자가 늘어나는 것이다.

FTA의 또 다른 효과는 국내 기업과 산업의 구조조정이 촉진된다는 것이다. FTA가 되면 아무래도 수입이 늘어나게 되어 경쟁력이 취약한 국내 기업과 산업은 퇴출될 수밖에 없다. 그 대신 국제적 경쟁력이 있는 기업은 수출을 더 쉽게 할 수 있으므로 성장 가능성이 더 커지는 것이다.

성공적인 FTA의 사례로 북미FTANAFTA를 들 수 있다. NAFTA가 체결될 당시 미국과 멕시코 모두 NAFTA의 효과에 대한 회의적 시각이 있었다. 미국 쪽에서는 멕시코의 저임금노동력이 미국 내 일자리를 빼앗아갈지도 모른다고 걱정했고, 멕시코에서는 멕시코가 미국의 생산 하청기지subcontract production base로 전락할지도 모른다고 걱정했다. 그러나 10여년이 지난 오늘 멕시코와 미국 모두 수출 · 외국인 직접투자 · 경제성장 등에서 상당한 성과를 거두었다는 평가를 받고 있다. 칠레 역시 중남미국가 · 캐나다 · 미국 · EU · 한국 등과 FTA를 성사시켰는데 그 효과로 특히 외국인직접투자를 많이 유치하고 경제개방화를 성공시켰다는 평가를 받고 있다.

이와 같은 장점이 있음에도 불구하고 FTA를 반대하는 사람들도 상당히 있다. 칠레와의 FTA를 예를 들어보자. 칠레와 FTA가 체결되면 칠레로부터의 농산물 수입에 대한 관세가 없어질 것이므로 칠레산 농산물이 싸게 수입되어 이것이 국내 과수 생산 농가를 어렵게 할 것이라고 반대하였다. 그러나 우리 정부는 협상을 통해 쌀 · 사과 · 배 등을 무관세대상에서 제외하고 시행의 유예기간을 충분히 두어 농가피해를 최소화 하였다. FTA가 체결되면 농업부문에서는 다소 피해가 있겠지만 전체적으로는 우리 경제에 도움이 될 것이다. 품목수 기준으로 96% 이상의 상품에 대한 수입관세가 앞으로 10년간 한국-칠레간 거래에서 철폐될 것이므로 칠레시장에 대한 수출이 늘 것이고 나아가 칠레시장을 둘러싸고 우리나라와 경쟁관계에 있는 나라들과 동등한 조건으로 경쟁할 수 있게 되었다.

현재 세계 각국은 많은 나라와 FTA를 체결하기 위한 경쟁을 벌이고 있다. 우리나라도 이러한 추세에 발맞추어 향후 적극적으로 FTA 체결에 나설 것으로 보인다. 현재 이미 싱가포르와 FTA가 체결되었고 일본과도 협상을 추진할 예정이며 미국과는 협상이 진행되고 있다. 또한 아세안과 중국이 한국과의 FTA에 적극적 태도를 보이고 있다.

국제수지 1.25

국제수지balance of payments란 일정기간 동안 일국의 거주자와 비거주자 사이에 일어난 모든 대외경제거래를 일정한 원칙에 따라 체계적으로 기록한 통계를 말한다. 이를 좀 더 구체적으로 살펴보면 다음과 같다.

(1) 일정기간 동안 : 국제수지는 일정기간 동안의 대외적 수취와 지불을 집계하는 플로(flow, 流量) 개념이다. 통상 1년을 의미하지만 좀 더 세분하여 월별 · 분기별 · 반기별로도 작성된다.

(2) 거주자와 비거주자 간 : 국제수지는 일국의 거주자residents와 비거주자non- residents간에 일어난 거래를 기록한다. 이때 거주자와 비거주자의 구분은 일반적으로는 국적과 일치하지만 반드시 그렇지는 않고 '경제적 이익의 중심center of economic interest' 이 어디에 있느냐에 따라 달라진다. 따라서 비록 외국인이라도 그 나라에 영주하면서 거래 및 경제활동을 행하고 또한 앞으로도 그럴 의사가 있는 자연인이나 법인은 거주자가 되는 반면, 내국민이라도 외국에 영주하면서 거래 및 경제활동의 중심이 타국에 있는 경우 비거주자(외국의 거주자)가 된다.

(3) 모든 대외경제거래 : 국제간에 일어나는 유상 · 무상, 유형 · 무형, 민간 · 공공, 내화거래 · 외화거래를 불문하고 모든 거래를 포함한다. 따라서 물물교환barter trade이나 아무런 대가가 지불되지 않는 외국송금 · 무상원조 등의 이전거래도 모두 포함된다. 다만 군사거래는 이에 포함되지 않는다.

(4) 일정한 원칙에 따라 체계적으로 기록한 : 회계의 복식부기원리the principle of double entry book keeping에 따라 개별교환거래를 대차양변에 동시에 동일금액으로 기록함으로써 합계의 일치를 도모하는 방식으로 기록되며 또한 국제적으로 통일된 기준으로 작성된다.

이러한 일국의 국제수지를 한눈에 알아볼 수 있도록 하나의 표로서 집계한 것이 **국제수지표**statement of balance of payments이다. 이러한 국제수지표를 작성하는 목적은 일국의 대외경제관계의 상황을 일목요연한 방법으로 명확히 하기 위함이다. 이것은 마치 가계와 기업의 수입과 지출이 균형을 이루고 있는가를 파악하기 위하여 가계부나 손익계산서를 기록하는 것과 같이, 국민경제의 대외결제관계가 원활히 이루어지고 있고 균형을 이루고 있는가를 정확히 파악하여 이에 필요한 대외경제정책을 적절하게 수립하기 위함이다.

국제수지표를 작성하는 또 다른 이유는 외환의 원천과 용도를 파악하고 적정한 국제준비자산의 운용을 이룩하기 위함이다. 어떤 나라에 있어서도 외환은 한정되어 있기 때문에 그 원천이 어디에 있으며 또한 효율적으로 운용되고 있는가를 파악하여야 하는데 국제수지표는 이러한 자료로서 활용된다. 이러한 목표는 모든 나라에 있어 공히 요구되지만 특히 외환관리가 실시되고 있거나 외환사정이 어려운 개도국의 경우 이러한 목적이 더욱 중요해 질 수 있다.

이와 같이 국제수지표를 작성하는 목적은 일국의 대외경제관계의 상황을 일목요연한 방법으로 명확히 하고 외환의 원천과 용도를 파악하여 적정한 국제준비자산의 운용을 이룩하기 위함에 있다. 이와 아울러 개별 국민이나 기업 또는 각국 정부가 자국과 외국의 국제수지에 대해 관심을 가지는 이유는 이에 대한 정보가 다음과 같은 점들을 알려주기 때문이다.

(1) 대외지급능력의 평가자료 : 모든 기업이나 국가의 입장에서 외국과 거래하는 것은 국내거래와는 달리 추가적인 신용위험credit risk이 따르는 만큼, 해외수출대금이나 해외에 빌려준 자금의 원리금을 제대로 받을 수 있을지에 대한 불확실성이 수반된다. 따라서 대외거래에 있어서는 상대국의 대외지급능력이

어떠한가가 중요한데 그 나라의 대외지급능력이나 대외결제능력의 평가에 있어서는 그 나라의 국제수지통계가 중요한 기준이 될 수 있다.

(2) 환율변동방향의 예측자료 : 환율의 변동은 이에 따른 환위험이나 환차익을 수반하므로 무역계약 후 몇 개월 후에야 대금결제가 이루어지는 국제거래에 있어서는 환율이 어떠한 방향으로 변동될 것인가가 매우 중요한 관심사가 된다. 일국 통화의 대외가치를 나타내는 환율이 어떠한 방향으로 움직일 것인가를 가늠하는데 있어서 그 나라의 국제수지가 중요한 지표가 된다.

이러한 국제수지표 상의 어떤 항목들만을 기준으로 파악해보면 그들의 수취와 지불의 금액이 서로 차이가 있어서 수취초과(+)가 될 수도 있고 지불초과(-)가 될 수도 있다. 이때 수취초과의 경우를 **흑자**(黑字, surplus)라 하고 지불초과의 경우를 **적자**(赤字, deficit)라고 하며 양자가 일치할 때를 국제수지의 균형이라고 한다.

따라서 국제수지의 균형여부를 판단하는데 있어서 기준이 되는 국제수지의 개념은 국제수지표상의 어떤 항목들까지의 합계를 기준으로 하느냐에 따라 여러 가지 국제수지의 개념이 존재한다. 역사적으로 국제수지균형을 평가하는 기준이 되는 국제수지개념이 상품수지로부터 점차 경상수지 · 종합수지로 변화되어 국제수지의 균형여부를 평가하고 판단하는 기준도 상품수지→경상수지→종합수지로 변동되어 오늘날에는 종합수지가 국제수지균형의 주요한 판단기준으로서 활용되고 있다.

1.26 환율과 외환시장

나라마다 다른 화폐를 쓴다는 것은 국가 간의 교역trade에서 걸림돌이다. 한국에서 자동차를 수출하는 업체는 수출대금으로 원화를 받아야 임금wage도 지급하고 부품parts 값도 지급할 수 있다. 그런데 한국자동차를 수입하는 미국 업체는 달러로 자동차 값을 지급한다. 그러면 한국수출업체는 이 달러를 내다 팔아서 한국 돈으로 바꾸어야 하는 불편함이 있다. 반대로 미국으로부터 약품을 수입하려는 한국 사람은 수입대금으로 원화를 지급할 수 없다. 미국 업자가 달러를 요구하기 때문이다. 그래서 한국의 수입업자는 달러를 사서 지급해야 한다.

이렇게 한국의 수출업체와 수입업체가 달러를 팔고 사는 시장은 **외환시장**foreign exchange market이다. 외환시장은 달러와 같은 외국 돈을 사고자하는 사람과 팔고자 하는 사람이 만나 거래하는 곳이다. 외국과의 거래가 많아질수록 외환시장에서 거래되는 외국 돈의 규모가 점점 커지고 있다. 서로 다른 화폐를 사용하는 국가끼리 교역하기 위해서는 어쩔 수 없이 외환시장이 필요해 진다.

외환시장에서는 수출업자나 수입업자만 거래하는 것은 아니다. 은행도 외국 돈을 거래한다. 한국 사람이 해외여행을 떠나려면 외국 돈을 사야 하는데 먼저 가까운 은행에 가서 필요한 외국 돈을 산다. 그러면 은행은 다시 외환시장에 가서 여행자에게 판 금액만큼을 다시 사서 채워둔다. 경우에 따라서는 중앙은행도 외환시장에서 외국 돈을 사거나 팔기도 한다. 그러나 사실 중앙은행이 외환시장에서 거래하는 것은 주로 다른 이유 때문이다. 중앙은행은 주로 환율을 안정시키기 위해 외환시장에서 거래한다.

그렇다면 **환율**exchange rate이란 무엇인가? 환율은 외국 돈의 가격을 국내 돈으로 표시한 것이다. 예를 들어 환율이 1달러에 1,000원이라면 한국 돈으로 나타낸 1달러의 가격이 1,000원이라는 의미이다. 환율은 외국 돈의 가격이므로 외국 돈에 대한 수요와 공급 상황에 따라 변동한다. 마치 사과 수요가 증가하면 사과가격이 올라가듯이 달러에 대한 수요가 증가하면 환율이 상승하고 달러에 대한 공급이 증가하면 환율은 하락한다. 따라서 환율은 수출입에 영향을 많이 받는다.

예를 들어 한국의 휴대폰이 인기가 있어 외국에 수출이 잘 된다고 해보자. 휴대폰 수출기업은 수출대금으로 달러를 많이 받아 외환시장에서 한국 돈으로 처분하려 할 것이다. 이때 달러의 공급은 증가한다. 그리고 환율은 하락한다. 만약 국제 유가oil price가 상승하여 한국의 정유회사들이 원유수입에 더 많은 달러가 필요하다면 달러에 대한 수요가 증가한다. 그러면 환율이 상승한다. 이외에도 해외로 떠나는 여행객이 많을수록 달러에 대한 수요는 증가하고, 한국을 찾아오는 외국인 수가 많을수록 달러에 대한 공급은 증가한다. 이와 같은 여러 가지 요인에 의해 외국 돈에 대한 수요와 공급이 나타나고 외환시장에서는 수요와 공급이 일치하도록 가격, 즉 환율이 결정된다.

환율변화가 너무 심하면 다른 나라와 거래하는 것이 어려워진다. 예를 들어 휴대폰 한 대를 100달러에 파는 수출업체는 환율이 1,000원이면 10만원을 받을 수 있지만 환율이 900원이면 9만원밖에 못 받는다. 그런데 수출계약을 할 때와 실제로 수출대금을 받을 시점이 다르기 때문에 환율이 많이 하락하면 수출업자는 손해를 볼 수도 있다. 그러므로 환율의 변동이 매우 심한 경우에는 수출업자는 외국과 거래를 피하려 한다. 환율변동이 심하면 수입업자도 마음 놓고 수입을 하기가 어려워진다. 다음 달에 청바지 한 벌에 100달러를 주고 수입하기로 계약을 했다고 하자. 다음 달 환율이 많이 올라버리면 원화로 계산한 청바지 가격이 너무 비싸져 손해를 볼 수 있다.

이와 같이 환율변화가 심하면 수출과 수입 모두 어려워지기 때문에 중앙은행은 환율이 안정되도록 노력을 한다. 예컨대 환율이 크게 오를 때는 중앙은행이 보유하고 있던 외국 돈의 공급량을 늘려서 환율이 너무 오르지 않도록 한다. 반대로 환율이 너무 크게 떨어질 때는 중앙은행이 외국 돈을 사들인다. 이와 같이 중앙은행이 외환시장에서 외국 돈을 사거나 팔아서 환율을 안정시키는 것을 **외환시장개입**foreign exchange market intervention이라 한다.

구매력평가와 빅맥지수 1.27

앞에서 보았듯이 환율(換率, exchange rate)은 서로 다른 화폐 간의 교환비율을 말하는 것으로서 이러한 환율은 외환의 거래에서 기준이 되는 시세 · 매매가격 · 시장가격 · 일국통화의 대외가치를 나타내는 지표 · 국제경제에 있어서 일국의 경제적 위상을 상대적으로 나타내는 지표로서의 의미를 지닌다고 할 수 있다.

그런데 이러한 환율과 관련하여 중요한 관심사 중의 하나는 장기적으로 환율이 어떤 수준에서 수렴될 것인가, 즉 장기균형환율이 어떠한가 하는 문제이다. '장기균형환율' 이란 그 나라 경제사정을 모두 반영하여 장기적으로 수렴되는 환율수준이므로 매일 매일의 시장환율이 너무 높은가 낮은가를 평가하는 기준인 동시에 중앙은행의 정책목표가 되기도 한다. 따라서 이러한 장기균형환율을 '기준환율' 또는 '적정환율' 이라고도 한다.

그런데 이러한 기준환율 · 적정환율이라는 개념은 사람에 따라서 다르게 정의될 수 있어 하나의 통일된 기준을 마련하기 쉽지 않는데 이에 대한 하나의 대안을 제시하고 있는 이론이 구매력평가설이다. **구매력평가설**purchasing power parity theory은 환율이 양국 통화의 구매력의 상대적 크기(비율)에 의해 결정되어야 한다는 것이다.

이러한 구매력평가설이 등장한 배경은 국제통화제도가 고정환율체제로부터 변동환율체제로 변동되었을 경우 환율조정의 기준을 마련하고자 함에 있다. 제1차 대전 이후 고전적 금본위제가 붕괴된 후 환율이 급격히 변동되고 인플레이션이 심화되어 균형환율로부터 크게 괴리되어 각국별로 환율을 적절히 조정할 필요가 있게 되었다. 문제는 각국의 환율을 조정하는 기준이 무엇인가 하는 것이었다. 이에 스웨덴의 경제학자 카셀Gustav Cassel이 구매력평가설을 제시하였는데 그에 따르면 적정환율이란 두 나라 통화의 구매력을 일치시키는 환율이 된다.

그 후 이러한 구매력평가설이 경제학자들뿐만 아니라 정책당국에 의해서도 관심을 모았다. 2차대전 이후에도 구매력평가환율을 산정하기 위한 시도들이 있었지만 당시 고정환율제를 기반으로 하는 국제통화체제인 브레튼우즈체제Bretton Woods System가 출범함으로써 이에 대한 관심이 감소되었다. 그러나 1970년대 초 국제통화체제가 다시 변동환율체제로 전환되면서 어느 수준이 적정한 환율인가에 대한 관심이 높아지면서 구매력평가설은 다시 그 중요성이 높아지게 되었다.

물론 이러한 구매력평가설의 실효성에 대해서는 여러 가지 논란들이 있지만 여전히 하나의 유력한 환율이론으로서 현재의 시장환율이 이론적으로 적정한 수준과 너무 괴리되고 있지는 않는가를 판단하는 개략적인 준거로서 충분히 활용할만한 가치가 있다고 평가되고 있다.

이와 같이 구매력평가설은, 환율은 그 나라 통화의 대외가치를 적정하게 반영하여야 하는데 그러한 대외가치는 실질구매력을 통하여 평가되어야 한다는 가설이다. 그러나 어떤 나라 통화의 실질적 구매력을 비교한다는 것은 결코 쉬운 일이 아니다. 통화의 실질구매력은 해당국가의 소득수준 · 물가수준 · 경제발전 정도 · 소비자기호 등 여러 요인들에 의해 결정되기 때문이다.

이와 같은 어려움을 나름대로 해결하기 위하여 영국의 경제주간지 이코노미스트The Economist지가 1986년부터 발표하고 있는 '빅맥지수Big-Mac index' 는 각국 통화의 적정평가여부, 즉 환율이 그 나라 통화의 실질적 대외가치 내지 실질적 구매력을 잘 나타내고 있는가를 보여주는 재미있는 시도이다.

맥도날드사의 '빅맥 햄버거'는 세계 120여국에서 판매되고 있고 품질 · 크기 · 재료 등이 세계적으로 표준화되어 있다. 따라서 환율은 해당 통화의 구매력수준을 반영하여야 한다는 구매력평가이론에 따른다면 어떤 한 통화로 표시된 빅맥 햄버거의 가격은 세계적으로 동일해야한다. 이러한 전제로써 빅맥 가격을 비교하면 그 나라 통화의 대외가치 · 실질구매력 · 환율의 적정성여부 등에 대한 평가가 가능해진다.

예컨대 미국에서 빅맥 햄버거가격이 3달러이고 우리나라에서 빅맥 햄버거의 가격이 현재 3,000원 이라면 구매력 평가설에 따르면 대미 달러 환율이 1달러당 1,000원이 되어야 한다. 그래야 미국과 한국에서 빅맥 햄버거의 가격이 동일해 지는 것이다. 그런데 환율이 예컨대 900원 이라면 환율이 구매력 평가환율에 비해 너무 낮아 우리나라 통화가 고평가 되어 있는 것이고, 반대로 환율이 1,100원 이라면 환율이 너무 높아 우리나라 통화가 저평가 되어 있다는 것이다.

그렇다면 이러한 발상에 따라 평가되는 빅맥지수는 어느 정도 신뢰할만한가? 어떤 면에서 참고할만한 하나의 기준이 될 수 있다는 평가를 받고 있는 것은 사실이지만, 때때로 너무 지나치게 저평가 또는 고평가되었다는 결과를 보여줌으로써 그 실효성에 대한 의문이 제기되기도 하였다.

이에 어떤 사람들은, 햄버거가 비만의 원흉으로 지목돼 판매량이 떨어지면서 맥도날드가 가격할인전략을 쓰는 경우가 많아져 이러한 척도로서의 가치가 저하되었다고 지적하면서, 이제 심심풀이로 보는 지표로 그 권위가 떨어졌다고 주장하기도 하였다. 이러한 비판들로 인해 요즘엔 세계적으로 뜨고 있는 스타벅스의 카페라테 값으로 환율의 적정여부를 측정하는 '카페라테지수'가 새로 등장하기도 하였다.

1.28 환율변동의 경제적 효과

환율의 결정과 변동이 여러 가지 경제적 · 비경제적 요인들에 의해 이루어지듯이 환율변동에 따른 국민경제적 영향 역시 광범위한 부문에서 다양하게 나타난다. 그러나 환율이 변동되면 나타나는 기본적인 경제적 효과들을 살펴보면 다음과 같다.

첫째로, 환율이 상승하면 그 나라의 수출은 증가하고 수입은 감소한다. 환율이 상승하면 자국 상품의 해외시장가격이 하락하여 가격경쟁력이 향상되므로 수출량이 늘어나는 대신 외국상품의 자국통화표시가격이 상승하여 수입이 감소되기 때문이다.

그런데 이러한 효과는 일종의 교과서적인 원리로서 현실적으로는 그러한 경제적 효과가 일률적으로 나타나지 않을 수 있고 또한 그러한 효과가 나타난다고 하더라도 그 효과의 크기가 별로 크지 못한 경우가 많다. 이러한 현상이 일어나는 이유는 다양하지만 기장 기본적인 이유는 수요의 가격탄력성 때문이다. 환율변동에 의한 수출입변동효과는 결국 환율변동으로 인한 상대가격 변화 때문인데 이러한 가격효과는 수출품에 대한 외국의 수입수요 및 수입품에 대한 국내수입수요의 가격탄력성이 충분히 클 경우에 그 효과 역시 커지기 때문이다.

예컨대 국민경제에 밀접하게 관련되어 있는 필수품이나 원자재 등의 경우 수요의 가격탄력성이 작아서 환율변동으로 인한 수입억제효과를 기대하기 어렵다. 또한 불요불급품이나 사치성품목의 경우는 수요의 가격탄력성이 크므로 환율상승에 따른 수입억제효과는 클 수 있지만 이러한 품목의 경우 이미 수입제한을 취하고 있는 것이 보통이므로 환율이 변동되더라도 수입감소 효과가 제대로 나타나지 않을 수 있다. 따라서 해외원자재를 많이 사용하는 나라의 경우 환율이 상승하여도 국제수지개선효과는 기대하기 어려워진다.

둘째로, 환율의 변동은 그 나라의 수출입뿐만 아니라 국제자본의 이동에도 영향을 미치게 된다. 우선 국제적 단기자본이동은 주로 단기금융시장이나 외환시장을 통해 이루어지므로 환율변동에 보다 직접적으로 영향을 받기 때문에 자국통화가치가 하락할 것으로 예상될 경우 이에 따른 환위험을 막기 위한 단기자본의 해외유출이 이루어지고 자국통화가치가 상승할 것으로 예상되는 경우 해외자본의 국내유입이 증대된다.

장기자본이동인 해외직접투자는 기본적으로는 장래의 시장수요예측이나 국가간 생산비차이 등에 의해 결정되지만 환율변동방향이나 환율수준에 대한 평가에도 영향을 받는다. 현재 자국의 통화가 강세를 지속하고 있을 경우 자국통화의 투자가치가 더 커지게 되므로 해외직접투자가 촉진되어 자본이 해외로 진출하게 되고 반대로 자국통화가 약세추세를 지속하는 경우에는 외국인직접투자의 유입이 증대되어 외국자본의 유입가능성이 높아진다.

셋째로, 환율이 변동되면 이득을 얻는 산업도 있고 손해를 보게 되는 산업도 있게 된다. 환율상승으로 이득을 보는 산업은 가격경쟁력 향상효과를 보는 수출산업, 수입품의 국내가격상승으로 보호효과를 얻는 수입경쟁(대체)산업, 환율변동으로 초기투자비용이 작아지는 신규 외국투자기업, 외국인을 상대로 하는 국내관광산업 등이다. 이와는 반대로 환율상승으로 불리해지는 산업은, 환율상승으로 더 높은 가격을 지불해야 하는 수입산업, 해외에서 중간재 · 부품 · 자본재의 수입비중이 높은 산업, 환율상승으로 원리금상환의 부담이 커지는 외국차관산업, 신규 해외투자기업, 내국인을 상대로 하는 해외관광산업 등이 있다.

넷째로, 환율이 상승하면 국내물가가 상승하는 효과가 발생되게 되는데 이것은 환율이 상승하면 수입품의 가격이 상승하게 되므로 소비자물가가 상승함은 물론 수입원자재를 사용하는 생산품의 생산자물가가 상승하게 되어 전반적인 물가상승(인플레이션)이 이루어지기 때문이다. 이렇게 수입품의 국내시장가격이 상승하면 동일한 제품을 생산하고 있는 수입대체재가격이 따라서 상승하게 된다. 또한 국내 독과점기업들은 때때로 환율인상 후의 물가불안정에 편승하여 환율변동의 영향 이상으로 국내가격을 인상시키거나 또는 환율변동의 영향이 없는 품목까지 가격을 인상하려는 편승압력이 작용한다. 이와 같은 이유로 환율이 상승하면 물가상승이 발생하는 이러한 관계를 통해 환율의 결정원리를 설명하는 이론이 구매력평가설purchasing power parity theory임은 앞에서 소개한 바 있다.

끝으로, 환율변동은 그 나라의 국민생활 및 국가위상에도 영향을 미친다. 환율은 그 나라 경제의 대외적 종합성적부로서 그 나라의 대외경쟁력 및 대외신인도를 반영한다. 따라서 일국통화의 계속적인 환율상승은 그 나라 국가위상의 약화를 의미하고 그 나라 경제에 대한 총체적 미래기대가 낮아졌음을 뜻할 수도 있다. 또한 환율의 급격한 환율상승은 그 나라 경제의 취약성을 반영하는 결과인 동시에 경제를 불안하게 만드는 요인이 되기도 한다.

또한 환율은 국제정치경제를 둘러싼 강대국의 주도권 변천을 반영한다고 할 수 있다. 세계경제의 패권이 영국으로부터 미국으로 이전하면서 파운드화의 위력이 달러화로 이전되었다. 전후 1960년대 까지가 강한 달러의 시대였다면 1970년대 이후에는 달러의 장기적 약세와 마르크 · 엔화의 강세가 나타나게 되었는데 이것이 미국경제가 상대적으로 쇠퇴하고 독일 · 일본이 신흥강대국으로 떠오른 것과 관련됨은 주지의 사실이다.

프라이빗 뱅킹Private Banking 1.29

외국계은행들이 국내에 잇달아 진출하면서 프라이빗 뱅킹Private Banking 시장에서 경쟁이 치열할 것으로 보인다. 선진국에서는 일찍부터 프라이빗 뱅킹 시장이 형성되었고 은행들이 프라이빗 뱅킹 분야에서 상당한 노하우know-how를 축적해왔기 때문에 외국계 은행은 한국에서도 상당한 우위를 보일 것으로 예상된다.

먼저 프라이빗 뱅킹이 무엇인지 알아보자. 원래 프라이빗이라는 말은 개인이라는 뜻이고 뱅킹은 은행 업무를 가리킨다. 그러니까 프라이빗 뱅킹은 개인, 특히 부자들의 재산을 관리하고 운용해 주는 은행 업무를 말한다고 이해할 수 있다. 원래 은행은 고객들로부터 예금을 받아서 그것을 대출함으로써 이자율 차이를 수익으로 삼는 활동을 하는데 요즘 들어서는 은행의 업무가 많이 다양해지고 있다.

프라이빗 뱅킹도 이렇게 다양해지는 은행업무의 하나라고 볼 수 있다. 프라이빗 뱅킹은 부자들이 어떻게 투자를 해야 할 것인가를 상담해주기도 하고 직접 고객을 위해 재산을 굴리기도 하며 심지어 상속이나 유산에 대한 관리와 법률자문 · 세무상담 등을 하기도 하는 종합적인 서비스를 제공한다. 요즘에는 프라이빗 뱅킹 고객이 되면 은행에서 건강관리 · 여가생활에 관한 정보를 제공하기도 한다.

그러면 은행들이 이와 같은 새로운 업무영역을 개발하는 이유는 무엇인가?

금융자유화financial liberalization가 진전됨에 따라 은행들 간의 경쟁이 날로 치열해지고 있다. 그래서 은행들의 전통적인 수입원이었던 예금이자율과 대출이자율 격차(이를 예대마진이라 부른다)가 계속 작아지고 있어서 새로운 수익원을 찾지 않으면 생존이 어려워질 상황에 이르게 되었다. 고객의 입장에서도 보면 복잡한 새로운 금융상품들이 매일 쏟아져 나와 그 새로운 상품들을 이해하고 따라가기에 힘이 든다. 뿐만 아니라 세계경제환경이 대단히 유동적이고 불확실성이 높아짐에 따라 금융자산에 대한 위험도 그 전보다 훨씬 높아지고 있다. 그래서 고객의 입장에서도 전문가로부터 보다 위험이 적고 수익이 높은 투자정보를 얻어야겠다는 욕구가 나타나게 된다.

이와 같이 새로운 수익원을 찾아야 하는 은행과 전문적이고 종합적인 서비스를 바라는 고객의 요구가 서로 맞아 떨어져 프라이빗 뱅킹이라는 종합적인 서비스가 생겨난 것이라 할 수 있다. 은행은 큰 손big customer을 유치함으로써 수신경쟁에서 우위에 설 수 있을 뿐 아니라 금융자산의 운영을 통한 수수료 수입을 챙길 수 있다. 고객들도 재산관리에 관한 전문적인 서비스를 받을 수 있어서 고객과 은행이 모두 프라이빗 뱅킹의 필요를 느끼고 있다고 볼 수 있다.

원래 프라이빗 뱅킹은 미국이나 유럽 선진국은행들이 부자들을 위한 서비스로 개발되었다. 이들 선진국에서는 보통 금융자산이 약 100만 달러, 우리 돈으로 약 12억 원 이상의 돈을 맡긴 고객들을 대상으로 한다. 일본에서는 보통 1억 엔 이상, 우리 돈으로 약 10억 원 이상의 기준으로 고객을 선정한다. 우리나라에서도 보통 수신금액이 10억 원 이상인 고객들을 대상으로 하고 있다. 최근에는 더 많은 고객을 잡기 위해 5억원, 혹은 3억 원 이상의 고객을 대상으로 하는 은행도 생겨나고 있다.

얼핏 생각하면 그 정도의 거금을 금융자산으로 굴릴 사람은 그리 많지 않을 것 같다. 그러나 생각보다는 부자들이 많다. 세계적인 투자은행인 메릴린치Merrill Lynch사는 전 세계적으로 금융자산 1백만 달러 이상 보유한 사람이 7백7십만 명, 그들의 자산총액은 29조 달러에 달하는 것으로 추정한다. 이중 약 20%가 아시아 · 태평양지역에 있다고 예상한다. 또한 이들 부유층의 금융자산이 매년 약7%로 고속성장을 하고 있다는 점을 감안하면 프라이빗 뱅킹시장은 더 확대될 전망이다.

우리나라의 경우를 보면, 2004년 말 현재 5억원을 초과하는 예금의 계좌수가 5만4천개로 이 예금액수를 합하면 124조원이나 된다. 더욱이 2000년에 비해 거의 40%씩 성장한 것으로 보아 앞으로도 부유층 계좌 수와 금액은 더욱 늘어날 것으로 전망된다. 메릴린치Merrill Lynch사가 한국에 대한 재미있는 추정치를 내놓았는데, 그 자료를 보면 2003년 말 현재 국내에서 12억원 이상의 금융자산을 가진 사람의 수가 6만5천 명 정도 되고 매년 10%이상씩 증가하고 있다. 이런 자료를 종합해 보면 국내의 프라이빗 뱅킹 고객층도 상당히 두텁다고 볼 수 있다.

이제 우리나라에서도 프라이빗 뱅킹 시장을 선점하기 위한 은행간 경쟁이 치열해지고 있다. 대부분의 시중은행들이 이미 프라이빗 뱅킹 시장에 뛰어 들었다고 볼 수 있다. 1995년에 이미 하나은행이 시작했고 이어서 99년에 우리은행, 2001년에 외환은행이 뒤이었고 지금은 조흥 · 신한 · 국민은행 등도 프라이빗 뱅킹 업무를 하고 있다. 이들 은행들은 프라이빗 뱅킹을 전문적으로 취급하는 점포를 계속 신설하고 있다. 2004년 현재 프라이빗 뱅킹 전문점포가 전국적으로 40개 정도 설치되었다. 그러나 아직 지방은행은 본격적인 프라이빗 뱅킹은 시작하지 못하고 있다. 다만 프라이빗 뱅킹 업무의 사전 단계로 VIP 고객에 대한 각종 서비스를 제공하고 있는 수준이다. 앞으로 외국계은행의 진출이 더욱 거세질 것으로 예상되기 때문에 프라이빗 뱅킹 시장을 놓고 치열한 경쟁이 있을 것으로 예상된다.

새로운 금융환경에서 안전한 수익구조를 창출해야 하는 은행으로서는 프라이빗 뱅킹 시장을 놓칠 수는 없다. 우리나라 은행들이 프라이빗 뱅킹 분야에서 경쟁력을 높이기 위해서는 우선 고객의 자산관리를 과학적으로 할 수 있는 전문가를 양성을 해야 한다. 외국계 은행은 프라이빗 뱅킹을 운영한 경험과 노하우가 우리나라 은행보다 한 수 위이다. 이런 면에서 우리도 전문가의 양성이 필요하다. 또 프라이빗 뱅킹의 성격상 금융사고가 발생한 위험이 높기 때문에 은행의 내부통제 기능이 잘 작동하도록 하는 시스템의 확립이 중요하다.

1.30 외국인 주식투자, 약인가 독인가?

세계화와 금융시장의 개방으로 외국인 투자자금이 국내로 많이 유입되고 있다. 한때 우리 경제는 투자자금이 부족해서 외국자본유입을 환영하는 분위기가 컸었는데 이제는 오히려 외국자금에 대한 경계를 해야 한다는 이야기가 나오고 있다. 외국인 주식투자가 우리 경제에 좋은 역할만을 하는지에 관해서 뜨거운 논란이 있다. 여기서는 외국인 투자자들이 우리 기업에 어떤 영향을 미치고 있는지에 관해 알아본다.

IMF경제위기 이후 주식시장이 폭락하고 기업들이 도산함에 따라 우리 기업에 자금을 댈만한 투자자는 외국인 투자자뿐이었다. 그래서 정부의 모든 정책이 외국에서 자금을 끌어 오는데 맞춰졌고 주식시장도 활짝 열었다. 사실 IMF 경제위기 훨씬 전인 1992년부터 주식시장이 개방되기 시작했지만 외국인들이 거의 규제 없이 우리나라 주식을 살 수 있게 된 것은 IMF 위기 이후다. 이젠 우리나라 주식시장에 투자된 외국인자금이 너무 많아서 여러 가지 부작용에 관한 이야기들이 나오고 있다. **국부유출**drainage of national wealth 논란에서부터 외국인들이 우리 기업에 대한 경영상 압력이 너무 크다는 등의 불만이 나오고 있는 것이다.

그러면 우리나라 기업에 대한 외국인 투자자들의 영향력은 어느 정도일까? 지금 주식시장에서 거래되는 총 주식 가치를 100으로 보았을 때, 외국인이 약 44% 정도 가지고 있다. 이것은 평균값이고, 한국의 대표적 우량회사에 대한 주식보유 비율은 그보다 훨씬 크다. 예를 들어 삼성전자는 58%, 현대자동차는 49%, SK그룹은 42% 정도 된다. 상장기업 상위 10개사의 외국인지분share of foreigners은 평균 50% 정도 된다. 이는 이론적으로 외국인들이 담합을 하면 우리나라 알짜배기 기업의 경영권을 장악할 수 있다는 말이다. 물론 경영권에 관심이 없는 외국인 투자자들도 많고 주체가 분산되어 있기 때문에 지분이 50%가 넘는다고 해서 경영권이 당장 넘어가는 것은 아니다. 그러나 외국인 투자자들은 자신들이 보유하고 있는 지분을 이용해 기업의 주요정책에 상당한 영향력을 행사할 수 있다는 것은 분명하다.

그러면 외국인들의 지분이 높아지고 따라서 기업 경영에 영향력을 행사한다고 해서 그것이 반드시 기업에 나쁘다고만 보아야 하는가? 외국인 투자자들의 영향이 커져가고 있는 점에 대해서는 학계에서도 찬반론이 있다. 우려하는 목소리는 주로 외국인들이 장기적 관점에서 기업의 성장을 위하기보다는 단기적으로 투자이윤을 회수해 가려한다는 점을 강조한다.

얼마 전에 한 연구소에서 발행한 보고서를 보면, 외국인 투자자의 비중이 높은 기업일수록 주주share holder에 대한 배당dividend은 많아지고 대신 설비투자는 부진하다는 현상이 발견된다고 한다. 기업이 장기적으로 발전을 하려면 이윤을 주주들이 나누어 갖지 말고 그것을 미래를 위한 투자비용으로 써야 하는데 외국인 투자자들은 경영진에 압력을 넣어 배당을 많이 하도록 한다는 것이다. 따라서 미래를 위한 투자여력이 낮아질 수 있다는 것이다. 이 보고서의 지적이 전적으로 옳으냐 하는 것은 다소 논란이 될 수 있겠지만, 어느 정도 현실을 반영하고 있다고는 볼 수 있다.

반면에 외국인 투자자의 비중이 높아지는 것에 대해 긍정적으로 평가하는 사람들도 있다. 한 마디로 돈에는 국적이 없다는 것이다. 한국 사람이 주주가 되면 기업의 경영을 더 장기적으로 보고, 외국인이 주주가 되면 단기 이익만 노린다고 볼 수는 없다는 것이다. 주식의 가격에는 기업의 미래 성장가능성이 반영되어 있다. 따라서 자신이 보유하고 있는 주식가치가 높아지기를 바라는 외국인들도 기업의 장기적 발전 가능성을 등한시 할 수 없다는 말이다. 만약 장기적

성장을 위한 투자를 게을리 한다면 그런 기업의 미래를 비관적으로 본 투자자들이 외면할 것이기 때문에 현재의 주가가 하락하게 된다. 따라서 외국인 투자자들도 한국인 투자자들 못지않게 기업의 투자에 신경을 쓴다는 주장이다.

외국인 투자를 긍정적으로 보는 사람들은 외국인의 영향력이 커짐에 따라 기업의 경영의 **투명성**transparency of management과 합리성이 높아진다고 본다. 우리나라 대기업의 고질적인 문제로 제기되는 것이 지분은 얼마 가지고 있지 않으면서 그룹을 황제처럼 지배하는 재벌총수 문제이다. 재벌총수의 전횡을 막고 기업을 세계기준에 맞게 경영하고 감시하려면 외국인 투자자들의 역할이 대단히 중요하다고 보는 것이다.

외국인 투자를 부정적으로 보는 사람들이 흔히 제기하는 것이 국부유출의 문제이다. 그러나 국부유출이라는 용어 자체가 대단히 부정적인 냄새를 풍기고 있다. 어느 투자자든 투자한 것에 대한 과실을 찾아가는 것은 당연하고 정당하다. 물론 우리 입장에서 보면 외국인들이 받은 배당금을 국내에서 써 주면 좋겠지만 그것을 강제할 수는 없다. 만약 외국인들이 올린 투자수익을 외국으로 가져갈 수 없게 한다면 우리 경제에 투자하는 외국인은 아무도 없을 것이다. 투자수익을 가져가게 보장해야 외국 자본이 들어올 수 있다. 지금 세계는 외국인 자본을 유치하기 위한 치열한 경쟁에 돌입해 있다. 이런 점에서 국부유출이라는 상당히 정서적이고 감정적인 용어는 우리 경제의 건전성을 위해 바람직하지 않다는 것이다.

외국인 투자자의 순기능을 인정한다 해도 우리 기업의 경영권 자체가 너무 쉽게 위협받는 것은 바람직하지 않을 것이다. 기존의 최대주주는 외국인들로부터의 경영권방어를 위해 무리하게 자사주를 매입한다든가 필요이상의 배당을 함으로써 경영의 비효율이 발생할 수 있기 때문이다. 따라서 외국인들이 투자수익은 정당하게 얻을 수 있도록 해주되 경영권방어를 위한 여러 가지 제도적 장치는 마련해야 할 것이다. 그러나 이러한 경영권방어를 위한 제도의 도입이 경영의 투명성 제고를 저해하면 안 된다는 점에서 균형 감각이 대단히 필요하다고 하겠다.

1.1 경제학이란 어떤 학문인가?_

주요 용어

경제학, 희소성, 자유재, 이론경제학 · 경제정책 · 경제사, 미시경제학과 거시경제학, 실증경제학과 규범경제학, 플로경제학과 스톡경제학, 정태경제학과 동태경제학

토론 주제

1. 우리가 쓰는 산소가 부족해진다면 어떠한 경제행위와 경제현상들이 새로이 발생할까?
2. 가정경제와 국민경제는 각각 어떠한 경제적 선택들에 직면하게 되는가?
3. 경제학은 어떠한 연구 분야로 나누어지고 그러한 분야의 주요한 내용은 무엇인가?

1.2 경제적 선택과 기회비용_

주요 용어

합리적 선택, 편익과 비용, 회계비용, 기회비용, 매몰비용

토론 주제

1. 회계비용과 기회비용은 어떻게 다른가?
2. 외국유학생, 국내 대학생, 직장에 다니는 야간대학생의 기회비용은 어떻게 다른가?
3. '시간은 돈이다' Time is money 라는 격언을 경제적 비용의 개념에서 풀이해보라.

1.3 미시경제학과 거시경제학_

주요 용어

미시경제학, 거시경제학, 집계개념, 구성의 오류, 절약의 역설, 사적비용과 사회적 비용

토론 주제

1. 미시경제학과 거시경제학의 연구방법은 어떻게 다른가?
2. 미시경제학과 거시경제학의 주요한 분석목표는 각각 무엇인가?
3. 경제학에 있어 미시경제학이 더 중요한가 아니면 거시경제학이 더 중요한가?

1.4 실증경제학과 규범경제학_

주요 용어

실증경제학, 규범경제학, 가치중립성(가치판단), 공준

토론 주제

1. 실증경제학과 규범경제학은 어떻게 다르고 왜 2가지 모두가 중요한가?
2. 미시경제학과 거시경제학은 각각 어떠한 실증적 과제와 규범적 과제를 지니고 있는가?
3. 규범경제학의 공준으로서 효율성과 형평성은 어느 것이 더 중요하고 우선시되어야 할 가치인가?

1.5 경제이론과 과학적 방법론_

주요 용어

경제이론, 가정(분석을 위한 단순화가정), 경제모형, 가설, 독립변수, 종속변수, 검증

토론 주제

1. 경제학자들이 경제이론을 정립함에 있어서 가정을 하는 이유는 무엇인가?
2. 경제모형은 반드시 모든 경제현실을 그대로 표현해야 하는가?
3. 경제모형이 현실적으로 검증되어야 할 이유는 무엇이고 이러한 검증은 왜 계속 이루어져야 하는가?

1.6 플로(유량)와 스톡(저량)_

주요 용어

플로flow와 스톡stock, 플로경제학과 스톡경제학, 손익계산서와 대차대조표, 국민소득과 국부, 국제수지와 국제대차, 가계소득과 재산규모, 기업소득과 기업자산,

토론 주제

1. 플로변수와 스톡변수의 기본적인 차이점은 무엇인가?
2. 가정경제 · 기업경제 · 국민경제에 있어서 대표적인 플로변수와 스톡변수는 무엇인가?
3. 부모로부터 어느 정도 재산을 물려받았지만 소득이 별로 없는 사람과 물려받은 재산은 별로 없지만 소득이 많은 사람은 경제적으로 어떻게 다른가?

1.7 시장이란 무엇인가?_

주요 용어

시장, 수요량, 공급량, 가격, 균형가격, 완전경쟁시장, 불완전경쟁시장, 독점시장, 과점시장, 시장지배력

토론 주제

1. 완전경쟁시장에서 왜 개별 공급자는 가격에 영향을 미치지 못할까?
2. 쌀 시장 이외에 완전경쟁시장에 가까운 시장의 예를 생각해 보자
3, 과점시장에서는 공급자가 왜 서로 눈치를 보아야 할까?

1.8 자원배분과 시장_

주요 용어

명령경제, 시장경제, 자원배분, 효율적, 가격의 신호기능

토론 주제

1. 자원이 효율적으로 배분된다는 의미는 무엇인가?
2. 명령경제에서 자원배분이 비효율적이 되는 이유는 무엇인가?
3. 어떻게 가격이 자원배분이 효율적으로 이루어지도록 도와주는가?

1.9 탄력성 이야기_

주요 용어

탄력성, 수요의 가격탄력성, 수요의 소득탄력성, 정상재와 열등재, 공급의 가격탄력성

토론 주제

1. 수요의 가격탄력성이 큰 재화와 작은 재화를 하나씩 예거하고 기 이유를 설명하라.
2. 소득이 증가할수록 수요가 줄어들 수도 있는 경우는 어떤 경우인가?
3. 일반적으로 단기적으로는 가격탄력성이 작지만 장기적으로는 큰 이유는 무엇인가?

1.10 공공재 이야기_

주요 용어

공공재, 사적재화, 배타성, 경합성

토론 주제

1. 공공재가 사적재화와 다른 특징은 무엇인가?
2. 공공재의 예를 들어 보라.
3. 공공재를 적당한 수준으로 공급하는 것이 어려운 이유는 무엇인가?

1.11 시장의 실패와 정부의 실패_

주요 용어

시장의 실패, 보이지 않는 손, 시장지배력, 외부효과(외부경제와 외부불경제), 공공재, 무임승차자, 정보의 비대칭성, 정부의 실패, 보이는 손, 도덕적 해이

토론 주제

1. 시장의 실패가 일어나는 구체적인 예와 그에 대한 정부의 시장개입을 설명해보라.
2. 경우에 따라 정부가 시장성과를 개선할 수 있다고 하는데 이 말의 뜻과 그것의 한계는 무엇인가?
3. 이른바 복지국가라고 하는 나라들은 지금 어떠한 문제들로 고민하고 있는가?

1.12 금융이란 무엇인가?_

주요 용어

흑자단위, 적자단위, 직접금융, 간접금융, 회사채

토론 주제

1. 금융이 발달하지 않으면 경제가 발전할 수 없는 이유는 무엇인가?
2. 간접금융과 직접금융의 차이는 무엇인가?
3. 영국에서 산업혁명이 먼저 발생한 이유는 무엇인가?

1.13 금리란 무엇인가?_

주요 용어

이자, 이자율, 통화량, 중앙은행, 시중은행, 투자, 경기, 소비자, 임금

토론 주제

1. 통화량이 늘어나면 이자율이 어떻게 될지 생각해 보자
2. 한국은행은 시중의 통화량을 어떻게 늘릴까?
3. 이자율과 경기는 어떤 관계를 가지고 있을까?

1.14 화폐와 분업_

주요 용어

분업, 교환, 화폐, 전문화, 거래비용, 교환의 매개수단기능, 가치척도기능, 장래지불의 표준기능, 가치저장수단기능

토론 주제

1. 교환이 불가능하면 분업이 발생할 수 없다. 그 이유는 무엇인가?
2. 거래비용과 화폐는 어떤 관계가 있는가?

1.15 경제성장의 요인_

주요 용어

국민총생산, 투입, 도시화, 경제성장률

토론 주제

1. 중국의 경제성장 속도가 빠른 이유를 설명해 보시오
2. 사회가 불안하면 경제성장이 잘 안 되는 이유는 무엇인가?
3. 교육이 경제성장에 중요한 이유는 무엇인가?

1.16 투자의 중요성_

주요 용어

경기침체, 내수부족, 투자 마인드, 생산설비, 성장잠재력, 부채비율, 친기업정서

토론 주제

1. 투자의 두 가지 중요한 기능은 무엇인가?
2. 침체된 투자를 살리기 위해서 어떤 정책이 필요한가?

1.17 경기변동_

주요 용어

경기변동, 불황, 호황, 상호관련성, 충격

토론 주제

1. 시장경제 즉 분업이 발달한 나라일수록 경기변동이 잘 발생하는 이유는 무엇인가?
2. 한 사람의 소득이 감소하면 다른 사람의 소득도 감소할 수 있는 이유는 무엇인가?
3. 경기변동을 조절하기 위해 중앙은행은 어떤 노력을 할까?

1.18 실업의 종류와 대책_

주요 용어

실업, 실업자, 마찰적 실업, 구조적 실업, 경기적 실업, 실업보험제도, 경기부양정책

토론 주제

1. 경기가 아무리 좋다하더라도 항상 존재하는 실업이 있다. 그러한 실업은 왜 발생하는가?
2. 실업자를 도와주기 위한 정부의 정책은 어떤 것이 있는가?

1.19 일본경제의 회복과 교훈_

주요 용어

디플레이션, 불황탈출, 구조조정, 규제완화

토론 주제

1. 디플레이션이 발생하면 왜 경제가 어려워지나?
2. 일본 기업은 과감한 구조조정을 했다. 구조조정이란 무엇인가?
3. 일본경제의 회복에서 얻을 교훈은 무엇인가?

1.20 고령화사회의 경제효과_

주요 용어

고령화사회, 요양산업, 출산율

토론 주제

1. 노인인구의 비중이 높아지면서 기업은 어떤 준비를 하고 있나?
2. 고령화 사회에서 적응을 잘 하기 위해 개인은 어떤 준비를 해야 하나?

1.21 국제무역과 비교우위의 개념_

주요 용어

절대우위와 비교우위, 절대우위론과 비교우위론, 중상주의, 제로-썸게임, 기회비용

토론 주제

1. 중상주의적 보호무역과 자유무역은 어떤 점에서 다른가?

2. 절대우위와 비교우위의 차이점은 무엇일까?
3. 공부도 잘하고 운동도 잘하는 사람은 진로를 어떻게 선택하는 것이 현명할까?

1.22 교역조건의 이해_

주요 용어

교역조건, 원자재, 원화가치, 국민총소득

토론 주제

1. 교역조건이란 무엇인가?
2. 교역조건이 악화되면 수출을 많이 하더라도 국민들이 느끼는 소득이 감소하는 이유가 무엇인가?
3. 교역조건을 개선하기 위해서는 어떤 노력이 필요한가?

1.23 관세와 비관세장벽_

주요 용어

관세, 가격효과, 후생효과, 생산효과, 보호효과, 재정수입효과, 후생효과, 고용효과, 소득효과, 무역효과, 국제수지효과, 비관세장벽

토론 주제

1. 관세를 부과하면 어떠한 경제적 효과가 발생하는가?
2. 관세를 부과하면 수입국의 후생이 감소하는데도 관세를 부과하는 이유가 무엇인가?
3. 오늘날에는 왜 관세보다 비관세장벽의 중요성이 더 커지고 있는가?

1.24 자유무역협정_

주요 용어

자유무역협정FTA, 자유무역지대, NAFTA, 외국인 직접투자

토론 주제

1. 많은 나라가 FTA에 관심을 가지는 이유는 무엇인가?
2. FTA에 반대하는 사람들은 왜 반대 하는가?

3. FTA가 체결되면 외국인 직접투자는 어떤 영향을 받을까?

1.25 국제수지_

주요 용어

국제수지, 플로flow, 거주자와 비거주자, 복식부기원리. 국제수지표, 흑자와 적자, 국제수지균형, 상품수지, 경상수지, 종합수지

토론 주제

1. 국제수지 개념은 플로변수인가 스톡변수인가?
2. 모든 나라가 국제수지를 중요하게 여기고 국제수지표를 작성하는 이유가 무엇인가?
3. 국제수지균형이란 어떠한 의미이며 이의 판단기준이 되는 국제수지개념들에는 어떠한 것들이 있는가?

1.26 환율과 외환시장_

주요 용어

외환시장, 환율, 외환시장개입

토론 주제

1. 환율안정이 국제무역에서 꼭 필요한 이유는 무엇인가?
2. 중앙은행은 어떻게 환율에 영향을 미칠 수 있는가?

1.27 구매력평가와 빅맥지수_

주요 용어

환율, 장기균형환율, 기준환율, 구매력평가설, 브레튼우즈체제, 빅맥지수, 카페테라지수

토론 주제

1. 구매력평가설은 적정환율이 어느 선에서 결정되어야 한다고 주장하는가?
2. 빅맥지수란 무엇이고 어떠한 의미가 있는가?
3. 왜 최근에 빅맥지수에 문제가 있다고 말하는가?

1.28 환율변동의 경제적 효과_

주요 용어

환율, 가격경쟁력, 국제수지개선효과, 물가상승(인플레이션), 구매력평가설, 세계경제의 패권

토론 주제

1. 환율이 변동되면 왜 수출입이 변동되며 그러한 효과는 어떠한 경우에 감소되는가?
2. 환율이 상승되면 어떠한 산업이 이득을 보고 어떠한 산업이 손해를 보는가?
3. 중국의 위안화나 일본의 엔화의 가치가 변동되면 한국은 어떠한 영향을 받게 되는가?

1.29 프라이빗 뱅킹Private Banking_

주요 용어

프라이빗 뱅킹, 예대마진, 금융자유화

토론 주제

1. 프라이빗 뱅킹이 점차 중요해지는 이유는 무엇인가?
2. 한국의 은행들이 프라이빗 뱅킹 시장에서 경쟁력을 확보하려면 어떤 노력을 해야 하는가?

1.30 외국인 주식투자, 약인가 독인가?_

주요 용어

국부유출, 외국인 지분, 주주, 배당

토론 주제

1. 외국인 주식투자의 긍정적 측면을 설명하라.
2. 외국인 주식투자의 부정적 측면을 설명하라.
3. 국부유출 문제를 어떻게 보아야 하나?

제2편
기업경영과 경영학의 기초개념

우리의 삶은 조직과는 떼놓을 수 없는 관계 속에서 살고 있는데 자본주의 경제에서 가장 중요하고 중심이 되는 조직이 기업enterprise이다. 이러한 기업이라는 조직을 대상으로 연구하는 사회과학이 경영학이다. 따라서 오늘날 모든 사람들에게 이러한 기업과 경영에 대한 기본적인 이해가 필요하겠지만 특히 경상계열의 입문자로서는 어떠한 학문분야를 전공하더라도 이에 대한 기초적인 지식과 이해가 필수적이다.

이에 제2편에서는 경상계열 입문자들이 기본적으로 이해하여야 할 기업경영과 경영학 일반에 대한 기초적인 개념과 지식을 소개하고 설명하고자 한다. 이를 위하여 본 편에서는 경영학에서 다루는 기본이론 및 경영관리기능 영역별 기법과 이론을 소개하고 경영학에서 중요하게 논의되는 주제들을 선별하여 정리하고 있는데, 대체로 다음과 같은 4가지 측면의 이론과 현실을 중심으로 소개하였다.

1 경영학의 학문적 성격과 발전과정, 경영자의 본질과 경영활동과정
2 기업의 본질적 의미와 기업형태, 기업창업과 기업조직구조
3 경영관리기능으로서 마케팅 · 재무관리 · 회계학 · 생산운영에 관한 주요한 관리기법과 관련 지식
4 경제의 세계화라는 새로운 환경변화에 대응하기 위한 국제경영 및 국제경영학과 관련한 개념과 기본전략

2.1 **경영학**이란 어떤 학문인가?

우리는 왜 경영학이라는 학문을 배우고 연구하는 것일까? 그것은 우리가 경영에 대해 잘 모르기 때문이다. 우리가 경영학과 관련하여 학습하는 궁극적인 목적은 경영학의 연구대상에 대하여 올바른 설명 · 예측 · 통제를 통하여 제대로 이해하고 그것이 인류의 생활 복지의 향상에 기여하게끔 하는데 있는 것이다.

경영학은 기업을 연구대상으로 하여 기업경영을 연구하는 사회과학의 한 분야이다. 보다 자세하게 정의를 내리면, 경영학이란 경영체가 경영활동을 합리적으로 수행할 수 있기 위한 제반 법칙을 연구하는 학문을 의미한다. 즉 기업을 경영하는 근본적인 목적 또는 목표를 달성하는데 필요한 경영활동을 보다 효율적으로 수행하기 위해 필요한 원리를 종합적이고 체계적으로 연구하는 학문인 것이다.

모든 학문들은 나름대로 독자적인 연구대상을 가짐으로써 학문의 정체성을 확보하고 있는 것과 마찬가지로 경영학도 다른 학문과 구별되는 독자적인 연구대상을 지니고 있는데, 그것은 바로 기업이다. 그러나 경영학의 연구대상을 '기업' 으로 한정하는 것은 좁은 의미의 경영학, 즉 기업경영학이라 할 수 있다.

경영학의 발전은 독일경영학과 미국경영학의 양대 산맥으로 대별되는데, 미국경영학에서는 자본주의 경제체제 하에서 가장 중요한 가치창출의 역할을 담당하고 있는 '기업' 을 주된 경영학의 연구대상으로 삼고 있다. 반면에 독일

경영학은 국가경제를 구성하고 있는 모든 경제주체 가운데 정부를 제외한 나머지 경제주체들 모두를 경영학의 연구대상으로 삼고 있다. 즉 조직체 일반(기업, 관청, 학교, 교회, 노동조합, 군대 등)을 연구하는 넓은 의미의 경영학, 즉 일반경영학을 주된 연구대상으로 삼고 있다. 또한 일반경영학에는 각종 개별조직체를 따로 따로 연구하는 특수경영학이 포함되며, 최종 과제는 모든 조직체에 보편적으로 타당한 일반원리를 형성하는 데 있다.

실제로 과거에는 미국경영학의 영향을 받아 경영학이 주로 '기업'을 연구대상으로 국한하였다. 그러나 1990년대 후반부터 한국에서도 본격적으로 효율성 중심의 조직운영이 중요시되면서, 넓은 의미에서의 경영학연구가 필요하게 되었고, 현재 많은 분야에서 경영 마인드 도입이 활발히 진행되고 있다. 이러한 추세를 감안할 때, 경영학이란 학제적인 응용과학interdisciplinary applied science으로서, 기업을 포함한 개별조직체 일반을 연구대상으로 가장 효율적인 경영활동을 수행하기 위한 원리와 법칙을 종합적 · 체계적으로 이해함으로써, 이를 바탕으로 기업과 같은 조직체의 경영목표를 합리적 · 효과적으로 달성할 수 있게 하는 지식체계라 할 수 있다.

그렇다면, 경영학을 공부할 필요성은 무엇일까? 첫째, 경영학 이론을 공부함으로써 시행착오를 최소화하면서 경영에 관해 배울 수 있게 된다. 경영과정에서 발생하는 복잡한 현실을 압축한 지식체계를 배움으로써 지식을 습득할 수 있고 또 새로운 문제에 대해 합리적인 해결방법을 찾을 줄 알게 된다.

둘째, 다른 사람들에게 경영을 가르치기 위해서이다. 부하에게 지시하고 설명할 때 아무리 경험이 많은 경영자일지라도 용어가 불분명하다든지 논리가 맞지 않다면 상대방과의 커뮤니케이션이 어려워 질 것이다. 용어를 제대로 구사하면서 논리적인 설명할 수 있는 것은 경영자에게 꼭 필요한 자질이다.

셋째, 경영학을 공부함으로써 삶의 질을 높일 수 있다. 우리의 삶은 조직과는 떼놓을 수 없는 관계 속에서 살고 있다. 그러므로 다양한 사회조직이 경영학의 지식을 적용해서 생산성을 높인다면 그만큼 우리의 경제생활도 윤택해지고 삶의 질도 향상시킬 수 있을 것이다.

2.2 경영학의 발전과정

경영학은 14~16세기 이탈리아에서 생성된 상업학이 독일에서 정착하여 경영경제학으로 발달한 것에서부터 출발한다. 경영학의 발전과정은 시대별로 5단계로 구분할 수 있다.

1. 생산관리시대 (20세기 초-제1차 세계대전)

20세기에 들어오면서 제조공장의 능률향상을 위한 획기적 연구가 활발히 일어났는데, 그 중 하나가 테일러Frederic Taylor가 제안한 과학적 관리scientific management이다. 과학적 관리, 즉 테일러 시스템은 노동능률을 좌우하는 작업량 · 작업속도 · 작업동작 · 작업방법 등을 과학적으로 분석하여 공장관리 및 작업관리체계를 확립시킨 것으로써 경영관리에 커다란 변혁을 가져왔으며 이를 기점으로 하여 대량생산체계가 이룩되었다.

포드자동차에서 도입한 '포드시스템Ford System' 에 의한 대량생산체계는 이러한 과학적 관리의 대표적인 사례이다. 포드시스템은 자동차 생산이 기계의 전문화specialization · 부품의 규격화specification · 작업의 단순화simplification · 제품의 표준화standardization라는 소위 4S를 기반으로 한 컨베이어 시스템conveyor system에 의해 일괄적으로 이루어지게 함으로써 공장에서의 생산성을 극대화시키는데 큰 기여를 하였다.

2. 조직관리시대 (제1차 세계대전–제2차 세계대전)

과학적 관리 방식은 현장노동자의 능률을 향상시키는 데 중점을 둔 결과 생산성의 극대화는 가져왔지만 인간을 기계의 노예로 전락시켜, 인간이 가진 심리적 · 사회적 측면을 경시하게 되었다는 비판을 받게 된다. 이로 인해 1918년에 끝난 제1차 세계대전 이후 두 가지 측면에서 도전을 받게 되었다.

첫째는 노동조합의 대두인데 강력한 노동조합이 형성되어 기업으로 하여금 노동자를 인간적, 인격적으로 대우하도록 요구하게 된 것이다. 둘째는 전후의 민주화 흐름이다. 호손실험Hawthorne Experiments으로 유명한 메이요Elton Mayo와 레슬리스버거F. J. Roethlisberger 등이 인간관계의 측면에 초점을 두어 과학적인 실험을 통해 인간은 경제적 조건뿐만 아니라 심리적 조건이나 사회적 조건에 의해 영향을 받는 다면적인 존재라는 것을 파악했다.

그런데 인간관계론은 지나치게 심리적이며 감정적인 방향으로 전개되었고, 이러한 일면적인 한계를 보완하려는 노력의 일환으로 버나드Chester I. Barnard, 사이몬Hebert A. Simon등에 의해 조직이론organizational theory이 탄생하였다. 그들은 근대적인 인간관을 전제로 하여 일정한 공통목적의 달성을 지향하는 조직에 관한 이론, 다시 말해서 조직을 구성하는 인간에 대한 새로운 견해를 피력한 조직이론을 개발하였다.

3. 마케팅관리시대 (제2차 세계대전 이후–1950년대)

미국은 제2차 세계대전으로 경제성장을 이루어 막대한 부를 축적한 반면, 전시 특수수요의 종식으로 생산시설의 유휴화를 초래하여 새로운 문제에 직면하게 되었다. 생산시설을 가동시키는 것이 기업의 당면과제가 된 입장에서, 기업경영자들은 높은 소득수준에 있는 미국소비자들의 잠재구매력을 실제의 구매행위로 연결하는데 관심을 가지게 되었다. 따라서 단순한 판매활동을 넘어서 소비자가 원하고 필요로 하는 상품이 무엇인가를 먼저 파악하고, 소비자의 욕구와 필요에 부응하는 상품을 개발하여 적극적으로 구매력을 창출해 나가는 마케팅 활동이 새로운 관심사로 등장하게 된다.

4. 기획관리시대 (1960년대–제1차 석유위기)

1959년 불황국면에 들어서게 된 미국의 기업들은 미래의 시장경기 예측에 지대한 관심을 쏟게 되었고, 이에 따라 미래 환경의 측정과 경영계획수립을 담당하는 기획실 제도를 많은 기업들이 도입하였다. 그러나 1960년대 초 기획실에서 수행한 경기예측은 통계적 기법을 통한 계량적인 예측으로 신규업종에의 참가 및 기존업종의 폐쇄 등과 같은 질적 · 전략적 성격의 것은 아니었다. 단기적으로는 투입된 생산시설의 조업도를 경기예측에 따라 효율적으로 조정하여 수급을 조절하고, 장기적으로는 생산시설의 증설 및 감축과 이에 따른 자금수요를 예측하고 효율적인 자금조달원을 선택하는데 초점을 맞춘 계획업무였다.

이러한 방식을 통해 미국경제는 1960년대에 또다시 비교적 순탄한 성장을 이룰 수 있었으나 1950년대의 경제성장은 인플레이션을 수반하지 않은 것인데 비해 1960년대는 인플레이션을 수반한 값비싼 성장이었던 것이다. 그러나 이때의 인플레이션은 고정자산에 대한 투자를 지속적으로 하는 제조기업으로서는 환영할 만한 일이었고, 이러한 호황이 계속되자 1960년대 초반 성급하게 도입되었던 기획실 중심의 경영관리체계는 다시 마케팅 중심의 경영관리체계로 대체되었다.

5. 전략경영의 시대 (석유위기 이후–)

미국경제에 커다란 충격을 가져다 준 1973년의 석유위기oil shock는 1959년의 불황보다 훨씬 심각한 경기침체를 몰고 왔다. 이로 인해 각 기업은 다시금 기획실 제도를 도입, 운영하게 되었다. 그러나 이 시기에 등장한 기획실과 1960년대 초의 기획실 업무에는 근본적인 차이가 있었다. 즉 1959년의 경기침체가 자연스러운 경기순환의 한 국면이었던 것과 달리 1973년 이후의 경기침체는 유가의 갑작스런 상승과 석유 공급중단이라는 외부환경의 영향으로 인해 발생한 것으로, 기업의 본질적이고 전략적인 문제와 직결되었던 것이다.

경영관리란 무엇인가? 2.3

조직을 만들어 어떤 일을 도모할 때에는 사람과 지식, 돈이 있어야 한다. 예를 들어 슈퍼마켓을 개업하기 위해서는 먼저 점포를 임대하고 기본시설과 인테리어를 갖추는데 돈(자금)이 필요하고 매장이나 창고에서 일할 직원(사람)도 필요하며 동시에 점포 경영에 관한 지식도 있어야 한다. 이는 슈퍼마켓과 같이 영리를 목적으로 하는 사업뿐 아니라 장애인 복지관과 같은 비영리적인 사업에서도 봉사인력이나 홍보활동을 위한 자금이 필요하고 전문지식이나 정보가 요구되는 것은 마찬가지이다.

이처럼 돈 · 사람 · 지식은 일을 추진할 때 필요한 자원이 된다. 그런데 이러한 자원은 한정되어 있고 비싸기 때문에 효율적으로 이용되어야 하며 결과적으로 의도한 목적을 달성할 수 있어야 한다. 그러므로 목적을 달성하기 위해서는 계획을 세우고, 업무를 나누어 조직을 만들고, 함께 일하는 사람들이 열심히 노력하도록 업무를 수행하는 동안 확인하고, 잘못이 발견되면 시정하는 일을 반복하게 된다. 이러한 과정이 바로 경영관리이다.

이렇게 경영관리management란 조직이 어떤 목표를 달성하기 위해 자원의 개발 · 유지 · 할당을 관리하는 절차이다. 다음에 열거한 경영관리기능은 페이욜의 관리요소에다 그 후 여러 학자들이 수정하여 제시한 내용들을 정리한 것들이다.

(1) 계획수립 planning : 관리기능 중에서 가장 우선적인 계획수립은 조직의 미래의 활동방향을 미리 설정하는 것이다. 계획된 일이나 목표는 조직, 작업부서 및 개별구성원에게 그 존재의의와 나아갈 방향을 마련해 주게 된다.

(2) 의사결정 decision making : 의사결정이란 여러 가지의 활동방안 가운데서 하나를 선택하는 과정인데, 현대처럼 복잡하고도 급변하는 경영환경 속에서 경영자가 직면하고 있는 도전은 실리적이고도 윤리적인 의사결정을 해야 하는 것이라고 할 수 있다.

(3) 조직화 organizing : 조직화란 계획한 일들을 효과적, 효율적으로 수행될 수 있도록 과업을 분업화시키고 조직원들에게 책임과 권한을 부여하며 지휘체계를 형성시켜 줌으로써 조직에 구조를 짜 넣어 주는 것이라 할 수 있다.

(4) 충원 staffing : 충원이란 조직이 필요로 하는 인적자원을 모집, 선발, 훈련시키는 활동으로써, 조직의 성패는 이러한 조직을 구성하는 사람에 달려있다고 할 수 있다.

(5) 의사소통 communication : 종업원들에게 그들의 직무를 수행하는데 필요한 기술적 지식, 정보, 지시사항 및 규칙들을 잘 알려주는 일이 경영자가 해야 할 중요한 일 중의 하나인데 이러한 일을 의사소통이라 한다.

(6) 동기유발 motivating : 종업원들에게 의미 있는 과업을 맡기고 가치 있는 보상을 해 줌으로써 그들의 욕구와 기대를 충족시켜주고 이로 인해 조직의 목표를 달성하도록 북돋우어 주는 것을 동기유발이라 한다.

(7) 리더십 발휘 leading : 경영자는 하나의 역할모델role model으로 행동하고 적절한 관리유형을 적용시킴으로써 구성원의 분위기를 이끌어내는 리더로서의 역할을 해야 하는데, 오늘날의 경영에서 대단히 중요시 되고 있는 것 중의 하나가 조직구성원들에게 비전을 제시해 줄 수 있는 리더십이다.

(8) 통제 controlling : 통제란 기대했던 결과와 실제의 결과를 비교하여 필요한 수정조치를 취하는 것으로써, 조직이 나아가는 방향을 올바른 궤도로 유지시켜 나가기 위해서는 이와 같은 통제과정이 필요하다.

이상에서 언급한 바와 같이 관리기능은 8가지 관리과정으로 설명할 수 있지만 결국은 계획 · 조직화 · 통제가 핵심 기능영역이라고 할 수 있다. 즉 계획planning · 실행doing · 평가seeing의 과정이 반복해서 순환적으로 나타난다. 세 가지 기능은 대단히 상호의존적이면서 마치 수레바퀴처럼 연관된 시스템이기 때문에 경영 관리자는 일상적인 일을 처리해가는 과정에서 세 가지의 각 활동이 원활히 이루어질 수 있도록 다른 다섯 가지 활동을 통하여 지원하고 관리해야 한다.

2.4 경영자의 역할

경영자는 조직을 대표하면서 같이 일하는 사람들이 이룬 성과에 대해 책임을 지는 사람이다. 이렇게 보면 기업체의 사장, 회사 내 한 부서의 업무를 담당하고 있는 부장, 건설회상의 현장소장, 소규모 점포의 주인, 야구 대표팀의 감독, 대학 학장 등은 서로 명칭이 다를 뿐 모두 경영자라고 말할 수 있다.

지금까지 경영자라 하면 일반적으로 기업체 사장을 뜻하는 용어로 사용이 되었지만 경영은 이제 어느 조직에나 통용될 수 있는 보편적인 현상으로 받아들여지고 있다는 점에서 경영자의 범위는 확대되는 추세이다. 기업뿐만 아니라 정부기관과 지방자치단체와 같은 행정기관에서도 경영 마인드가 있어야 한다는 의견이 지배적인 것은 바로 경영의 보편성을 인정하기 때문이다.

유능한 경영자는 자신의 직책에 주어진 공적인 권한뿐만 아니라 개인적인 특성에 바탕을 둔 권한까지도 발휘하면서 조직을 이끌어 간다. 경영자가 자신의 직무를 잘 수행하고 조직구성원들과 상호작용하기 위해서는 다양한 역할이 요구된다. 경영자들은 오랜 시간 일하고, 많은 사람들을 만나는데 특히 대기업의 최고경영자는 사람을 만나거나 회의를 주재하거나 전화 통화를 하는 등 사람과 교류하고 대화를 나누는 시간이 많다.

이런 점에 초점을 두고 조동성 교수는 경영자의 역할을 아래와 같이 구분하였다.

1. 전략의 수립

(1) 이념과 미션 philosophy & mission : 기업이 추구하는 것이 무엇이며, 활동할 시장과 대상을 명확히 밝혀주며, 현재와 미래에 기업이 지향하여야 할 활동에 대한 윤곽을 제시해준다. 이러한 것은 전략수립의 시금석으로써, 수립된 전략이 기업목적에 적합한지를 판단하게 해준다.

(2) 경영목표 objectives : 기업의 경영목표란 외부적으로는 고객의 만족, 제품의 성능 또는 사회적 요구의 충족과 결부되어야 하며, 내부적으로는 바람직하게 여겨지는 조직의 성과(예를 들어 시장점유율, 기업성장, 수익성, 현금흐름, 투자수익률, 경쟁력 등)와 직결되어야 한다.

2. 전략의 실행

(1) 조직화 organizing : 조직화란 조직의 계획을 실행하기 위해 회사의 자원을 조정하고 분배하는 과정인데 전략이 성공적으로 수행될 수 있도록 뒷받침하는 기능을 수행한다. 특히 경영자는 전략과 조직의 관계를 고려한 적합한 조직구조를 설계하는 것이 전략을 성공적으로 수행할 수 있다.

(2) 동기부여 motivation : 종업원들에게 동기를 부여하기 위해서 먼저 경영자가 해야 할 일은, 자신의 열정과 추진력, 그리고 애사심 등을 보여주어 부하들의 귀감이 될 수 있도록 솔선수범하는 것이다. 또한 수립된 전략을 실행하는 과정에 많은 종업원들을 참여시키면서 재량권과 금전적, 신분적 보상을 공정하게 수행하여 종업원들을 동기부여 시키는 것이다.

(3) 조정 및 통합 coordination & integration : 경영자는 조직내부의 갈등과 세력다툼 등에 대처하기 위해 설득과 타협 및 조정활동을 한다. 또한 수립된 전략이 계획대로 성과를 올릴 수 있도록 여러 부문의 활동(마케팅, 생산, 재무, 인사, 연구개발 등)을 적절히 통합하여 지속적으로 자신의 능력을 발휘해야 한다.

3. 전략의 평가

(1) 평가 evaluation : 계획된 경영목표가 제대로 달성되었는지를 객관적이

고 공정한 기준에 따라 평가하는 활동은 경영자가 수행해야 할 중요한 역할 중 하나이다. 평가는 계획에 대한 실행정도를 판단하는 기준일 뿐만 아니라 다음 경영목표와 전략수립에 중요한 근거자료가 된다.

(2) 피드백 feedback **:** 평가된 결과를 면밀히 분석하여 성공 또는 실패의 원인을 철저히 밝혀냄과 동시에 그 결과에 대한 책임을 져야 한다. 또한 이를 반드시 참조하여 다음 계획수립 시 목표를 개선하고 전략을 수정 혹은 변경하여야 한다.

경영자의 유형 2.5

경영자는 일반적으로 소유경영자 · 고용경영자 · 전문경영자 등 세 가지 유형으로 나누어진다. 이들 유형은 다음과 같이 정리할 수 있다.

1. 소유경영자

소유경영자owner manager란 기업을 완전히 소유 · 지배하고 있는 사람으로서 출자는 물론 직접 경영에 참여하여 운영 · 관리하는 경영자를 말한다. 기업 설립 초기에는 소유경영자에 의한 경영이 대부분이며, 이러한 소유경영자는 생산기술이나 방법 등이 복잡하지 않고 기업의 규모가 그다지 크지 않은 기업을 경영하거나 규모가 큰 기업이라 하더라도 전문적인 경영능력을 갖추고 있는 경우에는 소유할 수 있다.

그러나 일반적으로 이들 소유경영자는 출자자로서의 목적, 즉 자본증식욕구가 강하므로 자기자본의 수익성이 어떤가 하는 것에 대해서 주된 관심을 기울인다. 한편 타인자본을 차입한 경우에도 이익 반환과 이자지급 등과 같은 자본의 입장에서만 주로 고려하기 쉬우므로 근대적인 기업의 경영자로서는 부적합한 경우가 많다.

2. 고용경영자

기업의 규모가 커지고 기능과 역할이 확대됨에 따라 소유경영자인 기업가

만으로는 기업을 합리적으로 경영 또는 관리할 수 없게 된다. 이러한 경우, 소유경영자를 보조하여 특정분야에 대한 지원역할을 수행하도록 외부의 사람을 고용하여 경영 또는 관리기능의 일부를 위임하여 분담하도록 하는데, 이런 경영자를 고용경영자employed manager라 한다.

이들 고용경영자는 기업가가 맡고 있는 경영 또는 관리기능 중에서, 예컨대 지휘 또는 통제와 같은 기능의 일부분만을 분담할 따름이다. 따라서 이들 고용경영자는 단지 기업가의 대리인으로서 경영 또는 관리기능의 일부를 위임받을 뿐이므로, 경영자의 속성보다 종업원의 속성을 더 많이 가졌다고 할 수 있다.

3. 전문경영자

산업사회의 발달로 경영환경이 불확실해지고 기업이 대규모화 · 복잡화됨에 따라 소유와 경영이 분리되는 현상이 나타났으며, 이때 경영의 역할을 담당하는 사람이 전문경영자professional manager다. 이들은 종래 기업가가 수행하던 기능 중 출자를 제외한 모든 기능을 담당 · 수행하게 된다.

그런데 이들 전문경영자가 소유경영자 및 고용경영자와 구별되는 점은 그들이 단순한 경영 또는 관리업무에 대한 전문가라는 데 있는 것이 아니라 소유와 경영이 분리되게 됨에 따라 기업출자자, 즉 소유자와는 다른 새로운 계층의 성격을 가지게 되었다는 데에 있다. 또한 어느 정도의 경영실권을 쥐고 있는 지배적 경영자로서의 성격을 가지게 됨으로써 기업 내에서 독자적인 지위를 차지할 수 있다. 뿐만 아니라 근대적인 대규모 기업은 수많은 주주와 종업원 및 고객 등과 직접적 이해관련을 가지고 있으므로, 기업을 어떻게 경영하느냐에 따라서 이해관계자들의 생활에 심각한 영향을 미치게 되는 것이다.

이처럼 전문경영자는 경영을 하나의 전문영역으로 승화시켰는데 전문경영자는 다음과 같은 특성을 가지고 있다.

첫째, 개인적으로 경영에 관한 일관된 지식체계를 가지고 있다.

둘째, 이러한 지식을 바탕으로 권한을 가지고 있다.

셋째, 권한 행사에 대해 사회적인 인정을 받고 있다.

넷째, 전문인으로서의 직업윤리를 가지고 있다.

다섯째, 나름대로의 기업문화를 가지고 있다.

여섯째, 기업 소유자의 투자목표, 종업원의 목표, 사회의 목표를 통합적으로 성취하기 위한 제반 의사결정을 한다.

2.6 경영의사결정과정

경영자들은 주어진 상황에서 최선의 방안을 선택함으로써 조직 안팎에서 발생하는 다양한 기회와 위협에 대처해야 하는데, 이는 바로 의사결정을 통해 이루어진다. 문제를 발견하고 그것의 원인을 밝혀 적절한 해결책을 찾기 위해 이루어지는 의사결정의 과정은 여섯 가지 단계로 구성되어 있다.

1. 문제의 인식_

의사결정과정의 첫 번째 단계는 해결해야 할 문제를 인식하는 것이다. 경영자는 문제해결을 위한 조치를 취하기 전에 먼저 문제를 인식하고 그 문제의 범위와 본질을 분석해야만 한다. 경영자는 문제를 인식하기 위해서 우선 문제가 존재한다는 사실부터 인식하고, 문제를 정의한 후 그 상황을 진단한다.

2. 대안의 개발_

이 단계에서 경영자들은 어떤 대안에 대해서도 판단은 하지 않으면서 가능한 모든 대안을 개발하기 위해서 시도한다. 대안들 중에는 과거경험에서 온 것도 있고 실전경험에서 온 것도 있으며, 다른 한편으로는 브레인스토밍 brainstorming과 같은 창의적인 기법에 의해서 개발된 것도 있다. 경영자들은 대안을 개발하는데 사용한 방법과는 상관없이 그들이 고려할 수 있는 대안을 많이 가지고 있는 경우에 더 나은 의사결정을 할 수 있다.

3. 대안의 평가

의사결정과정의 3단계는 대안들 각각이 갖는 특성과 함축적인 의미를 분석하여 예상되는 결과를 고려함으로써 대안들을 평가하는 것이다. 이 단계에서 경영자들은 각각 대안의 장점을 평가하고 실행불가능하거나 부적절하거나 너무 비용이 많이 들거나 혹은 받아들여질 수 없는 대안들을 제거한다.

4. 의사결정

대안을 평가한 후에 의사결정을 함에 있어서 경영자들은 각 대안의 위험과 이익을 고려하여 최상의 대안을 선택한다. 의사결정단계에서 경영자의 위험성향 또는 위험을 감수하는 정도가 주요 요소로 작용하는데, 즉 어떤 경영자들은 잠재적인 이익이 더 크기만 하면 위험을 기꺼이 감수하려고 하기도 한다. 따라서 위험과 보상사이의 관계를 고려하는 것이 중요한데 이 때 경영자는 시간이나 비용조건을 가장 잘 충족시키는 대안을 선택함으로써 의사결정을 최적화하려고 노력한다.

5. 실행

경영자들은 최선의 대안을 선택한 후 결정된 내용을 실행에 옮긴다. 경영자들은 일반적으로 조직구성원을 활용해 의사결정내용을 실행에 옮기기 때문에 그들에게 어떤 영향을 미칠 것인지를 고려해야 한다. 의사결정사항을 실행에 옮기는데 있어 가장 효과적인 방법은 가능한 한 의사결정과정에 조직구성원들을 참여시키는 것이다. 그들은 특히 대안이 개발되고 평가될 때 숨겨진 어려움을 찾아내거나 추가적인 자원을 발견해 냄으로써 의사결정과정에 기여할 수 있다.

6. 결과평가 및 피드백

마지막 단계는 의사결정내용 및 선택된 대안의 실행결과를 평가하고 피드백을 제공하는 것이다. 이를 통해 경영자는 목표달성 여부를 알 수 있고, 의사결정과정 및 실행을 개선하는데 필요한 조치를 취할 수 있다. 만약 원래의 결정사항이 바람직한 결과를 가져오지 못했다면 문제를 제대로 재정의 하거나 다른 대안을 개발해야 한다.

경영계획수립의 과정 2.7

계획수립은 근본적으로 합리적인 접근을 전제로 주어진 여건에서 최선의 결과를 얻을 수 있는 선택안을 마련해가는 과정을 거쳐야 한다. 합리적 접근이란 목표를 달성해 나가는 진척과정, 시간, 그리고 주요 전제조건을 고려해서 계획을 수립하는 것을 의미한다. 또한 계획수립은 체계적이어야 한다. 경영의 모든 측면에서 전체 환경요소와의 상호관계를 고려하여 외부환경과의 상호작용, 각 의사결정간의 상호연관성을 충분히 검토하여 계획을 수립해야만 한다.

하나의 과정으로써 계획수립은 행동에 앞서 무엇이, 언제, 어디서, 누구에 의해서, 어떻게 행해져야 하는가를 결정하는 것이다. 경영계획의 수립에 있어서 일정한 규칙이 있는 것은 아니지만 일반적으로 다음의 단계로 나타낼 수 있다.

(1) 궁극적 목표의 확인 : 제일 먼저 해야 할 것은 궁극적인 목표, 즉 왜 이 일을 시도하는가에 대해 이유와 명분을 확인하는 일이다. 전략을 수립할 때나 혹은 예산과 같은 구체적인 운영계획을 수립할 때, 목표를 확인하지 않고 일을 시작하면 자칫 원치 않는 결과를 초래할 수 있다.

(2) 현황 분석 및 추세 전망 : 현재 상황에 대한 평가와 변화 추세를 전망하는 것은 경쟁지향적인 계획을 수립할 때 특히 필요하다. 예를 들어 영업회계를 수립할 때는 지역별 판매 추이를 경쟁기업과 비교해 보면 그 차이에 대해 원인을 분석하고 앞으로의 추세를 전망해야 할 것이다. 현황에 대한 정확한 분석 없이 올바른 대책이 나올 수 없을 것이기 때문에 자료와 정보 수집 및 분석, 평가방

법이 과학적으로 이루어지도록 해야 한다.

(3) 구체적 목표의 제시 : 현황 분석과 전망이 끝나면 경영자가 추구하는 이상과 현실간의 괴리를 구체적으로 표현해야 한다. 이것이 바로 구체적 목표의 제시인데 이는 사후의 평가기준이 된다. 이때의 목표는 현실적으로 달성 가능하며 측정할 수 있어야 한다. '측정이 없으면 개선도 없다' 라는 표현이 있듯이 목표를 측정할 수 있게 구체적으로 표현해야 사후에 성과를 확인할 수 있게 된다.

(4) 대안의 발견과 결정 : 대안alternatives이란 목표 달성을 위해 취할 수 있는 방법을 말한다. 등산을 할 때 정상에 도달할 수 있는 길이 여러 갈래이듯이 어떤 문제라도 해결책은 여러 가지가 있는 것이 일반적이다. 심지어 현 상황에서 아무런 대책도 취하지 않는 것도 대안이 될 수 있다. 대안이 하나밖에 없다고 느껴질 때일수록 한 걸음 물러서서 의외의 대안이 없는가 하고 의심을 가져볼 필요가 있다. 남이 생각하지 못하는 대안이 더 나은 해결책이 될 수도 있기 때문이다.

따라서 대안을 찾는 과정에서는 창의성이 요구된다. 대안들을 평가할 때는 비용과 이익cost-benefit이나 장단점을 분석한 후 최선의 대안을 결정하도록 한다. 특히 계획수립의 궁극적 목표와의 적합성, 뒤따르는 부작용의 정도, 실행 가능성 여부를 확인해야 할 것이다.

(5) 계획 실행과 통제 : 계획은 실행과 통제까지 포함된 사이클로 이해해야 한다. 탁상공론으로 끝나는 계획이라면 애초부터 필요가 없을 것이다. 최고경영자가 준비한 전략이나 장기 계획을 실천하기 위해서는 이를 뒷받침하는 세부 운영계획이 작성되어야 한다. 그리고 실행과정에서 수시로 혹은 정기적으로 진행상황을 측정하고 이상적인 상황과의 차이에 대해서는 시정조치가 뒤따를 수 있는 장치를 마련해야 한다. 계획은 일회적인 행동이 아니라 피드백이 계속되는 과정이라는 점을 명심할 필요가 있다.

앞에서 지적하였듯이 이러한 순서는 하나의 대안이며, 계획의 유형이나 경영자 개인의 상황에 따라 적절하게 수정하여 이용할 수 있을 것이다.

경영계획은 왜 필요한가? 2.8

경영계획은 경영관리기능의 출발점이고 경영관리의 최종 도착점인 통제와 연결되어 관리 사이클을 주도하는 기능을 하게 되며 전체관리기능이 효율적으로 수행되기 위한 전제조건이 된다. 이렇듯 출발점으로서 계획의 역할은 조직이 지향하게 될 목표를 나타내며 그 목표에 도달하는 행동노선을 구체적으로 표현하게 된다.

경영학에서 계획plan이라 할 때는 사업을 추진하기에 앞서 목표를 세우거나 그 달성방법을 결정한 내용을 뜻하며 계획수립planning은 계획을 완성하는 과정을 말한다. 이 정의에 따르면 계획은 미래지향적이고 목표 지향적이며 동시에 경영자의 의지가 표현된 것이라 할 수 있다.

미래지향적이라는 것은 미래시점에 원하는 상황 혹은 결과를 얻기 위한 준비라는 뜻이다. 경영여건이 안정적인 상황이라면 기존 방식대로 일을 진행해 나가면 될 것이지만 여건이 변하는 상황에서는 현실과 이상 간에 갭이 발생함으로 변화의 추이를 보면서 갭을 메우는 노력이 중요하다. 목표지향적이라는 것은 목표를 향해 노력을 집중한다는 뜻이다. 여러 사람이 같이 일을 할 때는 어디를 향해 가고 있는지를 알려주어 우왕좌왕하는 것을 막을 수 있다. 경영자의 의지가 반영된다는 의미는 계획은 경영자가 내린 의사결정이라는 뜻이다. 계획을 통해 경영자는 조직을 어떻게 이끌어 갈 것인가에 대한 구상과 결심을 다질 수 있다.

계획수립을 통해서 얻을 수 있는 이점은 다음과 같다.

첫째, 시간과 돈을 절약한다. 일정표가 없거나 예산을 세우지 않는 사람은 중요하지도 않은 문제에 시간과 돈을 쓸 가능성이 높다. 계획은 시간을 포함하여 한정된 인적 · 물적 · 지적자원을 사용하는 과정에서 중요한 일이 무엇이며 어떤 순서로 진행하는 것이 좋은가를 합리적으로 결정함으로써 낭비를 줄일 수 있게 해 준다. 과업의 우선순위 결정과 시간 배분을 통해 생산성을 높이는 것, 이것이 바로 계획의 핵심이라 할 수 있다.

둘째, 구성원간 협조가 쉬워진다. 계획수립과정을 통해 전체 조직의 목표와 각 부서 담당자들이 수행해야 할 과제가 체계적으로 조정된다. 경우에 따라서는 조직구조의 변화도 이루어진다. 이러한 과정을 통해 부서간 · 구성원간 협조가 용이해지고 결과적으로 목표 달성을 위해 노력이 한 방향으로 결집된다. 조직이 커질수록 부서간의 활동이 제각기 다른 방향으로 나갈 가능성이 커지는데 계획을 통해 여러 사람의 노력이 목표를 향해 집중하게 하는 효과를 볼 수 있다.

셋째, 통제가 쉬워진다. 계획과 통제는 동전의 앞뒷면과 같아서 계획이 있기 때문에 통제활동이 합리적으로 이루어질 수 있다. 예를 들어 예산은 자금 분배 계획인 동시에 각 부서의 활동을 금전적으로 통제하는 수단이기도 하다. 또 작업 공정계획에 근거해서 진척 상황을 점검하고 필요한 조치를 취할 수 있다. 부하들의 업무를 감독하고 평가하는 데 있어서도 계획은 언제까지 어느 정도의 성과를 올려야 하는가와 같은 구체적인 목표치를 제시해 준다. 이처럼 계획은 미래에 대한 대비인 동시에 사후 활동을 통제하는 수단이 된다.

넷째, 동기를 유발한다. 계획은 경쟁에 앞서거나 보다 발전하기 위해 실천해야 할 과업을 중심으로 작성된다. 이런 점에서 행동지향적이라고 말할 수 있다. 경쟁심과 더 높은 목표에 대한 도전의식 그리고 성취감은 강력한 동기부여 수단이 된다. 특히 계획수립과정에 구성원들이 참여하면 그 효과는 더 커진다. 이처럼 계획은 부하들에게 동기부여를 함으로써 경영자의 지휘기능도 용이하게 해준다.

다섯째, 경영을 안정시킨다. 계획은 환경의 변화를 예견하며 대응책을 미리 마련함으로써 불확실성을 줄이고 안정적인 경영이 가능하게 한다. 사태가 발생한 후 허둥대는 것보다 미리 준비하는 자세의 중요성은 아무리 강조해도 지나치지 않을 것이다. 준비된 경우에는 어려운 상황에서도 유연하고 여유 있게 대처할 수 있고 결과적으로 생산성을 높일 수 있다.

2.9 거시적 경영환경

기업은 하나의 개방시스템open system인데 개방시스템으로서의 기업을 인식하는데 있어서 그 핵심은 기업조직과 환경이 상호작용을 한다는 사실이다. 개방시스템 관점에서 경영환경이 중요한 의미를 가지게 되는 이유는, 조직을 하나의 유기체라고 볼 때 기업조직의 생존 · 존속은 이를 둘러싸고 있는 환경과 상호작용하면서 환경에 순응하지 않으면 불가능하기 때문이다. 기업은 그 자체의 존속과 목적달성을 위해서는 환경으로부터 부단히 필요한 자원 · 지식 · 정보 · 에너지 · 인력 등을 공급받아야 한다.

경영환경요인들은 크게 일반적 요인과 구체적 요인으로 나눌 수 있다. 먼저 일반적 환경은 자연현상처럼 그 영향이 사회 전반에 미쳐서 개별 기업의 차원에서는 어쩔 수 없이 받아들일 수밖에 없는 거시적 요인이라 할 수 있다. 이러한 거시적 경영환경 요인은 경제 · 기술 · 정치 · 법률 · 사회 · 문화 · 국제환경을 포함한다.

(1) 경제환경 : 국내외 경기변동, 물가수준, 이자율이나 세율, 환율, 정부의 산업정책과 같은 요인은 개별 기업의 의지와는 상관없이 변화하면서 경영성과에 지대한 영향을 미칠 수 있다. 즉 환율이 급작스럽게 변하면 가격경쟁력이 떨어져 판로를 잃어버리거나 아무리 영업을 잘 해도 환차로 인한 손해를 보게 되는 것이 그 예라 할 수 있는데, 1998년도 외환위기 때 달러에 대한 원화환율이 급등하면서 외국산 원자재를 수입하거나 외채를 쓴 기업들이 큰 어려움을

겪은 것이 좋은 사례가 된다.

(2) 기술환경 : 디지털 기술이 발전하면서 아날로그 기술에 의존하던 기업이 순식간에 밀려나는 것처럼 새로운 기술이 기존의 시설이나 인력의 경쟁력을 급속히 떨어뜨리는 일이 자주 발생하고 있다. 무선전화가 보급되면서 호출기 사업자가 사라지고 유선전화기의 사용이 줄어드는 것은 좋은 예이다. 그러므로 경영자는 항상 기술발전에 관심을 갖고 신기술의 개발과 도입에 적극적인 자세를 보여야 한다.

(3) 정치 · 법률환경 : 기업경영과 관련되는 법률로서는 상법 · 민법 · 세법과 같은 기본적인 것에서 회사법 · 공정거래법 · 독과점규제법 · 경제특별법 · 외환관리법 · 소비자보호법 · 방송광고에 관한 법 · 공해방지법 · 건축법 · 도시계획법 · 근로기준법 · 노동조합법 · 소방법 그리고 지방정부에서 제정한 규칙에 이르기까지 종류가 매우 다양하다. 경영과 관련되는 법률은 계속 늘어나고 있기 때문에 전문가의 조언을 받아야 하는 경우가 점점 많아진다.

(4) 사회 · 문화환경 : 총 인구와 인구구성의 변화, 지역간 이동, 세대 수의 변화와 같은 인구와 관련된 사항과 의식주 생활, 여가활용과 같은 관심사에 대한 의견 등이 사회 · 문화적 환경에 포함된다. 가치관에 따라 인간의 행동이 달라지기 때문에 어떤 가치관이 사회의 주류를 이루고 있는지, 어떤 방향으로 변화하고 있는지에 대한 관심은 기업인에게 중요하다.

(5) 국제환경 : 시스템적 관점에서 보면 국내 기업은 국제경제 시스템의 하위시스템이 되기 때문에 해외에서 발생하는 정치 · 경제 · 문화적 사건에 많은 영향을 받을 수 있다는 사실을 쉽게 이해할 수 있다. 1997년 말 동남아에서 시작된 외환위기가 곧바로 한국 금융기관을 통해서 전체 경제에 치명적인 영향을 미친 사건은 국제환경의 중요성을 실감나게 가르쳐 주고 있다. 또한 한국은 세계무역기구WTO에 가입한 후 제조업은 물론이고 유통업이나 농업까지 전 산업에 걸쳐 세계적 기업들과 경쟁하게 된 것도 마찬가지의 경우이다.

2.10 기업이란 무엇인가?

오늘날의 기업enterprise은 국민경제를 이끌어가는 중추기관으로서 국가경제의 발전은 전적으로 기업의 발전과 동반한다. 기업의 본질적 기능은 가치 있는 재화와 서비스를 생산하여 소비자에게 제공하고, 소비자의 행복과 만족을 극대화시켜 삶의 질을 높여주고 그 대가로 이윤을 획득하여 영속성을 유지시켜 나가는데 있다. 그 과정에서 기업은 국민에게 일자리를, 종업원에게는 정당한 근로의 대가를 임금으로 제공하며, 이익금의 일부는 국가에 세금으로 납부하고, 일부는 재투자의 재원으로 활용함으로써 기업을 육성 · 발전시켜 갈 수 있다.

기업조직이 나타난 이래 지난 수 세기동안 기업은 사회 · 경제 및 기술변화 등의 환경에 따라 양적인 면에서 뿐만이 아니라 질적인 면에서도 끊임없이 변화되어왔다. 기업을 단순히 이익을 추구하는 기관으로서만 볼 것이 아니라 변화하는 환경에 부응하여 존속 · 성장하기 위해서는 적절한 사회적 반응과 같은 윤리적 행위가 요구되는 사회적 기관으로 이해해야 한다.

현대사회에서 기업은 경제적 기능뿐만 아니라 사회의 지배적인 가치관 형성, 개인행동에의 영향, 사회적 관습 및 제도를 변화시켜 나가는 사회적, 정치적 기능에 이르기까지 광범위한 상호작용 기능을 수행한다. 따라서 기업은 사회적 기관으로서의 인식을 중시하면서도 가치창출을 통한 이윤증대를 위해서 기본적인 생산요소를 포함해서 다양한 자원을 활용하게 된다.

전통적으로 생산요소라 함은 토지 · 노동 · 자본을 일컬어 왔으나 요즘은 기업가정신을 중시하게 되어 토지 · 노동 · 자본 · 기업가정신entrepreneurship 등을 생산요소라 일컫게 되었다. 그리고 오늘날과 같은 탈산업사회 · 정보화사회에 이르러서는 기업환경의 변화에 따라 투입되는 경영자원에 대한 새로운 인식으로 인하여 정보 · 기업문화 · 시간 등도 투입생산요소로 보는 시각을 가지게 되었다.

토지는 기업입지를 결정할 때 중요한 요인이 되며 재화와 서비스를 생산하는데 이용되는 천연자원인 나무 · 광물 · 원유 · 가스 등과 같은 지구상에 존재하는 모든 자원을 포함해서 토지라 한다. 노동은 원재료를 재화와 서비스로 전환하는데 이용하게 함으로써 가치창출의 기본적 요소가 되며 최고 경영자와 현장의 종업원들을 포함하는 기업조직의 인적 구성원을 의미하기도 한다. 기술은 기업의 인적 구성원과 설비에 내재되어 있으며 계속적으로 변화해 가는 요소이다.

그리고 재화와 서비스를 생산하는 데 이용되는 노동력 · 원자재 · 설비 · 기계 · 건물 및 토지 등을 취득하는 기능을 가지고 있는 자본은 단순히 화폐만을 의미하는 것은 아니다. 왜냐하면 화폐 그 자체는 생산적이지 못하지만 기계 · 건물 등을 구매할 경우 생산적인 것으로 전환되기 때문이다. 기업가정신은 재화와 서비스를 생산하기 위해 다른 세 가지 생산요소를 결합하는데 필요한 창업가 또는 경영인의 기업경영에 필요한 자질과 능력을 의미한다.

오늘날은 전략경영에 필요한 주요 요소인 정보 · 기업문화 · 시간을 각각 제4의 경영자원 · 제5의 경영자원 · 제6의 경영자원으로 부르고 있다.

정보는 기업의 중요한 자원 중의 하나이다. 특히 정보혁명이라고 불리어지는 정보기술의 발달은 기업의 생산 · 판매방식 · 조직구조 · 인사관리 등 경영전반에 걸쳐 커다란 변혁을 일으킴으로써 기업경쟁력의 원천을 근본적으로 변화시키고 있다.

기업문화란 조직구성원들이 공유하고 있는 기업조직체 고유의 가치관과 신념 · 규범과 관습 · 행동패턴 등을 말하며 사회마다 서로 다른 문화를 가지고 있듯이 기업도 다른 기업과 구별되는 독특한 기업문화를 가지고 있다.

시간의 소비를 점차 경영과 경영전략 수행결과를 판단하는 기준으로 삼고 있다. 오늘날과 같은 정보화 사회에서는 의사결정에 걸리는 시간과 전반적인 업무수행 속도가 기업경영에 있어 매우 중요하므로 기존의 의사결정단계를 대폭 축소하여 정보가 원활하게 흐르고 결정이 신속하게 이루어지도록 해야 한다.

기업의 형태 2.11

통칭 회사라 일컫는 경제적 행위주체로서의 기업이 기업목적을 달성하기 위하여 취하고 있는 기업의 종류나 형식을 기업형태라고 한다. 이에는 법률적으로 정하여 놓은 법률적 형태와 경제적인 제도로서 인식되는 기업의 실질적인 형태인 경제적 형태의 두 가지가 있다.

법률적 형태에 의하면 기업의 형태가 여러 유형이 많으나 여기서는 가장 일반적으로 많이 활용되는 개인회사 · 합명회사 · 합자회사 · 주식회사 등 네 가지에 대해 정리해 본다. 이렇게 기업의 형태를 달리하는 이유는 이러한 기업의 형태에 따라 기업의 수명 · 자금조달 능력 · 세금 · 책임범위 등에서 차이가 나기 때문이다.

1. 개인회사

개인회사는 기업형태 중 가장 오래된 것으로서 기업자본을 1명의 개인이 출자하여 그 개인이 기업을 소유 · 경영하는 회사를 말한다. 이러한 기업형태는 자본 · 기술 · 생산능력상 한계가 있지만 기업의 설립 및 운영이 어렵지 않고 변화하는 시장상황에 유연하게 대처할 수 있다는 장점이 있다. 특히, 개인회사의 장점은 모든 이익이 소유자에게 돌아가고 소유자가 의사결정에 대한 직접적인 통제권을 갖는다는 것이다. 반면 개인회사의 단점은 기업부채에 대해 무한책임을 진다는 것이다. 영업자산은 물론 개인재산까지 책임대상이 된다. 세금은 개인소득세를 지급해야 하며 기업의 수명은 소유주의 수명과 동일하다. 자기자본 조달범위도 소유주 개인 재산에 국한되므로 자금부족으로 인하여 기업은 새로운 투자기회를 이용하기 어렵다.

2. 합명회사 ordinary partnership

합명회사는 모든 동업자가 경영과 이익을 공유하는 형태로 참가자 모두가 회사의 공동대표가 된다. 회사의 재산으로 회사의 채무를 갚을 수 없는 경우 그 채무에 대해 회사의 소유주 전체가 공동으로 무한책임을 지는 회사이다. 소유주는 업무집행권과 회사대표권을 가지는 것을 원칙으로 하며 이사와 감사는 임의기관이다. 소유주가 2인 이상이라는 점 이외에는 개인회사와 거의 동일하다.

3. 합자회사 limited partnership

합자회사는 무한책임을 가지는 1인 이상의 무한책임사원과 출자액한도 내에서만 유한책임을 지는 유한책임사원의 두 유형의 사원으로 구성되는 이원적 회사이다. 무한책임소유주는 합명회사의 소유주와 같으며 유한책임소유주는 지분출자만을 할 수 있고 지분의 양도도 비교적 자유스럽다. 그러나 유한책임소유주는 사업에 자금을 회사의 제공하긴 하나 운영에 직접적으로 참여하지 않고 단지 업무 감시권만을 가지고 있다.

4. 주식회사 corporation

주식회사는 출자자와는 별개로 독립적인 법적 권한을 가진 법인으로 존재한다. 주식회사의 경우 회사가 사람과 같은 역할을 똑같이 할 수 있다. 주식회사는 회사 명의로 부동산을 소유할 수 있고 정관에 정한 바에 따라 경제활동의 주체가 된다. 출자자는 각자가 가진 주식의 인수가액을 한도로 유한책임만을 지는 주주로서 회사의 부채에 개인적인 책임이 없다. 따라서 보수적인 주주(투자자)들도 주식에 투자하므로 주식회사의 자금조달은 다른 기업 형태에 비해 훨씬 더 쉽다.

주주의 책임이 유한하므로 회사의 기본적 사항의 결정에는 참가하지만 업무집행에는 참가하지 않는다. 주주의 지위는 주식으로 세분화되고 원칙적으로 그 양도가 자유롭기 때문에(즉, 소유권의 이전이 매우 쉽기 때문에) 누구라도 회사에 쉽게 참가할 수 있다. 이와 같이 주식회사는 원칙적으로 주주의 개성이 문제되지 않고 많은 주주의 결집이 가능하므로 대규모의 기업경영에 적합하다. 주식회사는 세 가지 요소인 주주 · 이사회 · 경영진을 포함한 고유 조직을 가진다.

2.12 기업창업

창업創業이란 좁은 의미로 새로운 기업조직을 설립하여 경영활동을 수행하는 것을 의미한다. 즉 재화를 생산하거나 서비스를 제공함으로써 부가가치를 창출하려는 경영활동을 목적으로 기업을 설립하는 것이 좁은 의미의 창업이다. 예를 들면, 제조업의 경우 기존제품이나 새롭게 개발된 신제품을 생산, 판매할 목적으로 독립적 기업실체를 설립하여 경영활동을 수행하는 것을 의미한다. 물론 창업하고자 하는 업종이 서비스업인 경우는 무형의 재화 즉, 서비스를 제공함으로써 부가가치를 창출하려는 목적으로 기업실체를 설립하는 경우를 의미하게 된다.

그러나 이와 달리 새로운 제품을 생산하거나 서비스를 제공할 목적으로 굳이 기업을 설립하지 않고 사업부 또는 사내 팀조직 등으로 새로운 경영활동을 수행할 수 있게 되는데, 이렇듯 기존 경영활동과는 다른 새로운 경영활동을 수행하기 위해 다각화하거나 변신하는 것은 모두 넓은 의미의 창업개념에 포함된다고 할 수 있다. 창업활동은 기업의 경영활동으로 인식되는 기존활동과는 다른 창업활동만이 지니는 다음과 같은 독특한 특성을 가진다.

1. 의사결정의 불확실성

창업의사결정에 따른 결과는 어느 한 가지 요소에 의해서만 영향을 받는 것이 아니라 수없이 많은 요인들에 의해 영향을 받기 때문에 창업의사결정은 기본적으로 위험이 따르는 불확실성 아래에서 이루어진다. 즉, 창업자가 재빠르게 변화를 파악하는 능력과 혁신의지를 지니고 있다고 해서 창업이 성공할 수 있는 것은 아니며, 창업아이디어가 탁월하다고 해서 창업이 성공으로 이어지는 것도 아니다. 또한, 창업자원이 남들보다 훌륭하다고 해서 창업을 통해 남들보다 훨씬 큰 성공을 거두는 것도 아님은 물론이다. 창업은 이제까지 어느 누구도 가지 않은 길을 걷는 것과 같아서, 가까운 미래라 할지라도 예측이 거의 불가능한 것이다. 언제, 어디서 무슨 일이 일어날지 아무도 모르기 때문에 불확실할 수밖에 없는 것이다.

2. 전략적 자원투입의 필요성

창업에는 다양한 종류의 자원이 필요하다. 우선 창업을 하려면, 창업자금이 있어야 하고, 함께 일할 사람들도 필요하다. 창업의 속성상 창업의 결과로서의 보상은 단기간에 획득할 수 없고, 그 보상의 크기 또한 불명확하기 때문에 창업에는 막대한 인적, 물적, 재무적 자원을 투입함에도 불구하고, 엄청난 위험이 따르는 것이다. 따라서 창업 이전에 보다 정확하게 예측할 수 있는 기법을 전문가들로부터 자문을 구해 보다 치밀하게 계획을 세우거나, 타당성 분석 및 경제성 분석을 반드시 해야 한다.

3. 모험적 속성

창업은 본래 모험적 속성을 지니고 있다. 창업자본을 모험자본이라 부르는 것도 이와 같은 이유에서라 할 수 있다. 이는 불확실성과 위험 하에서의 의사결정과 이에 따른 일련의 과정을 거쳐 창업이 이루어지기 때문에 본질적으로 이러한 속성을 가질 수밖에 없기 때문이기도 하다. 따라서 창업자는 창조성과 진취성을 갖추어야 하는데, 그 이유는 의사결정과 이에 따른 과감한 사업추진이 창업의 성패를 결정하기 때문이다.

2.13 기업조직의 구조

기업을 건물에 비유한다면 조직이란 그 건물의 철근 골조와 같은 것이다. 철근 골조가 없거나 부실한 건물은 무너지거나 고층빌딩을 지을 수 없는 것과 마찬가지로 조직이 없거나 허약한 기업은 성장이 한계에 부딪치게 된다. 반대로 조직을 제대로 갖춘 기업은 조직이 활동하는 범위 내에서 성장을 추구할 수 있게 된다. 많은 기업들은 그들 나름의 독특한 기업목적을 달성하기 위해 상이한 조직구조를 갖추고 있다. 일반적으로 기업조직의 구조는 다음과 같다.

1. 라인조직 line organization

라인조직은 최고경영진으로부터 하위 방향으로 진행되는 직접적이고 명백한 권한 계통과 의사소통 경로를 갖도록 설계된다. 경영관리자들은 행정적 업무를 포함한 모든 활동에 대한 직접적인 통제력을 가진다. 이런 유형의 조직은 회사 내의 모든 직위가 조직의 최상층부로부터 제품과 서비스의 생산되는 현장인 최하층 부까지 확장되는 가상의 선틀 통해 직접 연결돼 있음을 보여준다. 단순한 설계, 명확한 지휘계통, 폭넓은 통제력을 갖춘 이 조직은 소기업이나 기업가정신에 의해 운영되는 회사에 적합하다.

2. 스태프조직 staff organization

스태프조직은 조직이 성장하고 복잡해짐에 따라 조직구조에 스태프직위를 덧붙임으로써 라인조직을 강화할 수 있다. 스태프직위는 라인 경영관리자에게 전문적인 자문을 해주거나 지원서비스를 제공한다. 일상적인 경영활동에서 라인직위에 있는 개인들은 제품과 서비스를 창출하는 공정에 직접적으로 관련된다. 스태프직위에 속한 개인들은 라인 직원이 회사의 목표를 달성하기 위해 필요로 하는 행정서비스와 지원서비스를 제공한다. 조직 내 라인직위는 보통 생산 · 마케팅 · 재무 같은 분야에 속하나 스태프직위는 법률자문 · 경영컨설팅 · 홍보 · 인적자원관리 같은 영역에서 발견된다.

3. 위원회조직 committee organization

위원회조직에서 권한과 책임은 개인이 아닌 집단이 보유한다. 위원회는 보통 거대한 스태프조직의 일부분이다. 위원회의 역할이 자문을 해주는 역할에 국한되는 것이 일반적이지만, 일부 상황에서는 위원회는 의사결정을 내리고 그것을 실행할 힘을 갖는다. 위원회는 조직 내에서 과업들을 조율하는 일을 훨씬 수월하게 해 낼 수 있다. 위원회는 어떤 문제를 다양한 관점으로 볼 수 있게 해주며, 가능한 해결책의 범위를 확장할 수 있게 해준다. 그러나 몇 가지 단점도 있다. 위원회는 결론에 도달하는 속도가 느릴 수 있으며, 때로는 한 사람의 개인이 위원회를 장악할 수 도 있다. 집단이 내린 의사결정에 대한 책임소재가 불분명하기도 하다. 때때로 위원회의 회의는 성과 없이 장시간을 허비할 수도 있다.

4. 매트릭스조직 matrix organization

매트릭스조직은 조직 내에서 전통적인 라인-스태프조직과 결합하여 자주 활용된다. 이 조직은 기능별 부문화와 제품별 부분화의 두 가지 상이한 부분화 유형을 서로의 강점과 약점을 보완하게끔 결합시킨다. 매트릭스 구조는 특수 프로젝트를 작업할 수 있도록 생산 · 재무 · 마케팅 등과 같은 조직 내의 상이한 기능적 영역에서 인력을 영입한다. 직원 각각에게는 직원이 속한 기능적 영역의 라인 관리자와 프로젝트 관리자 등 2명의 직접관리자가 있다.

2.14 **욕구계층이론**과 기업경영

미국의 심리학자인 매슬로우Abraham Maslow는 사람들이 갖고 있는 욕구들을 체계적으로 분류하여 동기유발과의 관계를 밝힌 **욕구계층이론**need hierarchy theory을 주장하였다. 그에 의하면 욕구는 다음과 같은 5가지 단계의 계층적 구조를 이루고 있다.

(1) 생리적 욕구 physiological needs : 가장 낮은 단계의 욕구로서 먹을 것이나 마실 것 그리고 숨 쉴 수 있는 맑은 공기 등을 원하는 것이다.

(2) 안전과 안정에 관한 욕구 safety and security needs : 두 번째 단계의 욕구로서 물리적 위협이나 경제적 어려움으로부터 벗어나고 싶어 하는 것이다.

(3) 소속에 대한 욕구 belonging needs : 세 번째 단계의 욕구로서 사람들과의 관계를 통해 충족될 수 있는 것으로 다른 사람들과 친하게 지내고 서로 사랑을 주고받길 원하는 것이다. 어떤 집단에 소속하고 싶어 하고 동료들로부터 따돌림 받지 않고 받아들여지길 원하는 것도 소속에 대한 욕구이다.

(4) 존경에 대한 욕구 esteem needs : 다음 단계의 욕구로서 자신에 대해 다른 사람들이 긍정적으로 평가할 수 있기를 바라며 또 다른 사람들로부터 언제나 존경받기를 원하는 것이다.

(5) 자기실현에 대한 욕구 self-actualization needs : 욕구계층에서 가장 높은 위치에 있는 것으로 자신이 갖고 있는 잠재능력을 모두 발휘하여 지속적으로 성장하길 원하는 것이다.

매슬로우의 이론에 따르면 이 다섯 가지 유형의 욕구들이 그 중요도에 따라 가장 낮은 단계에서 제일 높은 단계에 이르는 계층을 형성하고 있다. 사람들은 우선 충족되지 않은 욕구 중 가장 낮은 단계의 것을 충족시키기 위해 행동하며 그 단계의 욕구가 충족되고 나면 바로 윗 단계의 욕구충족을 위해 행동한다.

이러한 욕구계층이론을 경영에 어떻게 적용시킬 수 있을까? 조직구성원들의 동기를 유발하기 위해서 경영자들은 우선 그들이 어떤 단계의 욕구를 갖고 있는지 알아야 한다. 조직구성원들의 욕구가 파악되고 나면 각 욕구를 충족시켜 줄 수 있는 방법을 선택하여 시행함으로써 그들로부터 조직목표 달성을 위한 지속적인 노력을 이끌어낼 수 있다.

(1) 생리적 욕구를 충족시켜 주기 위해서는 생계유지에 충분한 임금이 주어져야 한다. 그리고 작업장에 적절한 기온 · 통풍 · 조명 등이 갖추어져 있어야 한다.

(2) 안전에 대한 욕구는 안전한 작업환경과 안정적인 고용에 의해 충족될 수 있다. 그리고 의료보험이나 퇴직연금과 같은 제도나 고충처리제도 등이 마련되면 조직구성원들의 안전에 대한 욕구가 충족될 수 있다.

(3) 소속에 대한 욕구는 동료들과 원만한 관계를 형성할 수 있는 기회를 만들어 줌으로써 충족될 수 있다. 이를 위해 구성원들 간에 또는 부서 간에 원만한 의사소통과 협력이 유도될 수 있는 조직 짜임새가 요구된다. 그리고 구성원들이 속한 작업집단이나 부서에서 동료들과 쉽게 어울릴 수 있는 분위기를 만들어 주어야 한다.

(4) 존중에 대한 욕구를 만족시켜 주기 위해서는 구성원들이 일을 통해 성취감이나 의미를 느낄 수 있도록 해 주어야 한다. 내용이 충실한 업무를 맡기거나 일을 승진이나 적절한 포상이 이루어지도록 함으로써 구성원 스스로가 자긍심을 갖도록 해 주어야 한다.

(5) 자기실현 욕구는 잠재력을 개발하여 활용하려는 구성원 스스로의 끊임없는 노력에 의해 충족된다. 새로운 지식이나 기술을 배울 수 있는 기회를 제공하거나 업무와 관련된 의사결정에 구성원들을 참여시키는 것이 그 예가 될 수 있다.

2.15 마케팅이란 무엇인가?

미국의 저명한 경영학자 드러커Peter Drucker교수는 오늘날과 같은 경쟁시대에 기업이 생존하기 위해서는 마케팅과 혁신이 가장 중요하다고 강조하였다. 최근 들어 많은 기업들은 소비자만족 · 소비자 가치창조 · 소비자 제일주의 등을 기업의 경영목표로 내세우고 있다. 그래서 예전과 비교해볼 때 소비자의 입장에서는 기업에 따라 실행에 차이는 있을지라도 '소비자는 왕' 이라는 말을 실감하게 된다.

기업에서 표방하는 이러한 구호에서 보듯이, 오늘날 기업경영의 기본개념은 종래의 기업중심의 밀어내기식 사고에서 소비자를 우선적으로 배려하는 소비자중심의 사고로 변하고 있다. 따라서 소비자를 중심으로, 소비자와 밀접하게 지내면서, 소비자 입장에서 소비자의 가치를 창출하여야만 기업이 생존하고 발전하게 된다는 마케팅중심 사상으로 기업의 체질을 변화시키려는 시도하려는 노력이 활발히 진행되고 있다.

이러한 마케팅중심의 사고는 기업과 같은 영리기관 뿐만 아니라 대학 · 병원 · 공공기관 · 지방자치단체 등과 같은 비영리기관에서도 도입하여 적용하고 있다. 이처럼 오늘날 기업을 비롯한 모든 조직에서 그들이 수행하고 사업의 성격이나 유형 또는 사업규모에 관계없이 소비자를 중심으로 하는 마케팅기업 내지 마케팅조직으로 급속히 전환하고 있는 것이다.

그렇다면 마케팅marketing이란 무엇이며, 왜 모든 영역에서 그토록 중요하게 인식되고 있는가? 많은 소비자들은 마케팅이란 단순히 제품을 판매selling하거나 광고advertising하는 활동으로 생각하고 있다. 이런 생각이 무리는 아니다. 왜냐하면 소비자들은 매일 TV광고 · 신문광고 · 우편광고물 · 세일즈맨을 접하게 된다. 또 매일 소비자들에게 무언가를 팔려고 애쓰고 있는 이들을 보면서 생활한다.

이런 이유로 판매와 광고는 단지 마케팅의 일부분에 지나지 않는다는 사실에 놀라게 될 것이다. 판매와 광고가 중요하긴 하지만 마케팅의 여러 기능 가운데 두 가지이며, 가장 중요한 기능이 아닐 수도 있다. 오늘날 마케팅은 무엇을 판다는 낡은 관점이 아니라 고객의 필요를 충족시킨다satisfying customer needs는 새로운 관점에서 이해해야 한다. 마케팅 담당자가 고객의 필요를 잘 알고 있고, 높은 가치를 제공하는 제품을 개발하고, 효과적으로 제품의 가격을 결정하고, 유통하고, 촉진한다면 이런 제품은 쉽게 팔 수 있을 것이다.

소비자는 잘 팔리는 제품에 대해 잘 알고 있다. 박카스 · 새우깡 · 초코파이 등은 오랜 세월동안 지속적으로 소비자들이 찾고 있는 히트상품이다. 이들 상품을 생산하는 기업들은 모방제품me-too products이 아니라 소비자들에게 새로운 편익benefits을 주는 딱 들어맞는 제품right products을 개발했던 것이다. 선도적인 미국 경영학자인 드러커Peter Drucker는 이를 두고 "마케팅의 목표는 판매가 필요 없도록 하는데 있다. 마케팅의 목표는 소비자를 잘 알고 이해하여 제품이나 서비스를 맞추어주고 그래서 절로 팔리도록 하는 것이다"라고 표현하였다. 그래서 판매와 광고는 마케팅이라는 큰 틀의 일부에 지나지 않는 것이다.

결론적으로, 마케팅이란 개인이나 집단이 제품과 가치를 창출creating하고 타인과 교환exchanging함으로써 그들이 필요(필요, need)로 하는 것과 원하는 것(욕망, want)을 확보하는 사회적 또는 관리적 과정social and managerial process이라 할 수 있다.

2.16 마케팅의 기본개념

마케팅을 받쳐주는 기본 개념은 인간의 **필요**need이다. 인간은 여러 가지 필요를 갖고 있다. 이 필요에는 음식 · 옷 · 따뜻함 · 안전 등의 물질적 필요, 소속감 · 애정과 같은 사회적 필요, 지식 · 자기표현과 같은 개인적 필요 등이 있다. 이러한 필요는 마케터들에 의해 만들어지는 것이 아니라 인간 본성의 한 부분인 것이다.

욕망want은 문화와 개인별 특성에 따라 형성된 인간의 필요에 의해 구축되는 형태이다. 한국 사람들은 배가 고프면 밥이나 국을 먼저 원하지만 미국인의 경우에는 햄버거와 콜라를 원할 수 있을 것이다. 욕망이란 필요를 만족시켜주는 대상물로 표현된다. 사회가 발전함에 따라 사회 구성원의 욕망도 확장된다.

소비자들은 필요를 충족시켜줄 수 있는 다양한 제품과 서비스를 접하면서 살고 있다. 소비자들은 다양한 제품과 서비스가 전달하는 가치의 지각을 기준으로 구매선택을 한다. 소비자의 가치value는 소비자가 어떤 제품을 소유하고 사용함으로써 얻는 가치와 제품을 획득하는 비용과의 차이이다.

소비자들은 종종 제품의 가치와 비용을 정확하게 혹은 객관적으로 판단하지 못한다. 그들은 인지된 가치perceived value로 판단하는 것이다. 예를 들어 페더럴 익스프레스의 신속한 서비스가 더 비싼 배달료를 지불할 가치가 있는가에 대한 소비자의 판단은 신속한 서비스라는 인지된 가치에 의해서 결정되는 것이다.

소비자만족consumer satisfaction이란 어떤 제품이 가치를 전달하는데 있어서 인지된 성과가 구매자의 기대에 얼마나 부합하느냐의 정도에 좌우된다. 만일 제품의 성과가 소비자의 기대수준에 미치지 못하면 구매자는 불만족하게 된다dissatisfied. 만일 성과가 기대에 일치하면 구매자는 만족한다satisfied. 만일 성과가 기대치를 넘게 되면 구매자는 감동하게 된다delighted. 만족한 소비자는 재구매를 할 것이고 제품에 대한 좋은 경험을 다른 소비자들에게 말할 것이다.

마케팅은 사람들이 교환을 통하여 필요와 욕망을 충족하려는 결정하는 시점에 발생한다. 교환exchange이란 대가로 뭔가를 제공함으로써 누군가로부터 원하는 대상물을 획득하는 행위이다. 교환은 원하는 대상물을 획득하는 여러 가지 방법 가운데 하나이다. 예를 들어 배고픈 이는 사냥 · 낚시 · 열매채취를 통하여 음식물을 발견할 수 있고 구걸하거나 다른 사람 것을 빼앗을 수도 있다. 혹은 현금이나 상품 · 서비스를 음식물의 대가로 줄 수도 있다. 필요를 만족시키는 수단으로써 교환은 매우 유용하다. 이러한 교환은 마케팅의 핵심개념이다.

교환이 이루어지기 위해서는 몇 가지 요건이 충족되어야 한다.

첫째, 적어도 두 당사자가 가담하여야 하고 한쪽은 상대방에게 가치 있는 것을 갖고 있어야 한다.

둘째, 각 당사자는 상대방과 주고받기를 원해야 하며 각 당사자는 상대방이 제공하는 것을 수용 혹은 거부할 수 있어야 한다.

셋째, 각 당사자는 의사소통과 전달을 할 수 있어야 한다. 이러한 요건들이 교환을 가능하게 한다. 교환이 실제로 이루어지는가의 여부는 참여 당사자들이 서로 동의하는가에 달려있다. 만약 두 당사자가 동의한다면 교환 행위가 양방을 더 향상시키거나 혹은 적어도 더 악화시키지는 않을 것이라는 결론을 내린다.

결국 각 당사자는 교환을 수용 혹은 거부할 것인가에 대해 자의로 결정할 수 있다. 이런 면에서 생산이 가치를 창출하듯이 교환은 가치를 창출하고 교환은 사람들에게 더욱 소비의 가능성을 가지도록 만든다.

2.17 마케팅전략과 마케팅믹스

고객의 가치를 창출하고 유지함으로써 경쟁우위를 확보하고 기업의 목적을 달성하려는 기업 활동이 곧 마케팅활동이다. 이러한 마케팅활동이 제대로 수행되기 위해서는 마케팅계획수립과 마케팅실행, 실행과정이나 결과의 통제 또는 감사활동이 적절히 이뤄져야 한다.

마케팅계획은 마케팅관리활동의 출발점이 되며 목표의 설정과 목표달성을 위한 전략과 프로그램을 편성하는 일련의 활동으로 구성된다. 마케팅계획에서는 우선 상황분석을 토대로 기업의 상대적인 강점과 약점, 환경여건 등을 분석하고, 다음으로 마케팅 목표설정과 함께 표적시장을 선정하며 선정된 표적시장의 소비자들의 욕구에 적합하게 부응할 수 있는 마케팅 수단을 수립하게 된다.

마케팅전략이란 표적시장을 설정하고 각 표적시장에 가장 적합한 마케팅수단(마케팅믹스)을 개발하는 일이 포함된다. 표적시장target market이란 기업이 상품이나 서비스를 제공하게 될 특정 세분시장segmented market을 말한다. 개별 기업의 능력상의 한계나 경쟁여건 그리고 소비자 욕구의 다양성 등의 이유 때문에 마케팅활동을 모든 소비자를 대상으로 일률적으로 전개할 수는 없다. 따라서 개별기업으로서는 전체시장을 유사한 욕구를 지닌 몇 개의 이질적인 집단으로 나누게 되는데 이를 시장세분화market segmentation라고 하며 비교적 수요의 성격이 동질적인 세분시장 중 하나 또는 다수의 세분시장을 선정하여 이를 표적시장으로 삼게 되는 것이다.

마케팅전략 수립과정을 통해서 표적시장이 설정되고 어떤 이미지를 심어주는 기업이 되겠다는 방향이 확정되고 나면 그 다음의 문제는 이들 표적시장의 고객을 만족시켜 주기 위한 구체적인 마케팅활동 프로그램을 준비해야하는데 이를 마케팅믹스전략이라고 한다. 마케팅믹스전략은 소위 4P's라고 불리어지는 제품전략product strategy · 가격전략pricing strategy · 촉진전략promotion strategy · 유통경로전략place strategy 등으로 구성된다. 마케팅믹스marketing mix란 경영자가 목표로 선정한 시장에서 원하는 반응을 이끌어 내기 위해 활용하는 마케팅수단이라고 할 수 있다. 물론 산업에 따라 혹은 전략에 따라 역점을 두는 수단이 다를 수 있다.

(1) **제품전략** : 제품전략이란 성능과 기능을 갖춘 물리적 형태의 제품이나 서비스의 개발뿐만 아니라 소비자만족을 높이기 위한 제품이나 서비스의 포장이나 상표부착 등은 물론이고 색상 · 스타일 · 편의성 등과 같은 속성에 관한 의사결정도 포함된다.

(2) **가격전략** : 가격전략이란 마케팅전략을 지원하기 위한 가격수준을 설정하는 기능이다. 가격이란 곧 상품 또는 서비스의 교환가치가 화폐단위로 표시된 결과이다. 그러나 가격이란 구매자가 지불한 실제적인 화폐가치 이외에 구매시간, 구매상의 불편 등 화폐단위로 계산할 수 없는 무형적인 가치까지 포함된 개념으로 보아야 한다.

(3) **유통경로전략** : 마케팅관리자는 또한 표적시장에서 상품이나 서비스가 편리하게 구매될 수 있도록 계획해야 하는데 이를 유통경로전략이라고 한다. 유통경로전략에는 수송 · 보관 · 재고통제 등의 기능들이 포함되며 대부분의 경우 재판매업자 또는 마케팅 중간상으로 불리어지는 유통기관에 의해 이루어지므로 경로관리의 주된 기능은 유통시스템의 관리가 되는 것이다.

(4) **촉진전략 또는 커뮤니케이션전략** : 촉진전략 또는 커뮤니케이션전략이란 기업과 그 기업이 생산 · 판매하는 제품 또는 서비스를 표적 소비자들에게 제대로 알리는 기능이다. 촉진전략의 구성요소로는 광고 · 인적판매 · 판매촉진 · 홍보들의 활동이 있으며 일반적으로 이들 요소들이 결합되어 촉진활동이 수행된다.

2.18 소비자만족이 왜 중요하나?

소비자가 구매한 제품에 대하여 좋은 품질에 적당한 가격이라고 느낀다면 소비자는 그 기업에 만족하고 관계를 계속 유지하려할 것이다. 그렇지만 소비자가 품질과 가격 간에 불균형이 존재한다고 느끼게 되면 소비자는 불만족하게 되고 그 기업과의 관계를 단절할 기회를 찾기 시작할 것이다. 소비자들이 구매 후 얼마나 만족하는가 여부는 그들이 구매 전에 형성하였던 기대와 구매 후의 제품과 서비스 성능에 따라 좌우된다.

일반적으로 **소비자만족**consumer satisfaction은 세 가지로 나눌 수 있다. 우선 제품과 서비스가 실제 수행된 성능이 기대에 못 미치는 경우인데 이때 소비자는 불만족을 느끼게 되며, 반대로 실제 수행된 성능이 기대수준에 도달하게 되면 만족한 상태에 이르게 된다. 그리고 실제 수행된 성능이 기대수준을 상회하게 되면 소비자는 매우 만족하거나 혹은 감동까지 하게 된다.

기업의 입장에서는 소비자를 만족시키면 몇 가지 중요한 이득이 발생한다.

첫째, 더 적은 비용으로 소비자를 확보할 수 있다. 신규 소비자를 유인하는 일이 기존 소비자를 유인하는 일에 비해 더 많은 비용이 발생하기 때문이다. 새로운 소비자를 끌어 들이는데 소요되는 비용은 현재 소비자를 지키는 비용보다 약 5배의 비용이 더 많이 든다. 따라서 불만족으로 이탈하는 소비자로 인해 계속해서 소비자를 바꾸어야 하는 기업은 이미 확보되어 있는 충성도 높은 소비자와 지속적인 관계를 유지하는 기업보다 마케팅비용이 더 많다. 장기적으로 관계를 유지해온 소비자는 새로운 소비자에 비해 더 자주 구매하며 서비스를 덜 요구하며 가격에 덜 민감하게 반응하는 경향이 있다.

둘째, 만족한 소비자는 기업에게 새로운 소비자를 끌어들인다. 반면에 불만족한 소비자는 기업의 이미지나 판매에 치명적인 영향을 미친다. 불만족한 소비자 중 95%는 기업 측에게 직접적으로 불평을 표현하지는 않지만 부정적인 경험을 11명의 친구나 주변 사람에게 말한다. 소비자만족은 궁극적으로 시장점유율을 증가시키고 수익을 높이며 시장에서 성공을 보장한다.

맥도널드 햄버거의 경우 주요 마케팅목표를 현재 소비자의 점포방문 횟수를 증가시키는데 두고 있다. 맥도널드의 자료에 의하면 1주일에 3회 내지 5회 자사 점포에서 구매하는 충성 소비자가 전체 매출액의 77%를 차지하는 것으로 밝혀졌다. 만족하는 소비자가 충성스런 구매습관을 형성함으로써 맥도널드는 수익성을 향상시킬 수 있을 뿐 아니라 시장점유율 1위를 유지할 수 있는 것이다.

오늘날 성공한 기업들은 소비자 기대수준을 증대시킴과 아울러 이에 부응하는 성능의 제품과 서비스를 제공하는 **총체적 고객만족**total customer satisfaction을 지향하고 있다. 높은 수준의 소비자만족을 추구하는 이들 기업은 그럭저럭 만족하는 수준의 소비자는 보다 나은 제품이 시장에 출현하는 경우 당장 새로운 브랜드로 바꾸지만, 매우 만족하거나 제품에 대하여 감동까지 하게 되는 소비자는 좀처럼 브랜드를 변경하지 않는다는 점을 알고 있다. 소비자중심적인 기업에 있어 소비자만족은 목표인 동시에 마케팅의 도구라 할 수 있다. 최상의 소비자만족을 성취한 기업은 이 사실을 표적시장의 소비자를 대상으로 주지시키는 것만으로도 훌륭한 마케팅 도구로 활용할 수 있게 된다.

2.19 마케팅조사

마케팅조사marketing research는 마케팅 문제와 기회를 확인하고 해결해야하는 마케팅 관리자를 돕기 위해 정보를 체계적 · 객관적인 방법으로 확인 · 수집 · 분석 · 배포하는 과정이다.

첫째, 마케팅조사는 체계적이다. 마케팅 조사과정의 각 단계의 절차는 방법론적으로 건전하고 잘 정리되어 있어야 하며 가능하면 사전에 많은 것이 계획되어야 한다. 마케팅조사는 개념 혹은 가설을 검증하기 전에 자료를 수집하고 분석해야 한다는 점에서 과학적 방법을 사용한다.

둘째, 마케팅조사는 객관적이다. 사실을 반영하는 정확한 정보를 제공하려 하기 때문에 아무런 편견 없이 공평하게 진행되어야 한다. 조사는 조사자의 조사철학에 의하여 영향을 받을 수는 있겠지만 조사자와 관리자의 개인적 혹은 정치적 편견 없이 실시되어야 한다.

셋째, 마케팅조사는 정보의 확인 · 수집 · 분석 · 배포하는 과정을 포함한다. 이 과정의 각 단계는 중요하다. 마케팅 조사문제나 기회를 파악하게 되면 다음으로는 이를 조사하는데 필요한 정보가 무엇인지를 결정한다. 그 다음으로 관련성이 있는 정보 원천을 확인하고 이들 자료를 수집하기 위한 일련의 자료수집 방법을 유용성 측면에서 평가한다. 적합한 방법에 의하여 수집된 자료는 분석 · 해석과정을 거친 후 추론을 하게 된다. 이러한 조사를 통하여 발견된 사실과 지적 사항을 관리적 의사결정을 위하여 직접 활용할 수 있도록 정리하여 제출한다. 여기서 명심해야 할 것은 마케팅조사는 마케팅관리자의 의사결정을 돕기 위한 수단이지 그 자체가 목적이 아니라는 점이다.

오늘날 마케팅은 고객욕구를 확인하고 충족시키는데 초점을 두고 있다. 이들 욕구를 충족시키기 위한 마케팅전략을 수립하기 위해서 마케팅관리자는 고객 · 경쟁업체 · 시장의 다양한 요소에 관한 정보를 필요로 한다. 오늘날 기업들은 다양한 이유 때문에 보다 구체적인 마케팅정보를 필요하고 있다.

우선, 기업의 경영활동이 글로벌화됨에 따라 시장의 규모가 확대되면서 원거리에 위치한 시장에 대한 정보수요가 증가하고 있다. 그리고 소비자들의 삶이 보다 풍요해지고 세련되어짐에 따라 제품 및 다양한 마케팅활동 등에 대한 고객반응에 대하여 보다 정확한 정보를 필요로 하고 있다. 또한, 경쟁이 보다 치열해짐에 따라 기업은 마케팅활동의 유효성을 정확하게 평가할 수 있는 정보를 필요로 한다. 오늘날의 시장환경은 과거와 달리 급변하고 있기 때문에 마케팅관리자에게는 그 어느 때보다 적시의 적합한 정보가 필요하게 되었다.

마케팅관리자는 잠재기회 파악, 표적시장의 선택, 시장세분화, 마케팅 프로그램의 계획과 실행, 마케팅실적 평가, 통제 등과 관련하여 다양한 의사결정을 하게 된다. 이러한 의사결정은 제품 · 가격 · 촉진 · 유통과 같은 통제 가능한 마케팅 변수 사이의 상호작용으로 말미암아 복잡해지게 되는데, 이 복잡성은 경제적 상황, 기술발달, 정치와 법률, 사회문화적 환경의 변화, 시장경쟁 등과 같은 통제 불가능한 환경 요소에 의하여 심화된다.

이러한 복합적 요인 가운데 또 다른 요소는 소비자 니즈의 복잡성이다. 마케팅조사는 마케팅관리자를 통제 가능한 마케팅 변수, 통제 불가능한 환경요소, 그리고 고객집단으로 연결시켜주는 역할을 한다. 마케팅조사는 통제가능, 통제 불가능 요소뿐만 아니라 소비자에 대한 정보를 제공하여 주며 이러한 정보는 마케팅 관리자가 내리는 의사결정의 유효성을 증대시킨다.

2.20 기업재무와 재무관리

기업재무corporate finance란 기업을 경영할 때 필요한 자본을 어떻게 조달하며 조달된 자본을 어떻게 투자하는가의 대한 문제를 다룬다. 이러한 기업재무를 행하는 주체를 재무관리자라고 한다.

재무관리financial management의 가장 중요한 목적은 상장기업의 경우 기존 발행주식의 주당 현재주가를 극대화하는 것이다. 비상장기업의 경우에는 기존 소유주의 자기자본의 시장가치를 극대화하는 것이다. 이렇게 되면 주주의 부가 극대화되고 따라서 기업의 가치도 극대화된다.

일반적으로 재무관리의 목적은 일곱 가지이다. 즉, ① 생존, ② 재무적 곤경과 파산방지, ③ 경쟁에서 승리, ④ 매출 또는 시장 점유율 극대화, ⑤ 비용최소화, ⑥ 이윤극대화, ⑦ 이익의 지속적 성장 등이다. 이들 중 매출 · 시장점유율 · 비용 · 이윤 등은 수익성profitability관련 지표이며, 생존이나 파산방지 · 경쟁에서의 승리 · 이익의 지속적 성장 등은 안정성stability 관련 위험관리 지표로서 크게 두 가지로 구분된다.

이 두 가지 목적은 서로 상반된 것처럼 보인다. 즉, 수익성을 높이려면 그 만큼 더 큰 위험을 감수해야만 하기 때문에 안정성이 침해받게 된다. 반대로 안정성을 강조하다 보면 그 만큼 수익성을 희생할 수밖에 없다. 따라서 기업의 목적은 이 두 가지 목적이 통합된 것이어야 한다. 그것이 바로 기업가치(또는 주가)의 극대화 개념이다.

재무관리는 모든 기업의 성공에 있어서 매우 중요하다. 기업이 목표를 달성할 수 있도록 기업의 자금을 관리하는 예술이자 과학이라 할 수 있는 재무관리는 재무부서만의 책임이 아니다. 모든 기업의 의사결정은 재무적 결과를 가져온다. 모든 부서의 관리자들은 재무인력과 가깝게 일해야만 하는 것이다.

재무관리는 회계와 밀접한 연관이 있다. 대부분의 기업에 있어서 두 분야는 모두 CFO(chief financial officers, 재무담당임원)나 재무담당 부사장의 책임영역에 속한다. 그러나 회계사의 주된 기능은 재무자료를 수집하고 제공하는 것인데 반해 재무관리자는 회계사에 의해 만들어진 재무제표와 자료를 사용해서 재무의사결정을 내리는 것이라 할 수 있다. 재무관리자는 현금의 유입과 유출이라 할 수 있는 현금흐름cash flow에 관심의 초점이 있다. 그들은 현금이 필요할 때 이용할 수 있도록 하기 위해 기업의 현금흐름에 대한 계획을 수립하고 평가한다.

재무관리자는 현명한 계획수립과 투자 및 자금조달 결정을 어떻게 할 수 있을까? 재무관리자의 목표는 주주의 기업가치를 극대화하는 것이다. 공개된 기업가치는 주가에 의해 측정된다. 비공개기업의 가치는 그 기업이 팔리는 가격이다. 주식회사의 경우 자기자본의 시장가치는 주가로 표현한다. 따라서 주가가 바로 수익성과 안정성(또는 위험)을 융합한 하나의 객관적인 측정치가 되는 것이다. 기업가치를 극대화하기 위해 재무관리자는 기업행동의 단기적인 결과와 장기적인 결과 모두를 고려해야 한다.

일반적으로 재무관리자가 기업에서 담당해야 하는 가장 기본적인 업무는 다음의 세 가지 분야라고 할 수 있다. 즉, ① 장기투자를 계획하고 관리하는 자본예산결정, ② 단기자산과 단기부채를 관리하는 운전자본관리, ③ 적정 부채비율을 결정하는 자본구조결정 등이다. 결국 재무관리자의 역할은 이러한 세 가지 문제를 해결하여 기업가치를 창조하는 것이라고 할 수 있다.

2.21 대차대조표

대차대조표balance sheet란 일정시점에서의 기업의 재무상태를 나타내는 표이다. 기업은 주주가 투자한 돈(자본금 또는 자기자본)과 금융기관 등으로부터 빌린 돈(부채 또는 타인자본)을 공장과 기계설비와 같은 고정자산의 구입에 사용하거나 현금 및 예금 등 유동자산의 형태로 남겨 운전자금으로 사용한다. 따라서 자기자본과 부채를 합한 금액인 총자본과 자산총액인 총자산은 일치한다.

이 때 자기자본과 부채는 대차대조표의 오른쪽인 **대변**貸邊에 기록되어 자금의 조달원천을 나타내고 자산은 대차대조표의 왼쪽인 **차변**借邊에 기록되어 자금의 운용상태를 나타낸다. 대차대조표의 왼쪽은 유동성(커다란 가치손실을 초래하지 않고 현금화되는 속도와 용이성)이 큰 순서대로 작성되며 오른쪽은 상환기간이 짧은 순서대로 작성된다. 따라서 왼쪽은 유동자산과 고정자산, 그리고 오른쪽은 유동부채(단기부채) · 고정부채(장기부채) · 자기자본의 형태를 취한다. 이러한 대차대조표의 세 가지 중요 계정과목들에 대해 자세히 살펴보도록 하자.

1. 자산 assets

자산은 유동자산 · 고정자산 · 무형자산으로 대별된다.

유동자산current assets 은 12개월 이내에 현금화할 수 있는 자산을 말하는데 현금cash · 시장성 유가증권marketable securities · 외상매출금accounts receivable · 받을 어음notes receivable · 재고inventory와 같은 항목들이 포함된다.

고정자산fixed assets은 기업이 1년 이상 사용하는 장기자산을 말하는 것으로서 건물 · 땅 · 기계 · 장비 등과 같이 생산을 위해 사용되는 자산들을 말한다. 땅을 제외한 고정자산들은 시간이 흐름에 따라 마모되고 진부화되기 때문에 매년 가치가 줄어든다. 이러한 자산가치의 하락은 감가상각을 통해 회계처리된다. 감가상각depreciation은 해당 자산이 매출을 일으키는데 사용될 것으로 예상되는 전체 기간(경제년수)에 대해 그 자산의 최초원가를 배분하는 과정으로 이해하면 된다.

무형자산intangible assets은 특허권 · 저작권 · 상표권 · 영업권과 같이 실물이 없는 장기자산을 말한다. 특허권patents과 저작권copyrights은 기업을 직접적인 경쟁으로부터 보호하기 때문에 이들이 만드는 이익은 생산적인 개념이라기보다는 보호적인 개념에 가깝다. 상표권trademarks은 다른 사람들에게 판매하거나 사용허가할 수 있는 등록된 이름을 말한다. 영업권goodwill은 유형자산의 가치보다 더 높은 가격을 지불하고 기업을 인수할 때 발생하는 것이다.

2. 부채 liabilities

부채는 기업이 갚아야 하는 채무금액을 말한다. 단기간에 갚아야 하는 유동부채를 먼저 표기하고 장기부채를 다음에 표기한다. 유동부채current liabilities는 대차대조표의 작성 시점에서 볼 때 1년 이내에 갚아야 하는 부채를 말한다.

3. 소유자자본 owner's equity

소유자자본은 기업에 대한 총투자액수에서 모든 부채를 상환한 이후 남는 소유자가 투자한 금액을 말한다. 개인기업이나 합자회사의 경우에는 소유자가 투자한 금액을 자본금capital으로 기록한다. 주식회사에서는 해당기업의 보통주common stock를 매입함으로써 소유자들이 자본금을 공급한다. 유보이익retained earnings은 창업 이래 해당기업이 이익을 내서 적립하여 놓은 금액인데 그동안의 이익에서 주주들에게 지불한 모든 배당금dividends을 제외한 금액이다.

2.22 손익계산서

손익계산서income statement는 일정기간(예를 들어 2007년 1월 1일-2007년 12월 31일)의 기업의 경영성과를 나타내는 표이다. 손익계산서의 주요 항목들은 다음과 같이 수입 · 비용 · 순이익 또는 순손실이다.

1. 수입 revenues_

수입은 판매대금은 물론 이자 · 배당 및 임대료와 같이 다른 원천으로부터 생긴 수입을 더한 금액이다. 수입은 주로 판매로부터 창출된다. 수입은 해당 기업의 판매 총금액인 총매출액으로부터 시작된다. 총매출액에서 대체로 두 가지 차감이 이루어지고 있다. 하나는 매출할인으로 현금으로 지급하거나 조기 결제하는 고객들에게 주어지는 가격할인이고, 다른 하나는 반품 및 충당금으로 고객이 원치 않거나 제품에 하자나 훼손이 있는 경우 반품된 제품금액이다. 순매출액net sales은 총매출액에서 위의 매출할인과 반품 및 충당금을 차감한 이후의 금액을 말한다.

2. 비용 expenses_

비용은 수입을 창출하는데 들어간 원가로서 매출원가와 영업비용이 있다. 매출원가는 해당기업의 재화나 용역을 사거나 생산하는데 들어가는 총비용이다. 제조업의 경우 매출원가는 원재료 및 부품구입비 · 노무비 그리고 공장경비(전력비 · 유지수선비 등)와 같이 제품생산과 직접적으로 관련되는 모든 비용을 포함한다. 도매업이나 소매업의 경우 매출원가는 재판매를 위해 구입한 상품의 구입원가를 말한다. 모든 판매업의 경우 매출원가는 배송 및 포장과 같이 판매할 상품을 준비하는데 들어가는 모든 비용까지 포함한다. 매출원가는 회계기간 초에 보유한 재고가치로부터 시작하는데, 이에 해당기간동안 제품생산에 들어간 제조원가를 더한 다음, 기말 재고가치를 차감하여 구한다.(매출원가 = 기초재고자산 + 제조원가 - 기말 재고자산)

제품을 재고하거나 구입하는 비용을 지불한 다음 기업이 벌어들이는 수입으로서 아직 영업비용을 차감하지 않은 이익을 총이익gross profit이라한다. 다시 말해 총이익은 순매출액에서 매출원가를 차감한 금액을 말한다. 총이익은 기업에 있어서 매우 중요한 숫자인데, 총이익이 기업의 모든 다른 비용을 충당할 수 있어야 하기 때문이다.

또 다른 중요한 비용항목은 영업비용인데 기업의 운영과 관련하여 발생하는 비용이다. 이에는 판매비와 일반관리비가 포함된다. 판매비는 제품의 마케팅 및 배송과 관련된 비용으로서 판매활동과 직접적으로 연관되는 기타비용 등을 포함한다. 일반관리비는 제조원가나 매출과 직접적으로 연관되지 않는 사업비용으로서 경영층 및 지원부서 인력의 인건비 · 전기료 · 사무용품비 · 이자비용 · 회계 · 자문 · 법률서비스 비용 · 보험료 · 임차료 등이 이에 포함된다.

3. 순이익 또는 순손실

손익계산서의 맨 마지막 숫자는 순이익(net profit 또는 net income) 또는 순손실net loss인데, 이는 수입에서 모든 비용을 차감함으로써 구해진다. 만약 수입이 비용보다 크면 순이익이 발생하지만, 반대로 비용이 수입을 초과하면 순손실이 발생한다. 순이익이나 순손실은 여러 단계를 거쳐 구해진다. 먼저 순매출액에서 매출원가를 차감하여 총이익을 구한 다음, 총영업비용을 차감하여 세전순이익을 구한다. 마지막으로 세전순이익에서 법인세를 차감하면 순이익이 산출된다.

2.23 기업은 **자금을** 어떻게 **조달하나**?

일반적으로 기업은 새로운 주식을 발행하거나(외부자금조달) 유보이익에 의해서(내부자금조달), 혹은 하이테크기업의 경우에는 벤처캐피탈을 통해서(외부자금조달) 기업운영에 필요한 자금을 조달함으로써 자기자본을 확보한다.

1. 보통주의 신주발행__

보통주common stock는 기업에 대한 소유권을 나타내는 증권이다. 일반대중을 상대로 기업공개를 통하여 최초로 기업의 주식을 판매하는 것을 **최초공모**IPO : initial public offer라 하는데, 최초공모는 기존의 주주들에게 큰 투자수익을 가져다준다. 그러나 보통주의 신주발행은 기업을 공개해야하는 단점이 있다. 또한 IPO가 잘 팔리라는 보장이 없을 뿐만 아니라 비용도 많이 든다. 투자은행, 브로커, 변호사, 회계사 및 인쇄업자에게 기업공개 및 공모에 소요되는 수수료도 지불해야 한다. 일단 공개된 다음에는 규제당국, 주주, 증권분석가에 의해 철저하게 관찰된다. 회사는 영업 및 재무 자료, 제품명세서, 재무계획 및 영업전략 등의 정보를 제공해야 한다.

2. 배당 및 유보이익__

배당dividends은 회사의 이익 중 일부가 주주에게 지급되는 것이다. 배당은 현금으로 지급될 수 도 있고 주식으로 지급될 수도 있다. 주식배당은 주식으로 배당을 지급하는 것으로서 현금배당을 대체할 수도 있고 현금배당과 함께 지급될 수도 있다. 기업은 배당을 꼭 지급해야 되는 것은 아니지만 배당을 지급받기를 원하여 투자자들이 그 주식을 매입하는데 만약 해당기업이 배당을 지급하지 않는다면, 투자자들은 당연히 해당주식을 매도하게 될 것이다.

기업의 배당정책은 주가에 많은 영향을 줄 수 있다. 꾸준하고 안정적인 배당지급의 역사는 해당기업의 재무건전성이 양호하다는 것을 나타낸다. 그래서 대부분의 기업들은 배당금을 그들이 지속적으로 지급할 수 있는 수준으로 맞춘다. 이익 중 기업에 재투자되는 부분인 **유보이익**retained earnings은 다른 자기자본원천에 비해서 발행비용이 들지 않는다는 장점을 가지고 있다. 재무관리자는 기업가치를 극대화하기 위해 배당과 유보이익간의 균형을 맞추려고 노력한다.

3. 우선주

보통주와는 달리 **우선주**preferred stock는 주식이 발행될 때 배당금이 미리 정해진다. 우선주에 대한 배당은 보통주에 대한 배당이 지급되기 전에 지급된다. 만약 기업이 파산으로 인하여 자산을 매각하는 경우에도 우선주 주주는 보통주 주주보다 먼저 상황을 받을 권리가 있다. 기업은 부채를 상환하지 않을 때 발생하는 심각한 결과를 겪지 않으면서 배당금 지급을 하지 않을 수 있기 때문에 우선주는 부채보다 융통성이 있다.

4. 벤처캐피탈

벤처캐피탈venture capital은 일반대중에게 주식을 판매하기에는 아직 충분하지 않은 중소기업이나 성장기업에 의해 주로 사용된다. 이러한 유형의 자금은 대규모의 자금을 필요로 하는 하이테크기업들이 많이 사용된다. 벤처캐피탈리스트venture capitalists는 기업의 초기단계에 투자함으로써 매우 낮은 가격에 해당기업의 주식을 취득하고 해당기업이 공개될 때 훨씬 높은 가격에 주식을 매도함으로써 이익을 창출한다.

2.24 단기자금은 어떻게 조달하나?

기업은 그들이 필요로 하는 자금을 어떻게 조달할까? 그들은 돈을 빌리기도 하고(부채) 주식을 팔기도 하고(자기자본) 이익을 유보시키기도 한다. 빌린 자금은 단기부채와 장기부채로 나뉜다. 단기부채는 1년 이내에 갚아야하는 것이고 장기부채는 1년 이상의 만기를 갖는 부채이다. 단기부채는 대차대조표 상에 유동부채로 표시되고 유동자산의 자금원으로 또 영업을 지원하기 위해 사용된다. 단기부채는 무담보로 할 수도 있고 담보부로 할 수 있다.

1. 무담보 단기부채

무담보 여신unsecured loans은 해당 기업의 신용도와 대출자의 해당 기업에 대한 과거경험에 근거하여 이루어진다. 무담보 차입자는 담보로서 특정자산을 저당 잡히지 않아도 된다. 무담보 단기대출의 대표적인 세 가지는 외상거래trade credit · 은행차입bank loans · 기업어음CP이다.

(1) 외상거래 : 굿이어Goodyear가 제너럴모터스General Motors에게 타이어를 팔 때 GM은 물품인수 시 대금을 지불할 필요가 없다. 대신, 굿이어는 정기적으로 GM에게 청구서를 보내고, GM은 나중에 지불하면 된다. 이것은 외상거래trade credit의 예로서 판매자는 구매자에게 일종의 신용을 주는 것과 같은 것이다. 외상거래는 기업들의 주요한 단기자금 조달원이다. 구매자는 장부상에 외상매입금account payable으로 기재한다. 결과적으로 신용은 재화와 서비스 판

매자가 구매자에게 주는 단기대출과 같은 것이다.

(2) 은행차입 : 무담보 은행차입은 기업의 단기적인 자금조달원이다. 기업들은 보통 계절적인 자금수요를 충당하기 위해 은행차입금을 사용한다. 무담보 은행차입에는 신용한도와 회전신용협정이 있다. 신용한도credit line는 보통 1년 동안 기업이 사용할 수 있도록 허용한 은행의 무담보 차입한도를 의미한다. 기업은 같은 은행의 당좌계좌에 대출금의 10%에서 20%정도의 해당하는 금액을 예치하도록 하거나 일정 수수료를 부담하여야 한다. 회전신용협정revolving credit agreement은 이자 이외에 추가적인 수수료를 부과하는 보장된 신용한도라고 할 수 있다. 회전신용협정은 보통 2년에서 5년 정도의 기간을 갖는다.

(3) 기업어음 : 거업어음commercial paper은 재무적으로 건전한 기업이 발행하는 무담보 단기부채이다. 다시 말해, 기업어음은 대기업들의 단기 투자대상인 동시에 단기 자금조달수단이기도 하다. 신용도가 높은 대기업들은 기업어음이 은행이자율보다 1%에서 3% 정도 낮기 때문에 단기 은행차입보다 기업어음을 사용하는 경우가 많다.

2. 담보부 단기차입

담보부 단기차입secured loans은 차입자에게 담보나 보증으로서 특정자산을 저당물로 맡길 것을 요구한다. 만일 차입자가 차입금에 대해 상환하지 않는다면 대출자는 제공된 담보물을 법적으로 취득할 수 있다. 무담보 차입을 받기에는 신용이 부족한 기업들이 담보부 차입을 하게 된다. 보통 담보부 단기차입을 위해 제공되는 담보물은 외상매출금이나 재고자산이다. 원재료나 완제품과 같은 재고자산의 담보물로서의 적합도는 얼마나 빨리 공정한 가격에 팔릴 수 있는 가에 달려있다.

2.25 생산운영관리

제품과 서비스를 창출하는 생산production은 기업의 핵심적 기능이다. 생산은 천연자원 · 원료 · 인적자원 · 자본 등의 투입물input을 제품과 서비스라는 산출물output로 변환시키는 과정을 말하며 이러한 변환과정을 관리하는 일을 운영관리operation management라 한다.

1980년대 미국은 자동차산업 · 철강산업 · 전자제품산업 등 거의 대다수 산업에 걸쳐 해외 경쟁기업에 고객을 빼앗긴 경험이 있다. 미국의 생산시스템이 고객이 요구하는 품질을 생산하지 못했기 때문이었다. 이를 교훈으로 미국 기업은 운영관리 효율화와 품질확보에 전력을 기울이게 되었다.

품질은 고객만족과 직결되고 기업의 목표 중 하나이기도 하다. 과거 대다수 기업의 생산부문은 고객의 요구를 크게 의식하지 않았으나 이제는 상황이 전혀 달라져서 생산부문은 마케팅부문과 공동으로 제품이 고객만족에 미치는 영향을 자세히 따져보기 시작했다. 제조기업 뿐만 아니라 서비스기업도 효율적인 운영에 의한 고객만족도 제고가 경쟁우위를 확보하는데 있어서 직접적인 요소라는 사실을 깨달았다. 이러한 추세에 따라 생산과정을 관리하고 감독하는 운영관리담당자operation manager의 역할이 막중해졌다.

대체로 생산운영관리에는 다음과 같은 세 가지 유형의 의사결정이 필요하다. 이러한 세 가지 의사결정은 일정한 주기로 반복되는데 때로는 동시에 진행되기도 한다.

첫째, **생산계획**과 관련한 의사결정이다. 생산계획이란 운영관리의 핵심요소로서 기업이 당면한 환경에서 전략목표 달성에 필요한 생산방법을 설계하는 것을 말한다. 생산계획을 잘 세우게 되면 저비용으로 고품질을 획득할 수 있고, 완제품의 재고를 거의 보유하지 않고서도 이익을 증대시킬 수 있다.

둘째, **생산통제**를 위한 의사결정이다. 어떤 기업이든 생산운영 활동이 계획대로 진행되는가를 확인하고 오차가 발생하면 이를 수정하는 시스템을 갖추어야 한다. 이렇듯 자재와 설비, 인력을 조율하여 생산일정을 정하고 품질수준과 생산비용을 관리통제하며, 공장 등 생산설비를 가동하는 작업을 생산통제라 한다. 경로계획과 일정계획은 생산통제의 두 가지 핵심요소이다.

셋째, **생산운영방식**의 개선에 관한 의사결정이다. 이는 생산효율성을 높이기 위해 공정을 개선하거나 생산방식을 변경하는 과정을 말한다. 오늘날 어떤 기업이든 글로벌 경쟁에서 생존하기 위해서는 생산원가 절감과 품질향상이라는 두 가지 목표를 동시에 달성하지 않으면 안 된다. 이를 위해 기업이 많이 도입하는 방식이 품질관리 · 린 생산방식 · 공장자동화 등이다.

품질관리란 제품의 품질기준을 정하고, 품질기준에 맞도록 제품을 생산하며, 생산된 제품이 품질기준에 부합하는가를 평가하는 일련의 활동이다.

린 생산방식이란 부품재고를 쌓아두고 생산하는 방식을 지양하고 원자재와 부품이 적시에 공급되는 시스템을 갖춤으로써 재고비용을 줄이고 종업원의 적극적인 참여를 유도하여 생산품질을 높이는 혁신적인 방식으로 just-in-time(JIT) 방식이라고도 부른다.

공장자동화는 컴퓨터기술의 발달로 획기적인 생산운영방식의 개선을 가져오게 된다. 컴퓨터기술을 이용한 자동화의 예로 컴퓨터지원설계시스템CAD · 컴퓨터지원생산시스템CAM · 로보틱스 · 유연생산시스템 · 컴퓨터통합생산시스템 등을 들 수 있다.

2.26 국제경영과 국제경영학

1980년대 후반 이후 우리는 **국제화**internationalization라는 용어를 자주 접하게 되었는데 그 중에서도 '기업의 국제화' 라는 표현이 그 대표적 예이다. 어떤 사람들은 국제화라는 말은 이미 낡은 것이며 **세계화**globalization라는 표현을 사용해야 한다고 주장하기도 한다.

이 같이 기업의 국제화 · 세계화라는 말은 동일 개념으로 사용하기도 하지만, '기업의 국제화' 란 특정국가에 거점을 두고 있는 기업이 대상 시장이나 경영활동범위를 해외로 확대시켜 나가는 과정이고, '세계화' 란 기업의 국제화가 심화되어 그 기업이 특정국가에 속한다는 인식이 없어지고 세계를 하나의 통합된 단일시장으로 파악하여 범세계적 관점에서 기업활동을 수행하는 것을 의미하는 것으로 정의하기도 한다.

한편 **국제경영학**international business은 국경을 넘는 해외사업 활동과 이를 주도하는 기업에 대해 연구하고 교육하는 하나의 학문분야로 정의된다.

여기서 '국제경영학' 과 '다국적기업' 의 관계에 대한 이해가 필요하다. 어떤 국가의 시민이나 기업이 해외에 투자하거나 국경을 넘는 경영활동을 전개한다는 뜻의 국제경영은 결코 오늘날만의 새롭고 독특한 현대적 현상은 아니지만 국제경영이 하나의 현대적 의미를 지닌 독립된 분야로서의 성격을 지니게 된 것은 제2차 대전 이후 다국적기업의 등장에 의해서였다. 이 때문에 국제경영학의 태동에 결정적인 역할을 한 것이 다국적기업이고 또한 국제경영학이 미국에서 일찍부터 발전된 것도 미국계 다국적기업의 눈부신 발전과 경험에 따른 것이었다.

이상과 같은 국제경영학분야는 다음과 같이 3가지 핵심부문으로 구성되어진다.

(1) **국제경영환경** foreign business environment : 해외에서의 사업환경은 국내와 어떻게 상이한가를 분석하고 평가하는 문제이다. 해외 기업 활동은 국내 기업 활동과 달리 여러 가지 다양성diversity · 복잡성complexity · 이질성heterogeneity에 직면한다. 따라서 해외로 진출하려는 기업의 경영자는 투자를 결정하기에 앞서 특정외국의 환경여건이 어떠하며 또 국내환경과는 어떻게 상이한가에 대한 정확한 분석과 평가를 행해야 하며 또한 그렇게 상이한 환경하에서의 위험과 이해관계의 갈등에 어떻게 대처하고 적응할 것인가를 결정하여야 된다.

(2) **국제경영전략** international management strategy : 국내와는 서로 다른 해외 사업환경이 가져다주는 이익과 기회를 활용하여 기업목표를 달성하기 위한 국제경영전략의 문제이다. 이러한 경영전략에는 많은 내용들이 포함될 수 있지만 대체로 ① 해외진출에 있어서 어떤 사업방식entry mode으로 진출할 것인가라는「해외시장진입전략」, ② 기업의 국제화 초기단계를 지나 국제사업을 영위하는 데 있어서 전략적 제휴와 같은「기업 간 협력전략」, ③ 국제화가 더욱 진전되어 다수의 국가를 대상으로 국제경영활동이 동시에 이루어지는 경우 국가 간 자원과 활동을 어떻게 배치하고 어떻게 효과적으로 조정할 것인가라는「글로벌전략」등이 주요한 주제가 될 수 있다.

(3) **국제경영관리** international business management : 기업이 여러 해외사업과 직접투자를 통하여 국제적인 조직망을 갖게 되면 그 조직을 관리하는 직능관리와 계획 · 조직 · 통제가 중요시된다. 직능관리에는 국제인사 및 조직관리 · 국제재무관리 · 국제마케팅관리 등이 포함되며 다시 이들 직능을 통괄하여 어떻게 통제 · 관리할 것인가에 대한 이해도 필요하다.

이러한 국제경영학의 과제들 중, 국제경영 환경분석이나 해외시장진입전략 등의 문제는 이제 막 해외로 진출을 행하는 초기 단계적 기업들이 직면하게 되는 의사결정과 그 집행에 관련되는 문제들이다. 그러나 국제경영관리문제는 해외진출에 의해 세계적인 규모와 조직을 갖춘 발전된 단계의 기업들이 그들의 자사 및 관련회사들을 어떻게 기획·조정·통제하느냐 하는 경영과정과 그러한 기업단계에서의 생산·인사·조직·재무·마케팅·회계 등의 기능적 분야를 어떻게 수행하느냐 하는 문제들을 주된 영역으로 한다.

해외시장진출의 주요 형태 2.27

기업이 해외진출을 기획하고 실행하는데 있어 선택할 수 있는 국제경영의 형태는 ① 수출, ② 국제계약, ③ 해외직접투자 등 3가지 범주로 나누어 볼 수 있고 이들 각각의 진출방식은 다시 여러 가지 구체적 진출형태로 구분할 수 있다.

1. 수출방식_

기업의 해외시장 진출형태 중에서 가장 오래되고 대표적인 형태로서 국내에서 생산된 제품을 해외에 판매하는 형태인데 이는 다시 간접수출과 직접수출로 나눌 수 있다. **간접수출**indirect exporting은 제조업체의 입장에서 다른 수출업자나 수출대리인을 통해 상품수출을 하는 방법으로서 투자비용과 위험이 작다는 장점이 있다. 반면 **직접수출**direct exporting은 제조업체나 무역회사가 해외 바이어에 직접 수출을 하는 경우로서 예컨대 한국의 삼성물산과 같은 종합상사가 해외 고객에게 직접 수출하는 경우나 보잉Boeing사나 소니Sony와 같은 다국적기업이 비행기나 전자제품을 해외고객에게 직접 수출하는 경우가 대표적이다.

2. 국제계약방식_

수출방식이 주로 눈에 보이는 유형무역을 중심으로 하는 해외진출방식인데 비하여 눈에 보이지 않는 무형자산의 해외진출방식은 다음과 같은 여러 가지 다양한 형태의 국제계약에 의한 해외진출방식이 있다.

(1) 라이선싱 licensing : 라이선서licensor와 라이선시licensee 간에 계약을 체결하고 이 계약 하에서 라이선서가 보유하고 있는 제조기술 · 공정과정 · 특허 · 등록상표 · 거래비밀 · 노하우 등의 상업적 자산권을 사용할 수 있는 권리를 라이선시에게 제공하고 그 대가로 일정한 로열티royalty 또는 수수료fee를 수수하는 국제경영활동이다. 대표적인 것은 국제기술이전계약이 있다.

(2) 프랜차이징 franchising : 특정기업franchiser이 보유하고 있는 유명상표 또는 상호의 이용권을 외국기업franchisee에게 부여하고 특정한 방식으로 영업을 할 수 있는 권리를 제공하는 대신 일정한 로열티를 받는 형태를 말한다. 패스트푸드 · 음료수 · 호텔 등의 서비스산업에 많이 이용되고 있으며 대표적인 예로서는 맥도날드McDonald's · 피자 헛Pizza Hut · 켄터키 후라이드 치킨KFC 등의 음식점과 힐턴Hilton과 같은 호텔업의 경우를 들 수 있다.

(3) 경영관리계약 management contracts : 일정기간 동안 계약당사자 중 한 기업이 다른 종사자가 소유하고 있는 기업을 대신 경영하여 줌으로써 그 기간 동안 경영에 필요한 노하우와 시스템을 이전시키기로 약정하는 계약이다. 국제경영관리계약의 대표적 예는 호텔산업에서 찾아 볼 수 있다.

(4) 플랜트/턴키계약 plant/turn-key projects : 기업이 외국으로부터 생산공장이나 석유시추시설 등과 같은 산업시스템을 발주 받아 이를 설계 · 건설하여 프로젝트를 완공한 다음 그 초기운영까지를 담당한 후 그것을 발주자에게 일괄 제공하는 방식인데, 일반적으로 계약기간이 장기이며 계약금액도 거액인 경우가 많다.

(5) 계약생산 contract manufacturing : 일정 수준이상의 제조시설과 능력을 가진 외국의 제조기업에게 주문회사의 요구수준에 맞는 품질의 제품을 생산 · 공급하도록 계약을 맺고, 공급된 제품의 마케팅은 주문회사가 책임지고 맡아서 수행하는 제조-마케팅의 연결시스템이다.

3. 해외직접투자방식

기업의 국제경영활동 중 가장 중심이 되는 해외진출형태로서 해외직접투자 FDI : foreign direct investment는 기업경영상의 운영권control을 취득할 목적으로 행하는 국제투자이다. 수출이나 계약방식보다 더욱 확대되고 고도화된 형태로서 결국 '자본수출'인 동시에 '경영자원수출' 더 나아가서는 '기업수출'이다. 따라서 해외진출방식 중에 자원의 투입이 가장 많아 이익기회가 가장 높은 반면 그에 따른 위험도 가장 높은 방식이라고 할 수 있다.

2.28 해외직접투자

국가와 국가 간에 국경을 넘어 이루어지는 **국제투자**를 정의함에 있어서는 대체로 2가지의 방법이 있다. 첫째로는 경제학자들의 전통적인 견해로서 국제투자를 국제자본이동으로 파악하는 정의방법이고, 둘째로는 기업이 해외진출(투자)함에 있어서의 여러 가지 경영활동형태 또는 진출형태라는 관점에서 파악하는 정의방법이다.

이러한 2가지 정의방법 중 첫 번째의 관점에서 국제투자를 정의해보면 다음과 같이 분류된다.

(1) 민간투자와 공공투자 : 민간투자private investment란 투자주체가 개인 또는 민간기업으로서 영리를 목적으로 행하는 투자이고, 공공투자public investment란 투자주체가 일국의 정부 · 정부기관 · 국제기구와 같은 공공기관인 투자이다.

(2) 장기투자와 단기투자 : 투자기간이 1년 이상인가 이내인가에 따라 장기투자long-term investment와 단기투자short-term investment로 나눈다.

(3) 간접투자와 직접투자 : 민간장기투자는 다시 경영권지배 목적 여부에 따라 국제간접투자와 해외직접투자로 구분된다. 국제간접투자international indirect investment는 기업경영에 참가하지 않고 배당금이나 이자 등 자본수익을 얻기 위한 투자로서 '국제포트폴리오투자international portfolio investment' 또는 '국제증권투자' 라고 한다. 반면 해외직접투자foreign direct investment란, 단지 자산의 유리한 운용에만 목적이 있지 않고 기업경영상의 운영권, 즉 기업경영상의 지

배(control)를 얻기 위한 목적으로 하는 투자이다.

이처럼 경영권의 지배유무에 따라 국제투자는 다시 간접투자와 직접투자로 구분 되는데 우선 간접투자indirect investment는 ① 외국 주식이나 채권의 매입, ② 금융기관에 의한 중장기 대부 등의 형태를 취하는 금융투자financial investment인 반면, 직접투자direct investment는 ① 기업경영참가를 위해 외국기업의 주식을 취득하거나 그 기업 자체를 매수 · 합병M&A하는 것, ② 외국에 새로운 자회사를 설립하거나 합작투자로 법인을 설립하여 그 주식을 소유하는 것, ③ 사업활동을 목적으로 사업용 실물자산을 취득하는 등과 같은 외국에 대한 실물투자physical investment이다.

그런데 이상의 분류에 따르면 외국주식을 취득하는 경우는 간접투자로 분류될 수도 있고 직접투자로 분류될 수도 있다. 따라서 구체적이고 최종적인 구별은 주식취득의 최종목적이 경영권의 취득이냐 아니냐에 따라야 한다. 예컨대 주식을 취득하는 경우에도 단순히 배당금을 위한 투자인 경우 간접투자이지만 이를 통하여 경영권을 취득하려는 경우 직접투자가 된다.

그런데 이러한 직접투자는 다시 소유지분이나 투자방식에 따라 다음과 같이 구분된다.

(1) 단독투자와 합작투자 : 투자자의 소유지분이 100%로서 모든 권한과 책임을 자신이 지는 경우가 단독투자sole investment이고 현지국기업과 공동으로 투자하는 경우가 합작투자joint investment이다.

합작투자는 ① 투자에 필요한 자금 등을 나누어 충당할 수 있고, ② 현지국에서의 정치적 위험을 줄일 수 있으며, ③ 합작파트너의 마케팅능력을 적극 활용할 수 있다는 장점을 가진다. 반면 합작투자의 단점은 ① 다국적기업 나름의 일사불란한 경영체제 확립을 통한 통제권을 행사하기 어렵고, ② 기업의 비밀이나 노하우가 외부로 유출될 가능성이 크며, ③ 합작파트너와 의견이 충돌되어 합작이 결렬될 경우 정치적 위험이 단독투자보다 오히려 더 크다는 점이다.

(2) 신규설립투자와 M&A투자 : 새로운 투자를 행하는 투자방식이 신규설립

투자green field start-up이고 기존의 기업이나 공장을 매입하는 투자방식이 M&A merger & acquisition방식의 해외직접투자이다. M&A란 현지기업의 경영권을 매수하는 인수acquisitions와 서로 다른 두 기업이 하나의 기업으로 합쳐지는 합병mergers을 합친 개념이다.

M&A방식의 장점은 이미 제품과 시장을 확보하고 있는 현지의 계속기업을 인수하기 때문에 신속하게 시장에 진입할 수 있고, 인수합병을 통해 인수대상기업이 보유하고 있는 특유한 자원을 확보할 수가 있다는 점이다. 그러나 인수대상기업의 선정과 평가가 어려우며, 그 기업이 가지는 문제점도 함께 인수되고, 또한 M&A방식은 경제적 공헌도가 낮기 때문에 현지국정부로부터 우호적인 대우를 받기 어렵다는 단점이 있다.

전략적 제휴 2.29

최근 국제경영분야의 변화 가운데 가장 대표적인 특징의 하나가 국제사업자간의 상호 협력증대와 **전략적 제휴**strategic alliances경향이다. 전략적 제휴란 경쟁관계에 있는 기업이 일부 사업 또는 기능별 활동부문에서 서로 일시적인 협조관계를 갖는 것을 의미한다. 즉 협의된 일부 부문에서는 상호협력을 하는 대신 그 이외의 분야에서는 여전히 경쟁하는 것이다. 이러한 점에서 협력cooperation과 경쟁compctition의 합성이인 **코피티션**coopetition이라는 용어가 전략적 제휴를 적절히 표현하는 용어라고 할 수 있다.

독자노선을 걸어왔던 삼성전자가 최근 백색가전분야에서 GE · 월풀 · 미쯔비시 등 해외가전업체들과 이 연구개발 · 생산 · 유통 · 구매 등에 걸친 포괄적 제휴를 추진한 것과 또한 국내경쟁업체인 LG와도 홈 네트워크 제품의 표준을 함께 만든 것 등은 전략적 제휴의 사례라 할 수 있다.

이러한 전략적 제휴가 크게 증가한 이유는 전 세계시장이 하나의 시장으로 통합하여 국경의 의미가 없어진 치열한 글로벌경쟁 하에서 어떤 기업도 이제 자신의 혼자의 힘만으로 전세계를 상대로 한 기업활동을 벌이기 쉽지 않기 때문이다. 말하자면 세계 일류기업들이 서로 협력하여 세계 초일류기업으로 발돋움하기 위한 선택이 전략적 제휴인 것이다.

예컨대 자동차산업의 경우 세계 유수의 자동차 기업들이 재편을 통해 현재는 GM, Ford, Renault–Nissan, Daimler Chrysler, Toyota, Volkswagen의 Big6

의 체제로 변화되었다. 앞으로 대부분의 자동차기업들이 이 거대 네트워크 군에 직접적으로나 간접적으로 관계를 맺게 될 것이며 그렇지 못한 기업들은 세계시장에서 그 입지가 약화되어 도태될 것이다. 이러한 현상은 자동차산업 뿐 아니라 컴퓨터 · 전자 · 반도체 · 항공 · 가전 · 제약산업에서도 활발하게 전개될 것이다.

이와 같이 전략적 제휴의 기본적 동기는 세계적 차원의 경쟁력을 확보하기 위한 것이지만 제휴가 일어나는 구체적인 동기들을 살펴보면 다음과 같다.

(1) 자원공유를 통한 투자위험감소 : 최근 들어 거의 모든 산업에서 연구개발투자가 더욱 중요해지고 생산시설이 자동화됨에 따라 예전에 비해 연구개발투자와 생산시설투자에 소요되는 비용이 막대해졌다. 따라서 기업들은 공동 R&D자원과 지식 및 정보를 공유하여 자원을 효율적으로 이용하고 위험을 줄이기 위해 전략적 제휴를 맺고 있다.

(2) 신기술개발 및 시장진입의 시간단축 : 오늘날과 같이 산업기술이 급변하는 시대에는 개별 기업 단독으로는 급속한 산업기술 변화에 효율적으로 대응하는 것이 불가능하다. 따라서 기업들은 각자가 경쟁우위를 가지고 있는 분야에 전문화하여 신기술을 개발하고 그 결과를 공유하기로 하는 전략적 제휴를 맺게 된다.

(3) 산업표준의 선택 : 많은 산업에서 전략적 제휴를 시도하는 동기 중의 하나는 기술의 표준화를 이루는 것이다. 이와 같이 산업표준이 확립되지 못한 경우에는 기업과 소비자 모두가 혼란을 겪기 때문에 기업들은 산업표준에 맞는 신제품을 만들어 시장을 선점하기 위해 전략적 제휴를 하는 경우가 많다. VCR산업에서 일본의 소니Sony와 마쯔시다Matsushita가 산업표준화를 위해 경쟁하다가 소니가 실패한 사례는 산업표준이 얼마나 중요한가를 알려주는 사례이다.

(4) 기업의 유연성 확보 : 전략적 제휴가 중요하게 된 또 한 가지 이유는 기업이 전략적 제휴를 통해 기업의 유연성을 확보할 수 있기 때문이다. 예컨대, 기

업은 자신의 핵심역량이 아닌 주변 활동이나 기능을 외부기업에게 외주 outsourcing를 줌으로써 기업은 자신의 설비비용을 크게 줄이고 보다 유연한 비용구조를 가질 수 있게 된다. GM의 전 회장이었던 잭 웰치 회장은 피터 드러커의 표현을 인용 "나의 뒤뜰이 남의 앞뜰이 되게 하라" 면서 기업의 아웃소싱을 통한 유연성 획보가 기업 경쟁력 강화의 필수요소임을 강조히였디.

2.30 국제경영의 글로벌 전략

오늘날 국제경영활동을 수행하는 기업들은 한편으로는 범세계적 관점에서 경영활동을 행하는 글로벌화 · 범세계화globalization목표를 추구해야 하는 동시에, 다른 한편으로는 서로 다른 지역적 · 문화적 특성에 맞추는 현지화localization목표를 추구해야 한다. 그런데 이러한 두 가지 목표는 서로 상반된 측면을 가진다. **글로벌전략**global strategy이란, 이와 같이 상반된 압력에 대응해서 국제사업 활동을 얼마만큼 집중 또는 분산하고 어느 정도 조정 · 통합할 것인가의 수준을 결정하는데 대한 전략이라고 할 수 있다.

기본적으로 오늘날과 같은 세계화 속에서 기업의 경쟁력을 유지하기 위해서는 '범세계적인 규모의 경제global scale economies'를 실현시키는 전략이 요구된다. 전 세계시장을 상대로 동일한 제품을 일괄 생산하여 공급함으로써 생산과 판매에 있어서의 규모의 경제를 실현할 수 있다. 표준화된 제품을 대량생산하여 세계시장에 판매함에 따른 비용의 절감은 기업 경쟁력의 우위라는 결과로 나타나게 되는 것이다.

반면에 국제경영에 필연적으로 수반되는 위험과 불확실성은 아직도 상당히 존재하며 동시에 국가 간에 존재하는 제반 경영환경의 차이는 기업으로 하여금 각국에서 현지상황에 부합하는 접근방식을 요구한다. 따라서 해외시장에서 각 시장별 특성에 맞는 제품을 개발하여 생산하고 현지화 된 방식으로 제품을 유통 판매하여야 할 필요성이 엄연히 존재한다.

이러한 범세계화와 현지화의 압력간의 딜레마를 풀기 위해서는 결국 전략적 융통성의 발휘가 핵심이 된다. 그것은 한 제품의 생산 및 판매에 관여하는 여러 가지 기능 중에서 규모의 경제에 민감한 기능은 한 곳으로 집중시켜 관리하는 반면, 현지화에 충실해야 할 기능은 각국에 분산시키는 2원적인 접근방식을 취하는 것이다. 두 가지 성격이 다른 기능들 간의 적절한 국제간 분업 및 긴밀한 연계를 취함으로써 규모의 경제 이점은 이점대로 살리면서 동시에 지역적 차별화요구는 요구대로 수용함으로써 문제의 난국을 푸는 묘안이 되는 것이다.

다국적기업이 이러한 글로벌전략을 수행하였을 경우 국가별로 차별화를 취하는 다국가전략multilocal strategy을 취하였을 경우에 대한 장점은 다음과 같다.

(1) 비용절감 및 품질향상효과 : 여러 국가시장에서 개별적으로 수행되는 가치활동을 조정함으로써 규모의 경제를 누릴 수 있고 생산 또는 여타 경영활동을 저임금국가로 이전함으로써 생산요소비용을 절감할 수 있다. 또한 다양한 현지적응제품을 생산하지 않고 그 숫자를 줄여 소수의 글로벌한 제품을 생산하는 집중생산을 통해 단위당 생산비를 절감할 수 있다. 또한 많은 종류의 제품과 프로그램을 제공하는 것보다 글로벌전략의 경우 소수의 제품과 프로그램에 집중하는 것이 제품과 프로그램의 질을 높일 수 있다.

(2) 고객충성도 제고효과 : 글로벌전략은 고객의 충성도를 제고하는 데에 도움을 준다. 세계 어느 시장에서도 구입할 수 있고 서비스도 가능하며 글로벌한 인지도가 있는 제품이라면 그 제품에 대한 소비자의 선호도는 향상되기 마련이다.

(3) 글로벌경쟁력 향상효과 : 글로벌전략은 경쟁압력에 대응하는데 있어서 여러 가지 대안을 가질 수 있도록 하여준다. 한 국가시장에서 경쟁지위를 개선하고자 하는 기업은 그 국가시장에서 경쟁기업을 공격하는 것과 아울러 제3국시장에서 경쟁기업을 공격하는 것도 효과적일 수 있기 때문이다.

그러나 글로벌전략은 다음과 같은 문제점들이 발생될 가능성도 있다.

(1) **관리비용의 확대 :** 이는 본사의 조정활동 및 본사로의 보고사항이 증가하며, 전략의 수행을 위해 더 많은 관리요원들이 필요하기 때문이다.

(2) **현지자회사의 경영효율 감소 :** 글로벌전략의 수행에 따라 나타나는 본사로의 지나친 집권화는 현지자회사의 사기 및 동기부여에 악영향을 주어 현지자회사의 경영효율성을 감소시킬 수 있다.

(3) **현지적응력의 감소 :** 제품표준화를 극단적으로 추구하다 보면 결국 어느 소비자도 완전히 만족시킬 수 없는 제품을 만들어 내는 수도 있다. 또한 지나친 마케팅 표준화도 현지소비자의 행태나 마케팅환경에의 적응력을 감소시킨다.

2.1 경영학이란 어떤 학문인가?_

주요 용어

경영, 기업경영, 경영학, 미국경영학, 독일경영학

토론 주제

1. 경영학을 학제적 응용과학이라고 하는 이유는 무엇일까?
2. 미국경영학과 독일경영학의 차이점을 제시하라.
3. 경영학을 배움으로써 얻을 수 있는 장점을 이야기 해보자.

2.2 경영학의 발전과정_

주요 용어

과학적 관리, 테일러 시스템, 포드시스템, 대량생산체계, 인간관계론, 마케팅, 기획관리, 전략경영

토론 주제

1. 테일러 시스템과 포드시스템을 설명하라.
2. 인간관계론의 입장에서 과학적 관리를 비판하라.
3. 과학적 관리와 인간관계론 중 어느 주장이 더 기업현장에 적합할까?
4. 마케팅관리 시대가 도래한 이유는 무엇인가?
5. 기획관리 시대의 특징은 무엇인가?
6. 전략경영 시대의 기획실과 기획관리 시대의 기획실의 역할의 차이점은 무엇인가?

2.3 경영관리란 무엇인가?_

주요 용어

경영관리, 관리기능, 계획, 실행, 평가

토론 주제

1. 경영관리의 역할은 무엇인가?
2. 페이욜의 다섯 가지 관리기능을 찾아보자.
3. 계획 · 실행 · 평가의 순환과정에 따라 본인의 주간 학습수행과정을 정리해보자.

2.4 경영자의 역할_

주요 용어

전략수립, 경영목표, 전략실행, 동기부여, 조정, 통합, 전략평가, 피드백

토론 주제

1. 조동성 교수가 제시한 경영자의 세 가지 주요 역할을 설명하라.
2. 국내외 다른 학자가 제시한 경영자의 역할을 조사하라.
3. 기업경영에서 경영자의 역할이 중요한 이유는 무엇인가?

2.5 경영자의 유형_

주요 용어

소유경영자, 고용경영자, 전문경영자

토론 주제

1. 마이크로 소프트의 빌 게이츠는 어떠한 유형의 경영자인가?
2. GE를 부흥시킨 바 있는 잭 웰치는 어떠한 유형의 경영자인가?
3. 위 두 가지 유형의 경영자 중 신규 창업기업에는 어떠한 경영자 유형이 더 적합할까?

2.6 경영의사결정과정_

주요 용어

문제인식, 대안개발, 대안평가, 의사결정, 브레인스토밍, 실행, 결과평가, 피드백

토론 주제

1. 기업이 당면하고 있는 문제인식의 예를 제시하라.
2. 피드백이 반드시 필요한 이유는 무엇인가?
3. 의사결정 단계에서 경영자의 개별적인 성향이 어떠한 영향을 미칠 수 있는지를 알아보자.

2.7 경영계획수립의 과정_

주요 용어

경영계획, 목표확인, 현황분석, 목표제시, 대안, 계획 실행, 통제

토론 주제

1. 경영계획 수립의 사이클을 설명하라.
2. 기업의 궁극적인 목표가 될 수 있는 예를 제시하라.
3. 계획을 실행한 후 통제과정이 필요한 이유를 들어라.

2.8 경영계획은 왜 필요한가?_

주요 용어

계획, 계획수립, 생산성, 불확실성

토론 주제

1. 기업을 경영함에 있어서 계획이 필요한 이유는 무엇인가?
2. 계획수립의 여러 가지 이점 중에서 가장 으뜸인 이점은 무엇이라 생각하는가? 또 그 이유는 무엇인가?

2.9 거시적 경영환경_

주요 용어

거시환경, 기업환경, 경제환경, 기술환경, 혁신, 기술이전, 사회환경, 문화환경, 국제환경

토론 주제

1. 최근 한국의 경제환경은 어떤지를 1주일 동안 경제신문을 읽고 분석하라.
2. 기술환경이 가장 급격하게 변하고 있는 제품의 사례를 제시하라.
3. 국제환경의 변화가 자국 기업의 경영에 어떠한 영향을 미칠 수 있는지를 한 가지만 얘기해보자.

2.10 기업이란 무엇인가?_

주요 용어

생산요소, 토지, 노동, 자본, 기업가정신, 정보, 기업문화, 시간

토론 주제

1. 전통적인 생산요소에서 기업가정신이 추가로 포함된 이유를 찾아보라.
2. 제4, 제5, 제6의 경영자원이 그 중요성을 더해가는 이유를 밝혀라.
2. 시간관리의 사례를 본인의 주간 생활계획표에 근거하여 제시해보자.

2.11 기업의 형태_

주요 용어

개인회사, 합명회사, 합자회사, 주식회사, 유한책임, 무한책임

토론 주제

1. 개인회사의 장점과 단점은 무엇인가?
2. 합명회사와 합자회사의 장단점을 비교하라.
3. 주식회사의 유형에는 어떤 것이 있으며 각각의 장단점은 무엇인가를 조사하라.

2.12 기업창업_

주요 용어

창업, 창업자금, 경제적 동기, 영리추구, 모험적 동기

토론 주제

1. 기업을 창업할 때 가장 어려운 점은 무엇인가?
2. 기업창업에 있어서 유의해야 할 점은 무엇인가?
3. 왜 창업을 하려고 하는지를 동기요인에 따라 구분해보자.

2.13 기업조직의 구조_

주요 용어

라인조직, 스태프조직, 위원회조직, 매트릭스조직

토론 주제

1. 라인직위와 스태프직위는 어떻게 다른가?
2. 매트릭스 조직은 왜 이중 지휘계통을 갖는가?
3. 매트릭스 조직의 장점은 무엇인가? 그리고 단점은?

2.14 욕구계층이론과 기업경영_

주요 용어

욕구계층이론, 생리적 욕구, 안전과 안정의 욕구, 소속의 욕구, 존경의 욕구, 자기실현의 욕구

토론 주제

1. 현재 여러분이 가장 충족하고 싶은 욕구는 무엇인가?
2. 만일 여러분이 신입사원으로 취업을 했다면 매슬로우의 5단계 욕구 중 어떤 욕구에서부터 출발하게 될지 각자의 의견을 제시해보자.
3. 기업의 중간관리자층에서는 어떤 욕구가 충족되기를 원할지 각자의 의견을 제시해보자.

2.15 마케팅이란 무엇인가?_

주요 용어

소비자, 마케팅, 판매, 광고, 편익

토론 주제

1. 기업의 입장에서 소비자를 왕과 같이 받들어야 하는 이유를 들어보라.
2. 밀어내기식 사고와 소비자중심 사고의 차이점을 비교하라.
3. 마케팅의 본질적인 의미가 무엇인지 정의해보라.

2.16 마케팅의 기본개념_

주요 용어

필요, 욕망, 가치, 소비자만족, 교환

토론 주제

1. 필요와 욕망을 구분하여 설명하라.
2. 소비자가 만족 또는 불만족하는 요건을 기대와 성과를 중심으로 설명하라.
3. 기업과 소비자 사이에 교환이 이루어질 수 있는 조건을 제시하라.

2.17 마케팅전략과 마케팅믹스_

주요 용어

마케팅계획, 마케팅전략, 마케팅믹스전략, 표적시장, 시장세분화

토론 주제

1. 마케팅전략의 주된 내용은 무엇인가?
2. 마케팅믹스전략을 4P's를 중심으로 자세히 설명하라.
3. 시중에 판매되는 음료수 제품 중 한 가지를 선정하여 그 표적시장을 알아보자.

2.18 소비자만족이 왜 중요하나?_

주요 용어

품질, 소비자만족, 소비자 기대수준, 총체적 고객만족

토론 주제

1. 소비자만족과 소비자불만족을 기대와 성과를 중심으로 비교 · 설명하라.
2. '품질은 기업이 아니라 소비자가 결정한다'는 주장에 대하여 근거를 제시하라.
3. 소비자만족을 추구하기 위하여 기업이 지향해야 할 바는 무엇인가?

2.19 마케팅조사_

주요 용어

마케팅조사, 정보, 마케팅관리자

토론 주제

1. 마케팅조사의 정의를 3단계로 구분하여 설명하라.
2. 오늘날 마케팅조사가 필요한 이유를 제시하라.
3. 마케팅조사에 있어서 마케팅관리자의 역할은 무엇인지 논의해보자.

2.20 기업재무와 재무관리_

주요 용어

기업재무, 재무관리, 재무관리자, 기업가치

토론 주제

1. 기업에서 재무관리는 왜 필요한가?
2. 재무관리자는 기업의 전반적인 전략에 어떤 영향을 미치는가?

2.21 대차대조표

주요 용어

대차대조표, 자산, 유동자산, 고정자산, 무형자산, 부채, 유동부채, 장기부채, 소유자자본, 유보이익

토론 주제

1. 대차대조표는 무엇인가?
2. 대차대조표의 주요 세 가지 계정은 무엇인가?
3. 유보이익은 소유자자본과 어떻게 연관되는가?

2.22 손익계산서_

주요 용어

손익계산서, 수입, 매출액, 비용, 매출원가, 영업비용, 순이익, 순손실

토론 주제

1. 손익계산서는 무엇인가? 대차대조표와 어떻게 다른가?
2. 손익계산서의 주요부분은 무엇인가?
3. 순이익과 순손실은 어떻게 계산되는가?

2.23 기업은 자금을 어떻게 조달하나?_

주요 용어

보통주, 주식배당, 유보이익, 우선주, 벤처캐피탈

토론 주제

1. 기업이 자기자본 확보를 위해서 주식을 발행하는 이유는 무엇인가?
2. 기업에서 발행하는 주식의 유형을 제시하고 간략하게 차이점을 설명하라.
3. 벤처캐피탈은 어떤 기업에 유용한 자금조달 방식인가? 그 이유는?

2.24 단기자금은 어떻게 조달하나?_

주요 용어

자금, 무담보 단기부채, 외상거래, 은행차입, 기업어음, 담보부 단기차입

토론 주제

1. 무담보여신과 담보부 차입을 비교하라.
2. 무담보 단기차입의 세 가지 주요 유형은 무엇인가? 간략하게 설명하라.
3. 기업은 왜 부채를 지게 될까? 부채가 없는 기업은 있을 수 없는 것일까?

2.25 생산운영관리_

주요 용어

운영관리, 생산계획, 생산통제, JIT, CAD, CAM

토론 주제

1. 기업에서 생산운영관리의 기능은 무엇인가?
2. 운영관리담당자가 해야 하는 역할은 무엇인지 알아보자.
3. JIT방식으로 유명한 도요타 자동차의 사례를 찾아보자.

2.26 국제경영과 국제경영학_

주요 용어

국제화, 세계화, 국제경영, 다국적기업, 국제경영환경, 국제경영전략, 국제경영관리

토론 주제

1. 기업의 국제화와 세계화는 어떻게 다르다고 할 수 있는가?
2. 국제경영은 다국적기업과 어떠한 관계에 있는가?
3. 국제경영학의 연구에는 어떠한 핵심부문들이 존재하는가?

2.27 해외시장진출의 주요 형태_

주요 용어

수출, 간접수출과 직접수출, 국제계약, 라이선싱, 프랜차이징, 경영관리계약, 플랜트계약, 계약생산, 해외직접투자

토론 주제

1. 기업이 해외로 진출하는 주요한 국제경영형태에는 어떠한 것들이 있는가?
2. 이러한 진출방식은 해외진출유형으로서 각각 어떠한 장단점이 있는가?

2.28 해외직접투자_

주요 용어

국제투자, 만간투자와 공공투자, 장기투자와 단기투자, 간접투자와 직접투자, 국제포트폴리오투자, 국제증권투자, 단독투자와 합작투자, 신규설립투자와 M&A투자

토론 주제

1. 국제투자는 자본이동의 관점에서 어떻게 구분되는가?
2. 간접투자와 직접투자의 기본적 차이점은 무엇인가?
3. 최근 M&A방식의 해외직접투자가 증대되어 온 이유는 뭇인가?

2.29 전략적 제휴_

주요 용어

전략적 제휴, 코피티션, 연구개발투자, 산업표준

토론 주제

1. 전략적 제휴를 왜 코피티션((competition)이라고 하는가?
2. 전략적 제휴가 일어나는 구체적 동기에는 어떠한 것들이 있는가?
3. 최근 국제적 전략적 제휴가 많이 이루어지는 근본 이유는 무엇인가?

2.30 국제경영의 글로벌 전략_

주요 용어

범세계화, 현지화, 글로벌전략, 다국가전략

토론 주제

1. 국제경영에는 왜 범세계화와 현지화라는 서로 모순 되는 목표가 존재하는가?
2. 글로벌전략은 다국가전략에 대하여 어떤 장단점을 가지는가?

제3편

컴퓨터와 정보시스템의 기초개념

오늘날 정보통신기술이 급속히 발달하고 조직을 둘러싸고 있는 기업환경 역시 급격한 변화를 보임에 따라 정보information자원이 더욱 중요해지고 있다. 글로벌경제의 출현, 정보 및 지식경제의 도래, 조직의 구조적인 변화 등은 조직이 피할 수 없는 현실이며, 따라서 이러한 도전을 극복하고 경쟁에서 우위를 점하기 위해서는 자신의 조직에 맞는 적절한 정보시스템을 도입하여 이를 전략적으로 활용하여야 한다.

이에 따라 경영학을 이해하고 학습함에 있어서는 물론 경제학이나 국제통상학을 학습함에 있어서도 컴퓨터와 정보시스템에 대한 이해와 지식이 필수적인 것이 되고 있고, 실제로 모든 경상계열 대학에서는 이와 관련되는 과목들을 개설하여 가르치고있다. 이에 제3편에서는 경상계열 입문자들이 기초적으로 이해하여야 할 컴퓨터와 정보시스템에 대하여 다음과 같은 내용을 소개한다.

1. 정보시스템의 주요한 구성요소인 컴퓨터시스템, 즉 하드웨어 · 소프트웨어 · 데이터베이스 · 정보통신 및 네트워크 · 인터넷 등 기술적 측면에 대하여 살펴본다.
2. 이러한 정보기술을 조직에서 어떻게 활용하고 관리하여야 하는지에 대한 관리적 측면에 대하여 살펴본다. 이를 위하여 정보시스템의 개념과 종류 · 아웃소싱 · 개발방법론 · 전략적 활용방안 · 기업혁신을 위한 정보시스템의 활용 등에 대하여 소개한다.

3.1 컴퓨터의 분류

보다 빠르고 효율적인 자료처리를 위해서 개발된 컴퓨터는 빠른 속도로 발전하여 왔고, 우리의 삶에 광범위하고 깊숙이 영향을 미치고 있다. 초기의 컴퓨터는 일반적으로 메인프레임mainframe이라 불리는 대규모의 컴퓨터로 일반인의 접근이 어려웠고, 복잡하고 방대한 계산과 같은 제한적인 작업에 사용되었다. 이후 기술의 발달로 컴퓨터의 크기는 점점 작아지고, 가격은 하락하고, 성능은 크게 향상되고, 더 광범위한 분야에서 사용되고 있다. 이제는 컴퓨터가 없는 세상을 상상하기 어려울 정도로 컴퓨터는 다양하고 광범위하게 사용되고 있다.

오늘날 컴퓨터는 직 · 간접적으로 모든 사람의 생활에 영향을 미치고 있다. 컴퓨터는 대기 및 수질 오염을 관찰 및 통제하고, 기상예보의 정확도를 향상시키고, 도시계획을 보다 효과적으로 수행할 수 있게 하고, 보다 효율적인 법집행을 가능하게 하고, 다양한 전자제품의 기능을 향상시키고, 개선된 의료분석 및 진단 기술을 제공해 주는 등 우리에게 많은 이익을 주고 있다. 실지로 컴퓨터의 새로운 활용분야는 계속해서 나타나고 있어서, 앞으로 위에 언급한 분야는 단지 일부의 대표적인 활용분야에 불과하게 될 것이다.

컴퓨터는 사용목적에 따라 특수목적 컴퓨터와 일반목적 컴퓨터로 구분할 수 있다.

일반목적 컴퓨터는 다양한 기능이나 업무를 수행할 수 있도록 만들어진 컴퓨터로서 저장프로그램의 개념을 활용한 것이다. 즉 어떤 프로그램이 컴퓨터 메모리에 저장되면 컴퓨터는 그 프로그램이 의도하는 구체적인 기능을 수행하게 된다. 컴퓨터에 다른 프로그램이 저장되면 또 다른 기능을 수행하게 된다. 따라서 컴퓨터에 저장되는 프로그램의 종류에 따라 한 대의 컴퓨터로 다양한 작업을 수행할 수 있다. 우리가 늘 사용하고 있는 개인용 컴퓨터를 비롯하여 우리가 사용하는 대부분의 컴퓨터는 일반목적 컴퓨터이다. 우리는 개인용 컴퓨터를 사용하여 보고서도 작성하고 수치 계산도하며 자료처리 작업도 하고 그림을 그릴 수도 있다.

특수목적 컴퓨터는 하나의 구체적인 응용을 중심으로 만들어진 컴퓨터이다. 하나의 중요한 기능을 수행하도록 고안된 일련의 명령어들로 프로그램을 작성하여 하드웨어에 영구적으로 설치해 놓은 것이다. 우주선에는 그 상대적 위치를 제어하는 작업만 하도록 고안된 특수목적 컴퓨터가 탑재되어 있다. 그 외에도 게임전용 컴퓨터 · 교통신호 조작을 위한 컴퓨터 · 고속도로에서 통행료 징수를 위해 사용되는 컴퓨터 · 특수 무기에 사용 되는 컴퓨터 · 자동차에서 특수한 기능을 하는 컴퓨터 등을 생각할 수 있다. 그러나 우리가 컴퓨터라고 할 때는 대부분 일반목적 컴퓨터를 의미한다.

컴퓨터는 또한 그 처리능력과 크기에 따라 마이크로컴퓨터 · 워크스테이션 · 미니컴퓨터 · 메인프레임컴퓨터 · 슈퍼컴퓨터 등으로 분류된다. 그러나 최근에는 마이크로컴퓨터의 성능이 빠른 속도로 증대됨에 따라 이와 같은 분류는 그 의미가 점점 약해져 가고 있다.

(1) 마이크로컴퓨터 micro-computer : 마이크로프로세서microprocessor를 중앙처리장치central processing unit ; CPU로 사용하고 따라서 일반적으로 크기가 작은 개인용 컴퓨터를 말한다.

(2) 워크스테이션 workstation : 마이크로컴퓨터와 미니컴퓨터의 중간정도의 처리능력을 가지면서 가격은 저렴한 편이다. 원래는 엔지니어나 디자이너들

에 의해 사용되도록 고안되었으나 오늘날은 사회의 거의 모든 부문에서 사용되고 있다. 일반적으로 다중작업multitasking과 다중사용자multiuser기능을 가진다. 즉, 한 사용자가 하나 이상의 응용을 동시에 실행하거나 동시에 여러 사용자가 공유해서 사용할 수도 있다.

(3) 미니컴퓨터 mini-computer : 메인프레임 컴퓨터에서 실행되는 대부분의 기본적인 연산 · 논리 기능을 수행할 수 있으나 메인프레임컴퓨터보다 크기가 작고 저렴하고 보다 작은 저장용량을 가지고 비전문가들도 비교적 쉽게 사용할 수 있다.

(4) 메인프레임컴퓨터 mainframe computer : 미니컴퓨터보다 조금 큰 것에서부터 슈퍼컴퓨터에 이르기까지 크기가 다양하다. 메인프레임컴퓨터는 미니컴퓨터에 비해 빠른 처리속도 · 큰 저장용량 · 다양한 입출력장치 · 많은 고속의 보조기억장치의 지원, 많은 사용자들의 동시 사용지원 등의 기능을 가지고 있다. 일반적으로 메인프레임 컴퓨터는 잘 훈련 받은 전문 운영인력에 의해 운영된다.

(5) 슈퍼컴퓨터 super computer : 가장 크고 강력한 메인프레임컴퓨터이다. 일반적으로 여러 개의 처리장치를 가지고 아주 복잡하고 정교한 과학문제를 해결하거나 방대한 양의 자료를 처리하는 국가안보 목적으로 사용된다.

컴퓨터시스템의 구성 및 처리방법 3.2

컴퓨터는 자료를 저장하고 처리하는 기계이다. 따라서 컴퓨터는 스스로 생각하거나 유추할 수 없다. 컴퓨터는 주어진 명령을 수행할 뿐이다. 컴퓨터의 작업을 지시하는 명령어들의 집합을 **프로그램**이라 한다. 서로 다른 문제를 해결하기 위해서는 서로 다른 프로그램이 작성되어야 한다. 그리고 컴퓨터에 저장되는 프로그램에 따라 컴퓨터는 다양한 작업을 수행할 수 있기 때문에 같은 종류의 컴퓨터가 여러 분야에서 사용될 수 있다.

비록 구체적인 지시내용은 프로그램마다 다르지만, 일반적으로 프로그램은 컴퓨터에 기본적인 세 가지 작업을 반복적으로 수행하도록 명령한다. 그것은 입력 · 처리 · 출력 작업으로서 이를 묶어서 **자료처리주기**data processing cycle라고 한다.

입력작업은 컴퓨터에 연결된 입력장치가 컴퓨터에서 처리되어야 할 자료를 입력하는 과정이다. **처리작업**은 원하는 결과를 산출하기 위해서 입력된 자료에 수치적 비교 및 연산 작업을 하고, 이와 같은 작업을 위해 필요한 제어 및 저장 기능을 수행하는 과정이다. **출력작업**은 처리된 자료를 컴퓨터에 연결된 출력장치로 보내서 사용자가 그 결과를 볼 수 있도록 하는 과정이다.

컴퓨터는 여러 구성요소로 이루어져 있기 때문에 일반적으로 **컴퓨터시스템**이라고 부른다. 시스템이란 어떤 목적을 달성하기 위하여 함께 활동하는 관련된 여러 부분들의 집합이라고 일반적으로 정의된다. 예를 들면, 사람의 신체순환시스템에서는 심장 · 폐 · 핏줄 등의 부분들이 함께 활동해서 발생한 에너지를 사람의 신체를 통해 분산시키고, 오디오시스템은 CD플레이어 · 앰프 · 스피커 등의 부분들이 함께 작업하여 우리에게 음악을 들려준다. 교육시스템은 시설 · 교육과정 · 교수 등 여러 요소들이 신입생을 선발하고 교육하여 사회에 진출시킨다. 이와 같이 컴퓨터시스템은 정보처리라는 목적을 수행하기 위해서 상호 작용하는 여러 가지 구성요소들로 이루어져 있다.

광의의 컴퓨터시스템은 구성요소로 하드웨어 · 소프트웨어 · 인력 · 절차를 포함하고 이를 정보시스템의 구성요소라고도 한다. 협의의 컴퓨터시스템은 하드웨어와 소프트웨어로 구성되어 있다. 하드웨어는 컴퓨터를 구성하는 모든 물리적 장치를 말하며 컴퓨터 자체에 포함된 장치들뿐만 아니라 보조적인 주변기기들도 포함한다. 이와 같은 하드웨어 구성요소들은 소프트웨어에 의해 작동된다. 컴퓨터 하드웨어에는 일반적으로 입력기능 · 처리기능 · 출력기능을 수행하는 다양한 장치들이 포함된다. 중앙처리장치CPU · 주기억장치 · 보조기억장치 · 입력장치 · 출력장치가 하드웨어의 주된 구성요소들이다.

어떤 거래transaction가 발생하면 처리할 자료가 생기게 된다. 컴퓨터시스템의 처리방식으로는 일괄처리방식과 즉시처리방식이 있다.

일괄처리방식batch processing은 거래가 발생할 때마다 자료를 처리하는 것이 아니라 여러 거래가 발생하기를 기다렸다가 적절한 시점에서 한꺼번에 모아진 모든 거래에 관련된 자료를 모두 처리하는 방식이다. 거래가 발생할 때마다 적은 양의 자료를 처리하는 것보다 여러 거래를 모아서 한꺼번에 대량의 자료를 처리하는 것이 경제적일 수 있다. 일괄처리방식은 거래발생시점과 처리시점사이의 시간적 지연이 큰 문제가 되지 않는 분야에 일반적으로 사용된다. 예를 들면 급여계산과 같은 응용분야가 일괄처리에 적합하다. 매달 일정한 시점에 종업원들의 급여가 한꺼번에 계산되고 동시에 급여명세표와 관련 보고서들이 작성되고 출력된다.

즉시처리방식immediate processing은 실제 거래가 발생할 때마다 기다리지 않고 즉시 관련 자료를 처리하는 방식이다. 현재의 자료처리방식은 즉시처리방식을 지향하고 있고, 이 방식은 항공예약시스템, 은행예금시스템 등 현대의 거의 모든 정보처리시스템이 요구하고 있는 실시간처리real-time processing의 필수요건이다. 모든 거래가 발생시점에 처리되면 오류를 즉시 발견하고 수정할 수 있고 처리결과 및 관련내용을 즉시 전달받아 사용할 수 있다는 장점이 있다.

예를 들면, 항공예약시스템에서 하나의 예약이 발생하면 즉시 처리되어 예약좌석과 예약시간 그리고 예약가능좌석 등이 재조정되어야 한다. 이러한 작업이 만약 일괄처리로 실행되면 자료가 제때에 처리되지 않아 예약시스템이 제대로 기능을 할 수 없게 될 것이다. 보조기억장치로서 자기 테이프magnetic tape를 사용하지 않고 자기디스크magnetic disk를 사용하는 이유도 즉시처리를 하기 위해서이다. 자기 테이프는 물리적으로 저장된 자료에 직접 접근이 허용되지 않는다. 그러나 하드디스크hard disk와 같은 자기 디스크는 저장된 자료에 직접 접근이 가능하기 때문에 즉시처리에 매우 적합하다.

3.3 컴퓨터 하드웨어

컴퓨터 하드웨어hardware는 일반적으로 입력기능 · 처리기능 · 출력기능 · 저장기능을 수행하는 장치들을 포함한다.

입력기능은 프로그램이나 자료를 컴퓨터 주기억장치로 읽어 들이는 기능이다. 키보드key-board와 마우스mouse가 대표적인 입력장치이다. 키보드는 사용자가 직접 손으로 키를 쳐서 자료를 입력하기 때문에 수작업에 따른 입력속도 등의 한계와 높은 오류발생 가능성을 가지고 있다. 따라서 자료를 처음 기록할 때 기계가 읽을 수 있는 형태로 만들거나 특수도구를 통해서 직접 자료를 입력함으로써 이와 같은 수작업의 한계와 오류를 줄이는 추세로 나아가고 있고, 입력장치도 그렇게 발전해 왔다.

그 대표적인 예가 판매시점장치point-of-sale devices와 스캐너scanner이다. 판매시점장치는 편의점이나 슈퍼마켓 등에서 흔히 볼 수 있는 입력장치이다. 자료가 바코드bar-code형태로 만들어져 제품에 붙여지고, 구입할 제품을 카운터counter로 가지고 가면 그 제품에 붙어있는 바코드가 스캔되고 그 바코드에 포함되어 있는 자료가 자동으로 컴퓨터에 입력된다. 제품을 판매하는 시점에서 제품과 관련된 모든 자료가 즉시 컴퓨터로 입력되어 재고, 매출 정보 등이 갱신되기 때문에 판매시점장치라고 한다. 또한 스캐너를 사용하면 자료를 수작업 없이 바로 컴퓨터에 입력할 수 있어 편리하다.

그 외에도 음성인식장치 · 자기잉크문자인식장치 · 광학자료판독기 등이 있다.

음성인식장치voice recognition device는 마이크와 특수한 소프트웨어를 사용하여 사람의 음성을 기록해서 컴퓨터가 인식할 수 있는 디지털 신호로 전환하여 컴퓨터로 입력한다. 음성인식장치는 공장 현장에서 손으로 특정 작업을 수행하고 있어서 컴퓨터를 손으로 작동시킬 수 없을 때 주로 사용된다. 최근에는 자동차의 라디오나 CD, 또는 지리정보시스템 등을 자동시킬 때 몇 가지 기본적인 명령어를 인식할 수 있는 음식인식장치가 사용되고 있다. 음성인식장치는 모든 사람이 서로 다른 음성을 가지고 있다는 사실을 응용하여 제한구역에 특정인물의 출입을 허용하는 보안시스템으로도 사용되고 있다.

자기잉크문자인식장치magnetic ink character recognition device는 자성체의 미립자를 포함하는 특수한 자기잉크를 사용하여 수표 등의 문서에 인쇄된 특수한 문자를 인식하고 컴퓨터로 입력하는 장치이다. 은행에서 수표 처리에 널리 사용되고 있다.

광학자료판독기optical data reader에는 광학표시인식optical mark recognition, OMR 장치와 광학문자인식optical character recognition, OCR장치가 있다. OMR인식기는 종이에 연필 또는 특수 펜으로 기록한 표시mark의 유무를 광학적으로 인식하여, 표시가 된 위치 정보를 직접컴퓨터에 입력하는 장치를 말한다. 보통 표준화된 시험, 설문지, 인구조사 등에 주로 사용되고 있다. 이에 비해 OCR인식기는 빛을 투사하여 다양한 문자를 인식하는데 사용된다. 특수한 소프트웨어를 사용하면 OCR인식기는 인쇄된 서류나 손으로 쓴 글자도 디지털 자료로 전환하여 컴퓨터에 입력될 수 있다.

컴퓨터 하드웨어의 처리기능을 담당하는 **처리장치**는 컴퓨터시스템의 통제센터역할을 한다. 컴퓨터에 입력된 프로그램의 지시어를 해독해서 실지로 자료를 처리하는 기능을 수행하다. 입력장치로부터 자료를 받아들여 저장하고, 프로그램의 지시에 따라 이 자료를 처리하고, 그 결과를 프린트와 같은 출력장치나 하드디스크와 같은 보조기억장치로 보낸다.(처리장치의 기능에 대해서는 다음 장에서 더 자세히 설명하기로 한다.)

컴퓨터 하드웨어의 저장기능을 담당하는 **저장장치**에는 주기억장치와 보조기억장치가 있다. **주기억장치**는 처리중인 프로그램이나 컴퓨터시스템의 전반적인 운영을 위해 중앙처리장치가 필요로 하는 지시어와 자료를 일시적으로 저장한다. 한 프로그램이 더 이상 필요하지 않게 되면 즉시 다음 프로그램의 지시어와 자료로 대체된다. **보조기억장치**는 주기억장치보다 영구적인 저장장소이다. 어떤 프로그램이나 처리된 자료는 추후 사용을 위해서 보조기억장치에 보다 영구적으로 저장된다. 마그네틱디스크와 드라이브가 가장 일반적으로 사용되는 보조기억장치이나 입력과 출력 기능을 모두 수행할 수 있는 어떤 기구도 보조기억장치로 사용될 수 있다.

출력장치는 컴퓨터에서 처리된 자료나 결과를 사용자가 이해할 수 있는 형태로 제공해주는 역할을 한다. 디스플레이모니터와 프린트가 대표적인 출력장치의 예가 된다. 한 컴퓨터시스템의 출력자료는 다른 컴퓨터시스템의 입력자료로 사용될 수도 있다. 컴퓨터시스템의 출력자료는 시각적일 수도 있고, 음성적일 수도 있고, 디지털 형식일 수도 있다. 출력의 내용이나 형식이 무엇이든 간에 출력장치는 적절한 사람에게 적절한 정보를 적절한 시기에 적절한 양식으로 제공할 수 있어야 한다.

컴퓨터 하드웨어의 처리장치 3.4

중앙처리장치central processing unit, CPU와 기억장치에서 언급한 주기억장치를 합쳐서 광의의 처리장치라고 한다. 이 처리장치는 덧셈 · 곱셈 · 나눗셈과 같은 연산기능, 자료를 컴퓨터시스템의 한 곳에서 다른 곳으로 이동시키는 기능, 두 수의 비교기능들을 백만 내지 십억 분의 몇 초에 수행한다.

대부분 초기 컴퓨터의 중앙처리장치는 제어장치control unit · 연산/논리장치arithmetic/logic unit · 주기억장치main storage unit를 포함하고 있었다. 그러나 프로그램의 크기와 복잡성이 증가함에 따라 그것을 지원해주는데 필요한 저장능력도 크게 증가하게 되었다. 그 결과 주기억장치는 중앙처리장치의 일부로 더 이상 간주되지 않고 하나의 독립된 장치로 간주되게 되었다.

중앙처리장치에 있는 제어장치의 주목적은 프로그램을 실행하는 동안 컴퓨터시스템의 활동을 통제하고 조정하는 것이다. 제어장치는 입력 · 출력 · 처리 · 저장과 같은 작업을 직접 수행하지 않고, 이와 같은 작업들이 순서대로 수행되도록 통제한다. 컴퓨터가 주기억장치에 저장되어 있는 프로그램을 실행할 때 제어장치는 실행되어야 할 순서대로 지시어를 취해서 이를 해석하고, 그 지시에 맞게 실행되도록 컴퓨터시스템의 다른 장치들에게 신호나 명령을 보낸다.

보통 연산/논리장치는 자료이동 · 연산 · 의사결정 · 편집 등의 기능을 수행한다. 자료의 이동은 마치 우리가 뇌로부터 친구의 전화번호를 기억해내어 그것을 종이에 적어 다른 친구에게 주는 것과 같이 컴퓨터의 한 위치에서 다른 위치로 자료를 복사하는 것이다. 연산기능은 사칙연산을 포함한다. 이와 같은 연산 작업을 실행할 때 연산/논리장치는 레지스터register라 불리는 임시저장장소를 이용한다. 연산되어야 할 자료는 처리를 위해 주기억장치로부터 복사되어 레지스터에 위치하게 된다. 연산 작업이 끝나면 그 결과는 레지스터로부터 주기억장치로 옮겨지고 레지스터는 다음 연산 작업을 위해 비워지게 된다. 레지스터 외에 연산/논리장치는 하나 이상의 숫자를 실지로 더하고 빼고 곱하고 나누는 누산기adder를 사용한다.

주기억장치는 대규모 집적회로를 구성소자로 사용하는 임의접근 기억장치random access memory, RAM이다. 따라서 주기억장치와 RAM은 보통 같은 의미로 사용되고, 제한된 용량의 임시 저장장소를 의미한다. 중앙처리장치의 구성요소인 연산장치와 제어장치가 빠른 전자적 속도electronic speed로 작동하기 때문에 기억장치에서 자료가 기계적 속도mechanical speed로 중앙처리장치에 전달되면 처리속도 면에서 기억장치가 큰 장애요인이 될 것이다. 따라서 중앙처리장치에는 고속의 주기억장치가 필요하다.

이상적으로는 대용량의 주기억장치가 바람직하지만 고속의 주기억장치는 상대적으로 고가이기 때문에 일반적으로 적은 용량의 주기억장치와 이를 보완하기 위해 속도는 느리지만 가격이 저렴한 **보조기억장치**를 함께 사용한다. 또한 반도체기억장치인 RAM은 전원이 차단되면 저장내용을 잃어버리는 소멸성volatility 기억장치이기 때문에 프로그램 실행 시 일정한 시점마다 RAM의 저장내용을 디스크와 같은 비소멸성 기억장치인 보조기억장치secondary storage unit에 저장해야 한다.

RAM은 중앙처리장치에 의해 처리될 프로그램의 지시어와 자료들을 저장하는데 사용되며, 저장된 내용을 중앙처리장치에 고속으로 전달한다. 이 지시어와 자료는 필요할 때 컴퓨터시스템으로 직접 입력될 수도 있고, 필요할 때까지 보조기억장치에 저장되어 있을 수도 있다. 어떤 경우든지 모든 지시어와 자료는 처리되기 전에 반드시 주기억장치로 옮겨져야 한다. 이와 같이 지시어와 자료가 주기억장치에 저장되면 지시어들은 순서대로 필요한 자료와 함께 중앙처리장치로 옮겨져 실행되게 된다. 이와 같은 지시어들의 집합을 프로그램이라고 한다.

컴퓨터 처리장치의 성능은 하나의 기계주기machine cycle를 완료하는데 걸리는 시간·클락속도clock speed·단어길이word length 등에 의해 영향을 받는다. 일반적으로 처리장치가 하나의 명령을 실행하기 위해서는 지시주기instruction cycle와 실행주기execution cycle가 필요하다. 이 두 주기를 합쳐서 **기계주기**라고 하며 이 기계주기에 소요되는 시간을 처리 속도를 측정하는 하나의 척도로 사용한다. 기계주기 시간은 흔히 1초당 100만개의 명령을 처리할 수 있는 시간을 나타내는 MIPSMillions of Instructions Per Second로 표시한다.

처리장치에는 규칙적으로 전자펄스electronic pulse를 만들어내는 **내부시계**를 가지고 있는데 이 내부시계의 전자펄스 방출 속도는 일반적으로 메가헬즈MHz:megaherz로 측정된다. 1 메가헬즈는 1초 동안 100만 사이클의 주파수를 나타내는 것을 의미한다. 개인용 컴퓨터의 경우 보통 200MHz(2GHz)의 처리장치를 사용하고 있다. 그러나 이 성능은 빠른 속도로 발전하고 있다.

3.5 컴퓨터 **소프트웨어**

컴퓨터(하드웨어)는 별도의 지시 없이 그 자체만으로는 아무런 기능도 수행할 수 없다. 컴퓨터의 활동을 지시하는 지시(어)instruction들의 집합을 프로그램program이라 한다. 프로그램에 들어있는 지시(어)들을 통해서 컴퓨터가 특정한 작업을 수행하도록 지시하고 통제하게 된다. 이와 같이 컴퓨터를 사용할 때 하드웨어를 지시하고 통제하여 사용자가 원하는 작업을 수행할 수 있도록 하는 모든 형태의 프로그램 집합을 (컴퓨터)소프트웨어라고 한다.

실지로 수많은 종류의 소프트웨어가 있지만 컴퓨터 소프트웨어는 크게 시스템소프트웨어system software와 응용소프트웨어application software로 나뉘어 진다.

시스템소프트웨어는 컴퓨터의 효율적인 사용을 위해 하드웨어의 각 구성요소를 관리하거나 사용자가 특정한 업무를 수행하기 위해 사용하는 응용프로그램의 개발을 지원하는 프로그램들로 이루어져 있어서 컴퓨터 사용자들이 필요로 하는 기본적인 작업들을 수행한다. 이와 같은 작업들은 기업이 수행하는 응용분야가 아니라 주로 컴퓨터하드웨어의 제어와 관련된 작업이다. 시스템소프트웨어는 컴퓨터를 시작하게 하는 프로그램, 응용프로그램을 읽고 저장하고 실행하도록 하는 프로그램, 파일을 저장장치에서 중앙처리장치로 읽어오는 프로그램, 응용프로그램이 다양한 하드웨어 자원을 이용할 수 있게 하는 프로그램 등으로 구성되어 있다.

이러한 시스템소프트웨어는 컴퓨터하드웨어와 응용소프트웨어를 연결하여 주는 인터페이스interface역할을 수행하여 응용소프트웨어들이 컴퓨터하드웨어에서 잘 운영되도록 도와준다. 대표적인 시스템소프트웨어로는 운영시스템operating systems · 유틸리티 프로그램utility programs · 컴파일러compiler · 인터프리터interpreter를 들 수 있다.

응용소프트웨어는 사용자가 컴퓨터시스템을 통해 수행하고자 하는 구체적인 작업을 할 수 있도록 지원해주는 소프트웨어이다. 예를 들면 계산 작업을 수행할 수 있게 해주는 프로그램, 보고서를 작성할 수 있게 하는 프로그램, 스프레드시드 작업을 할 수 있게 해주는 프로그램, 자료 관리를 효과적으로 할 수 있게 해주는 프로그램 등이 응용소프트웨어의 예이다. 시스템소프트웨어가 컴퓨터하드웨어 자원의 관리와 관련된 업무를 수행하는데 반해 응용소프트웨어는 조직(기업)의 자원의 관리와 관련된 업무를 수행한다. 시스템소프트웨어는 응용소프트웨어가 컴퓨터하드웨어에서 효과적으로 작업을 수행할 수 있는 기반을 제공해준다고 할 수 있다.

이러한 응용소프트웨어는 워드프로세싱word processing프로그램 · 그래픽graphic 프로그램 · 스프레드시트spreadsheet프로그램 · 자료관리 프로그램, 그 외 특정분야의 업무를 처리하는 회계처리 프로그램 · 생산공정관리 프로그램 등을 포함한다.

과거에 비해 오늘날에는 소프트웨어의 비중이 점점 커지고 있다. 과거에는 하드웨어의 비용이 상대적으로 소프트웨어에 비해 훨씬 높았으나 기술의 발전으로 말미암아 하드웨어의 비용은 크게 감소하고 점차 복잡해지고 있는 소프트웨어의 개발에 보다 많은 시간과 인력이 요구되기 때문에 소프트웨어의 비중이 높아졌으며 앞으로도 더욱 높아질 것으로 전망되고 있다.

소프트웨어는 물리적 실체인 하드웨어와 대응되는 용어로 컴퓨터시스템의 작동을 통제하는 컴퓨터 프로그램들로 구성되어 있다. 소프트웨어가 하는 가장 중요한 기능은 컴퓨터 하드웨어의 작동을 지시하는 것이다. 소프트웨어가 없다면 컴퓨터 하드웨어는 스스로는 아무런 작업도 할 수 없다. 그리고 같은 컴퓨터 하드웨어라도 사용되는 소프트웨어에 따라 서로 다른 작업을 할 수 있다. 따라서 컴퓨터 소프트웨어는 컴퓨터 하드웨어를 사용자가 원하는 대로 사용할 수 있도록 해준다.

소프트웨어를 만들기 위해서는 프로그램을 작성하여야 한다. 프로그램 작성에 필요한 프로그래밍 언어는 여러 가지가 있으나 최근에는 4세대 언어4GL를 많이 활용한다. 4세대 언어는 비절차적 언어로서 프로그래밍이 매우 용이한 장점이 있다. 이러한 장점 때문에 4세대 언어가 소프트웨어 분야에 미친 영향은 매우 크다.

일반적으로 소프트웨어는 전문 프로그래머programmer가 개발하여야 하지만 최근에는 4세대 언어를 이용하여 일반인도 개발할 수 있게 되었다. 뿐만 아니라 4세대 언어는 프로그램 작성에 요구되는 시간을 대폭 단축시킬 수 있다. 이러한 점 때문에 프로토타이핑prototyping과 같은 소프트웨어 개발방법이 등장하게 되었다. 최근에는 새로운 소프트웨어 개발방법인 객체지향적 기술object-oriented technology이 등장하여 소프트웨어 재사용을 용이하게 만들고 있다. 객체지향적 기술은 프로그래밍 분야뿐만 아니라 데이터베이스 분야와 시스템 분석 및 설계 분야에서도 활용되고 있다.

시스템소프트웨어 3.6

대표적인 시스템소프트웨어 가운데 하나가 운영체제operating system이다. 운영체제는 컴퓨터시스템의 전반적인 운영을 통제하고 조정하는 시스템 프로그램들의 집합이다. 이 프로그램들이 하드웨어와 응용프로그램 사이의 인터페이스interface역할을 한다.

운영체제는 일반적으로 '교통순경' · '감독자' · '관리자' 등으로 묘사되며 그 별명과 같이 중앙처리장치 · 기억장치 · 입출력장치 등의 컴퓨터 자원을 제어하고 관리한다. 운영체제는 보통 사용자에 의해서 인식되지 않고 사용자의 개입 없이 작업을 수행한다. 따라서 사용자는 일반적으로 운영체제가 다양한 방법으로 사용자를 보조하면서 조용히 작업하고 있다는 사실을 인식하지 못한다.

운영체제의 핵심kernel은 기본적인 기능을 수행하고, 운영체제의 다른 부분들에 접근할 수 있도록 해주기 위해 항상 주기억장치에 상주해야 하는 운영체제의 작은 부분이다. 운영체제의 다른 많은 부분은 필요할 때 주기억장치로 옮겨올 수 있게 보조기억장치에 보관된다. 운영체제가 디스크에 저장되어 있으면 디스크 운영체제disk operating system이라고 한다,

운영체제가 나타나기 전에는 지금의 운영체제에 의해 수행되는 지원기능들을 메인프레임 컴퓨터시스템의 오퍼레이터operator들이 담당하였다. 즉 모든 작업의 순서를 정하고, 앞 순위의 작업이 진행되는 동안 다른 작업을 하지 못

하게 방지하고, 적절한 프로그램과 그기에 필요한 자료파일을 불러오는 등의 기능을 사람인 오퍼레이터가 담당하였다. 또한 프로그램 실행이 잘못되거나 주변장치에 어떤 문제가 있을 때, 오퍼레이터는 문제를 찾아 필요한 조치를 취해야 했다. 컴퓨터 기술이 발달하면서 과거 오퍼레이터가 수행하던 이와 같은 기능을 운영체제가 맡아 사람의 개입 없이 더 빨리, 더 정확하게, 더 경제적으로 수행하게 되었다.

현대 운영체제는 사람과 컴퓨터 사이의 상호작용interaction을 제공하고 컴퓨터 작업을 시작하게booting하며, 작업순서와 절차의 일정계획schedule을 수립하고 입출력장치를 제어하며, 프로그램 실행을 제어하고 자료 및 파일을 저장관리하며, 중앙처리장치에 서로 다른 작업을 할당하고 컴퓨터시스템의 보안과 통제를 관리하는 등의 기능을 수행한다.

운영체제가 가장 중요하고 기본적인 시스템소프트웨어지만 그 외에도 언어번역프로그램 · 시스템개발 프로그램 · 유틸리티 프로그램과 같은 서비스 프로그램 등을 포함한다. 컴퓨터를 사용해서 자료를 처리하기 위해서는 지시어들의 집합인 프로그램을 작성해야 하며 그러기 위해서는 적절한 **프로그래밍언어**를 사용하여야 한다. 프로그래밍언어는 사람과 컴퓨터 사이의 대화를 가능하게 하는 언어라고 볼 수 있다. 프로그래밍언어는 크게 **기계어**machine language · **어셈블리언어**assembly language · **고급언어**high-level language로 구분할 수 있다.

대부분의 컴퓨터는 그 컴퓨터에 사용되고 있는 특정 마이크로프로세서에 적합한 0과 1의 조합으로 표현되는 기계어로 작성된 명령밖에 이해하지 못한다. 따라서 컴퓨터에 명령을 내리기 위해서는 기계어로 그 컴퓨터에 적합하게 명령을 작성해야 한다.

그러나 기계어는 일반적으로 사람이 배우고 사용하기는 어렵다. 따라서 사용자는 0과 1의 숫자 대신 문자나 단어와 같은 기호를 사용해서 컴퓨터와 의사소통하기를 원한다. 이와 같이 복잡한 숫자 대신 사람이 이해할 수 있는 문자나 단어와 같은 기호를 사용하는 언어를 어셈블리언어라고 한다. 어셈블리언어의 한 기호(문자, 단어)로 표현된 명령은 하나의 기계어 명령으로 번역될 수 있는 기계어에 가장 가까운 언어이다.

컴퓨터는 기계어로 된 명령(코드)밖에 이해할 수 없기 때문에 어셈블리어로 표현된 프로그램을 기계어로 번역하는 프로그램이 필요하며, 이것을 언어번역 프로그램의 하나인 어셈블러assembler라고 한다. 어셈블리언어는 기계어보다는 사용하기 쉬우나 여전히 오랜 훈련을 거쳐야 사용할 수 있고, 언어 자체가 기계 의존적이어서 한 컴퓨터에서 사용될 수 있는 어셈블리언어는 다른 컴퓨터에 사용될 수 없고, 기계어와 1 대 1 대응되기 때문에 고급언어에 비해 같은 작업을 위해서도 더 많은 명령어를 사용해야 한다는 단점을 가지고 있다. 어셈블리언어는 기계 의존적이라는 특성 때문에 운영체제의 작성 등에 많이 사용된다.

보다 사람의 언어와 유사하여 프로그램을 쉽게 작성할 수 있도록 만들어진 언어를 고급언어라고 한다. 이와 같은 고급어로 작성된 프로그램을 컴퓨터가 이해할 수 있는 기계어로 번역해 주는 작업은 컴파일러compiler 또는 해석기interpreter와 같은 언어번역프로그램이 담당한다. 고급어로는 파스칼Pascal · 포트란FORTRAN · 코볼COBOL · C 등이 있으며 각 언어마다 독자적인 컴파일러를 가지고 있다.

3.7 응용 소프트웨어

컴퓨터 사용자가 특정업무를 컴퓨터로 수행하기 위해서는 시스템소프트웨어 외에도 해당분야의 **응용프로그램**을 사용해야 한다. 응용소프트웨어는 사용자의 업무처리를 위하여 사용자나 소프트웨어 개발업체에 의해 작성된 프로그램이다. 즉 사용자가 필요한 업무를 실행하기 위하여 고급언어를 사용하여 직접 개발할 수도 있지만, 많은 경우 전문 소프트웨어 개발업체에 의해 개발된 응용소프트웨어 패키지package 형태로 사용된다. 패키지 형태의 응용소프트웨어의 장점은 업무처리나 문제해결을 위하여 프로그램을 작성하는 많은 노력을 줄어 준다는 것이고, 단점은 조직에 어떤 새로운 요구가 발생하거나 업무의 내용에 변화가 생길 경우 쉽게 프로그램을 수정할 수 없다는 것이다.

이와 같이 응용소프트웨어는 실질적으로 특정용도에 컴퓨터를 활용하기 위하여 작성된 프로그램을 말하며 사용자가 컴퓨터를 이용해서 해결하려는 문제는 수없이 많기 때문에 응용프로그램도 수없이 다양하다. 그러나 크게는 그 응용범위에 따라 여러 가지 응용분야에서 활용할 수 있는 **범용프로그램**과 특정 요구에 맞춰 작성된 **전용프로그램**으로 나눌 수 있다.

컴퓨터의 응용분야는 다양하지만 많은 응용분야에서 공통적으로 사용될 수 있는 도구적인 성격을 갖는 응용프로그램을 **범용프로그램**이라 하고 워드프로세싱 · 그래픽 · 스프레드시트 · 자료관리프로그램 등을 포함한다. 이러함 범용프로그램은 패키지화되어 다양하게 보급되고 있다.

워드프로세싱word processing**프로그램** 또는 **워드프로세서**word processer는 사용자가 문서의 작성·저장·편집 등의 작업과정을 거쳐 일정한 틀의 완성된 형태의 문서로 출력할 수 있도록 지원해주는 응용소프트웨어 패키지이다. 워드프로세서를 사용하면 문서의 수정작업을 쉽게 반복해서 할 수 있기 때문에 매우 편리하게 문서를 작성할 수 있다. 일반 사무업무의 많은 부분이 문서의 작성·편집·교정·복사·보관·검색·폐기 등의 문서처리작업인데 워드프로세싱 프로그램은 이러한 단순하고 반복적인 문서처리업무를 어느 정도 자동화하여 업무의 효율성을 높여준다.

그래픽 프로그램은 워드프로세싱 프로그램이나 다른 일반적인 응용프로그램으로는 표현하기 어려운 도표나 그림을 쉽게 작성하도록 만들어진 프로그램이다. 자료의 표현력을 높이기 위하여 일반적인 수치자료의 도표로의 전환이 요구됨에 따라 앞으로 그래픽 프로그램은 더욱 많이 사용될 전망이다. 디자이너와 건축가를 위한 디자인 및 설계용 그래픽 프로그램, 영화나 광고에서 많이 사용되는 움직이는 영상을 제작하는 애니메이션을 위한 그래픽 프로그램, 그 외 출판에 사용되는 일러스트레이션용 그래픽 소프트웨어 등이 많이 개발되어 사용되고 있다.

텍스트text를 주로 조작하는 워드프로세서와는 대조적으로 **스프레드시트**spread-sheet **프로그램**은 숫자자료를 주로 조작한다. 스프레드시트 프로그램은 숫자나 문자를 입력하고, 입력된 내용을 컴퓨터의 기억장치에 저장할 수 있는 큰 행과 열로 구성된 계산지 또는 회계장부를 사용자에게 제공해주는 고성능의 전자계산기라고 할 수 있다. 문자·숫자·공식 등을 계산지 위의 지정된 행과 열로 구성된 셀cell에 입력하고 몇 번의 키보드나 마우스 조작으로 사용자는 신속하게 자료를 원하는 대로 변화시키고 수정하고 계산할 수 있다.

자료관리 프로그램은 자료의 보관·이용·관리업무를 전산화한 소프트웨어 패키지를 말하며 컴퓨터시스템에 저장된 많은 양의 자료를 체계적으로 조직화하고 관리할 때, 이를 특히 **데이터베이스관리시스템**database management system,

DBMS이라 한다. 이 외에도 최근에는 인터넷의 보편화로 새로운 형태의 응용 소프트웨어들이 개발되어 사용되고 있다. 그 가운데 하나가 **그룹웨어**groupware 이다. 일반적으로 작업 그룹이나 팀의 구성원들이 서로 협력하여 수행하는 공동업무의 효과적인 처리를 위해 필요한 정보처리 기반infra기능을 제공하는 소프트웨어를 그룹웨어라고 한다. 그룹웨어를 통해서 그룹 구성원들은 서로의 의견을 교환하고, 새로운 아이디어와 지식을 공유하는 등 협업을 보다 효과적으로 할 수 있다.

전용프로그램은 보통 특정분야의 업무를 전산화 해놓은 프로그램을 말하며 회계처리 프로그램 · 생산공정관리 프로그램 등과 같은 업무용 프로그램으로부터 과학용 프로그램, 그리고 교육 · 오락 · 예술 · 의료 분야 등에 대한 다양한 응용프로그램이 개발되고 있다. 범용소프트웨어 패키지를 사용하는 대신 전용프로그램을 사용하면 조직이나 사용자의 구체적인 요구를 정확히 반영할 수 있고 조직에 새로운 요구가 발생하거나 업무의 내용에 변화가 생길 경우 비교적 쉽게 프로그램을 수정할 수 있다는 장점이 있지만, 전용프로그램을 개발하는데 많은 노력과 전문 인력 및 시간이 소요된다는 단점이 있다.

컴퓨터시스템의 처리방식 3.8

입출력장치와 처리장치 간의 속도 차이는 컴퓨터시스템의 전체적인 효율성 저하를 가져온다. 컴퓨터시스템의 전체적인 효율성을 증가시키기 위한 컴퓨터 디자이너들의 노력의 결과로 중복처리overlapped processing라는 개념이 나오게 되었다.

모든 자료처리는 입력 · 처리 · 출력작업을 포함하는데 이러한 각 작업은 일정한 시간을 소요한다. 따라서 하나의 자료처리를 마치는데 소요되는 시간은 이 세 가지 작업을 각각 완성하는데 소요되는 시간을 합한 것이다. 그러나 한 시점에 두 개 이상의 작업을 동시에 수행하면 자료처리 시간을 현저히 줄일 수 있는데 이렇게 한 시점에 두 개 이상의 작업을 수행하는 중복처리를 채널channel이라고 한다.

입출력작업을 통제하는 특수장치를 사용하여 처리장치로 하여금 입출력작업으로부터 자유롭게 함으로써 가능해진다. 한 채널은 입력작업을 통제하고 또 다른 채널은 출력작업을 통제하는데 이용될 수 있다. 그러면 처리장치는 속도가 상대적으로 느린 입출력작업으로부터 해방되어 연산(처리)작업만 수행할 수 있게 된다. 따라서 입출력장치가 각각 해당 작업을 수행하는 동안 처리장치는 그 작업들이 끝나기를 기다릴 필요 없이 동시에 처리작업을 수행함으로써 한 시점에 입출력작업 · 처리작업이 동시에 수행됨으로써 컴퓨터시스템의 처리능력을 높일 수 있게 된다.

중복처리의 개념을 이용하여 하나의 중앙처리장치를 가진 컴퓨터로 두 개 이상의 프로그램을 동시에 실행하는 것을 **다중프로그래밍**multi-programming시스템 이라 한다. 엄밀히 말하면 둘 이상의 프로그램이 컴퓨터의 각 부분(자원)을 공유하거나 시차를 두고 서로 교차적으로 사용하는 것이다. 다시 말해서 둘 이상의 프로그램이 동시에 수행되지만 그 프로그램들이 같은 컴퓨터 자원을 동시에 사용하는 것은 아니다. 여러 개의 프로그램이 번갈아가면서 하나의 중앙처리장치를 사용한다.

다중프로그래밍multi-programming시스템은 하나의 중앙처리장치와 여러 개의 입출력장치들로 구성된다. 입출력작업은 직접 중앙처리장치의 통제 아래 수행되지 않고 그 통제를 입출력 채널에 맡긴다. 따라서 중앙처리장치는 입출력 작업에서 해방되어 보다 속도가 느린 입출력작업이 채널과 입출력장치에 의해 수행되는 동안 다른 프로그램을 처리할 수 있게 된다. 다중프로그램 방식에서는 여러 개의 프로그램을 중앙처리방치로 불러들여 입출력과 관계없이 순서대로 가능한 중앙처리장치의 사용에 공백이 없이 효율적으로 여러 개의 프로그램이 동시에 수행되도록 한다.

멀티태스킹multitasking은 네트워크에 연결되지 않은 개인용 컴퓨터와 같이 단일 사용자 운영체제에서 다중프로그래밍 작업을 수행하는 것을 말한다. 한 사람이 하나의 컴퓨터에서 둘 이상의 프로그램이나 프로그램 작업들을 동시에 수행할 수 있다. 예를 들면, 영업사원은 워드프로세서 프로그램으로 고객에게 편지를 쓰면서 동시에 데이터베이스 프로그램을 사용해서 특정 지역에서 체결된 모든 판매계약을 찾아볼 수 있다. 워드프로세서 프로그램 작업을 끝내지 않고, 운영체제로 돌아가서 데이터베이스 프로그램 작업을 시작할 수 있다. 멀티태스킹은 영업사원이 컴퓨터 화면에 두 개의 프로그램을 나타나게 해서 동시에 두 프로그램에서 작업을 할 수 있게 한다.

시분할time sharing은 여러 사용자가 컴퓨터 자원을 동시에 공유해서 사용할 수 있게 하는 기능이다. 시분할 환경에서는 각 사용자에게 아주 작은 시간 조각time slice이 할당된다. 이 작은 시간 조각(보통 2밀리세컨드 이내) 내에 각 사용자는 자기 작업을 컴퓨터로 수행할 수 있다. 그러나 이 시간 내에 작업을 마칠 수 없고 다른 사용자들이 컴퓨터를 사용하려고 기다리고 있으면 다음 사용자에게 같은 시간 조각이 할당되고 앞 사용자는 기다리게 된다.

이렇게 기다리는 모든 사용자에게 같은 사용 시간이 할당되고 난 후에 작업을 마치지 못한 첫 번째 사용자에게 다시 같은 시간이 할당된다. 중앙처리장치는 매우 빠른 속도로 작업을 처리하기 때문에 하나의 시간 조각 내에 많은 작업을 할 수 있다. 그리고 동시 사용자가 크게 많지 않으면 아주 작은 시간 조각이 각 사용자에게 돌아가면서 할당되기 때문에 다른 사용자들이 컴퓨터를 동시에 공유해서 사용하고 있다는 사실을 인식하지 못한다. 물론 동시에 같은 컴퓨터를 사용하는 사람이 너무 많으면 컴퓨터의 반응에 상당한 지연이 있을 수 있다.

다중처리multiprocessing는 하나의 컴퓨터시스템에 두 개 이상의 중앙처리장치를 연결하여 동시에 여러 개의 작업을 병렬parallel로 처리하는 기능이다. 하나의 프로그램 또는 여러 프로그램으로부터 처리해야 할 작업을 나누어 각각 하나의 중앙처리장치에 할당해서 동시에 여러 작업을 수행하도록 한다. 다중프로그래밍은 하나의 중앙처리장치로 중복처리 기능을 사용해서 여러 개의 작업을 동시에 수행하는 반면, 다중처리는 다수의 중앙처리장치를 사용해서 동시에 여러 개의 작업을 병렬로 처리하는 것이다.

3.9 데이터베이스

어떤 조직이든지 목적을 달성하기 위해 효율적으로 관리하여야 하는 몇 가지 자원resources이 있다. 인적자원 · 금융자원 · 물적자원이 그것인데 이들은 모두 비용이 수반되며 조직에 없어서는 안 되는 것들이다. 이들 자원과 마찬가지로 정보 역시 아무렇게나 구해지는 것이 아니라 그것을 얻기 위해 비용이 발생하고 조직 활동에 필수적인 역할을 한다는 점에서 또 다른 자원으로 인식되고 있다. 특히 모든 형태의 자료라는 의미에서의 정보자원은 눈에 보이는 인적 · 금융 · 물적 자원을 표상하는 개념적 자원이라 할 수 있다. 따라서 정보자원을 통해서 다른 자원의 운용을 관찰할 수 있다.

다시 말해 정보자원은 다른 자원의 효과적인 관리를 가능하게 해준다. 이와 같이 정보는 조직의 귀중한 자원이기 때문에 효과적으로 관리되어야 하고 그 과정을 자료관리라고 부른다. 자료관리는 조직의 정보자원이 정확하고 현재적current이며 안전하고 사용자들이 쉽게 이용할 수 있도록 하는 모든 활동을 포함한다. 그리고 오늘날 대부분의 조직에서는 데이터베이스 형태로 자료 관리를 하고 있다.

데이터베이스에 대해 설명하기 전에 우선 자료와 정보의 개념에 대해 알아야 할 것이다. 자료data는 사람 · 사물 · 사건 또는 다른 어떤 대상에 관한 '있는 그대로의 사실fact' 을 의미한다. 조직은 매일 엄청난 양의 자료를 내외부로부터 수집하게 되는데 많은 경우 그 상태로는 별로 의미가 없다. 이러한 자료가 의사결정자에게 의미 있고 가치 있는 형태로 변환되었을 때 이를 **정보** information라고 부른다.

예를 들어 무작위로 나열되어 있는 시험점수는 자료이지만 성적순으로 정리된 점수는 학점을 결정해야 하는 교수에게는 가치 있는 정보가 될 수 있다. 그러나 어떤 자료는 사용자에 따라서는 단순한 자료가 될 수도 있고 의미 있는 정보가 될 수도 있다. 또한 기존의 정보도 재가공을 통해 새로운 정보가 될 수 있다. 이 때 기존의 정보는 새로운 정보를 위한 자료로서의 역할을 했다고 볼 수 있다. 따라서 자료와 정보는 그렇게 명확하게 구분되지 않는 경우가 많이 있고 그 결과 일반적으로 혼동해서 많이 사용되고 있다.

데이터베이스에 저장되는 자료도 어떤 것은 그야말로 '있는 그대로의 사실' 이지만 어떤 것은 어느 정도 가공 또는 처리된 정보일 수 있고 그 가공 및 처리 정도도 다양하다고 할 수 있다. 이와 같은 모든 형태의 저장된 자료는 조직의 귀중한 자산이기 때문에 철저한 관리가 요구된다. 이를 위해 많은 조직에서 데이터베이스 시스템을 구축해서 사용하고 있다. 데이터베이스 시스템은 일반적으로 자료 · 하드웨어 · 소프트웨어 · 사용자의 네 가지 요소로 구성되어진다.

데이터베이스 방식에서는 자료 또는 정보를 저장하고 있는 데이터베이스 자체뿐만 아니라 데이터베이스에 저장된 자료를 수정 · 추출 · 추가하기 위한 작업을 용이하게 하는 일련의 프로그램을 사용한다. 이와 같은 기능을 수행하는 일련의 프로그램을 **데이터베이스관리시스템**Database Management System; DBMS이라고 부른다. 즉 데이터베이스관리시스템은 사용자들이 데이터베이스를 만들고 유지 · 관리하도록 해주는 소프트웨어이다.

데이터베이스관리시스템은 그것이 채택하고 있는 데이터모형에 따라 구분된다. 오늘날 대부분의 상업용 데이터베이스관리시스템은 관계형relational · 망형network · 계층형hierarchical · 객체지향적object-oriented데이터모형 등을 채택하고 있으나 이들 중 관계형 데이터 모형에 기반을 둔 데이터베이스관리시스템이 가장 보편적으로 사용되고 있다.

데이터 모형data model은 현실 세계에 존재하는 복잡한 객체와 사건에 대한 정보들 가운데 조직에서 저장하고자 하는 정보와 그 정보들 사이의 상관관계를 요약해서 나타내 줌으로써 보다 쉽게 조직의 자료(정보) 자원을 이해하고 표현할 수 있도록 해주는 도구이다. 즉 데이터 모형은 조직에서 사용하는 자료의 전체적인 논리적 구조를 쉽게 표현할 수 있도록 해주는 도구 역할을 한다.

데이터베이스 방식은 데이터 모형을 사용하여 조직에서 필요한 모든 자료를 통합적으로 표현하고, 이를 데이터베이스관리시스템을 통해 하나의 데이터베이스에 저장하고, 이 데이터베이스를 여러 사용자들이 공유하여 데이터베이스관리시스템을 통해 쉽게 각자 원하는 정보를 얻을 수 있게 한다. 따라서 데이터베이스 방식에서는 모든 자료가 중복 없이 데이터베이스에서 데이터베이스관리시스템을 통해 통합 관리되고, 이와 같이 데이터베이스에 저장된 자료는 데이터베이스관리시스템을 통해 여러 사용자가 공동으로 사용할 수 있게 된다.

데이터웨어하우스 3.10

지난 40년간 기업의 정보기술에 대한 투자의 초점은 기업운영에 필요한 업무 프로세스를 자동화하는 것에 맞추어져 있었다. 이는 인사 · 급여 · 구매 · 생산 · 재고 · 물류 등 기업운영의 전반적인 측면을 포함하고 있다. 이러한 시스템은 효율적인 기업의 운영을 지원하기 위해 거래transaction를 수집 · 분류 · 저장 · 유지보수 · 갱신 · 검색 등의 기능을 수행하기 때문에 거래처리시스템transaction processing system이라고 한다.

거래처리시스템은 조직의 일상적 거래에 관 자료를 수집 · 처리 · 저장하는데 사용된다. 예를 들어 은행에서 고객이 입 · 출금을 할 때 발생하는 모든 자료를 기록하고 보관하는 작업이 거래처리시스템에 의해 이루어진다. 거래처리시스템에서 가장 강조되는 부분은 거래발생에 따른 자료갱신의 정확성과 신속성, 그리고 처리 비용이다. 거래처리시스템을 효율적으로 지원하기 위해 나온 기술(개념)이 데이터베이스이다. 오늘날 거래처리시스템은 대부분 온라인상에서 실시간으로 구현되는 온라인 거래처리시스템OLTP: On-Line Transaction Processing System이다.

한편 기업들은 거래처리시스템의 사용으로 대량의 자료가 축적되었지만 이러한 자료는 거래처리시스템에서만 사용되고 단순히 현시점에서의 거래상황 또는 결과를 나타내 줄 뿐 그 외의 특별한 부가가치를 더해주지 못했다. 이와 같이 축적된 자료를 좀 더 높은 부가가치를 창출할 수 있는 방향으로 사용하려는 노력의 결과로 나온 것이 **의사결정지원시스템**decision supporting system이다. 즉 축적된 자료를 단순히 거래처리에만 사용할 것이 아니라 기업의 의사결정에 유용하게 활용하려는 시도로 나온 개념이 의사결정지원시스템이다. 의사결정지원시스템은 오늘날과 같이 급변하는 기업환경에서 기업의 생존에 중요한 요소가 되었다.

의사결정지원시스템은 자료를 분석하고 이를 기초로 의사결정을 수행하는 작업을 지원하며 다양한 사용자의 요구에 신속하게 대응할 수 있도록 동적으로dynamically 구성된다. 의사결정지원시스템은 미리 정해진 출력 형태보다 다양한 의사결정 모형을 탑재하여 사용자가 대화식으로 의사결정과 관련한 정보를 스스로 찾아갈 수 있어야 한다. 따라서 의사결정지원시스템에서 요구되는 자료의 성격은 거래처리시스템에서 사용되는 자료와는 큰 차이가 있다. 이 차이는 크게 기간 · 요약수준 · 차원의 관점에서 비교할 수 있다.

거래처리시스템에서 사용되는 자료는 현재의 상태를 나타내는 반면 의사결정지원시스템에서는 현재의 상태보다 과거 일정한 기간의 흐름과 추세를 파악할 수 있도록 자료가 조직되어야 한다. 거래처리시스템에서는 발생한 거래에 관한 자세한 사항을 기록하는 반면 의사결정지원시스템에서는 여러 단계로 요약된 자료가 요구된다. 또한 의사결정지원시스템에서 요구되는 자료는 다차원으로 분석할 수 있어야 한다. 예를 들어 의사결정자는 매출액을 분석할 경우 각 제품별 매출액 또는 제품별/매장별 매출액, 또는 제품별/매장별/월별 매출액 등 상황에 따라 다양하게 분석할 수 있도록 자료가 다차원으로 조직되고 제공되어야 한다.

거래처리시스템에서 필요로 하는 자료를 제공하고 관리하는 것이 데이터베이스라면 의사결정지원시스템의 위와 같은 자료 요구를 지원하는 데이터베이스가 **데이터웨어하우스**data warehouse이다. 데이터웨어하우스는 의사결정지원시스템이 요구하는 자료를 기존의 데이터베이스가 제공할 수 없기 때문에 나온 새로운 데이터베이스 개념이다. 일반적으로 데이터웨어하우스는 의사결정을 지원하는 통합적integrated이고 주제지향적subject-oriented이며 시계열적time-variant이고 비소멸적인non-volatile 성격을 가진다.

데이터웨어하우스는 전체 조직에서 수집한 다양한 자료를 통합하여 중앙집중적으로 결합한 데이터베이스이다. 따라서 데이터웨어하우스는 각종 원천으로부터 다양한 형태의 자료를 표준화하여 결합한다. 기존의 거래처리시스템이 업무별로 구성되어 있는 것과는 달리 데이터웨어하우스는 주제에 따라 분류되고 저장된다. 예를 들면, 은행의 거래처리시스템은 예금 · 대출 · 신용카드 · 외환 등으로 나뉘어 운영되며 그에 따라 자료도 각각 따로 저장되고 관리된다.

반면 데이터웨어하우스는 이러한 자료를 통합하여 고객별 · 지점별 · 기간별 분석 등이 쉽게 이루어질 수 있도록 저장된다. 따라서 특정 고객의 거래 상황을 한 눈에 파악할 수 있으며, 그에 따라 의사결정이 보다 효과적이고 효율적으로 이루어질 수 있다. 의사결정지원시스템에서 요구하는 자료는 거래처리시스템에서 사용되는 자료에 비해 시간이라는 요인이 중요하다. 따라서 데이터웨어하우스에서는 현재의 자료뿐만 아니라 과거의 자료도 시간의 흐름에 따라 주기적으로 누적된다. 그 결과 데이터웨어하우스의 자료는 장기간 삭제되지 않고 추가되고 그 크기는 계속적으로 증가한다.

3.11 정보통신의 개요

통신이란 원래 한 지점에서 다른 지점으로 자료를 단순히 전송하는 과정을 의미하였으나, 지금은 컴퓨터와 통신경로인 전선 · 전화선 · 마이크로웨이브microwave · 광섬유선optical line 등을 통해 다양한 자료를 전기적 또는 전자적으로 전송하는 과정을 의미하게 되었다. 정보통신이란 컴퓨터 및 통신장비를 이용하여 전자기적인 방법으로 통신하는 모든 과정을 의미한다. 정보통신시스템은 기본적으로 송신자sender · 통신매체communication channel · 수신자receiver로 구성된다.

송신자는 전달될 메시지message를 만들어 보내는 장치이고, 통신매체는 메시지를 송신자로부터 수신자에게 전달하기 위해 사용하는 전송경로이며, 수신자는 전달된 메시지를 정확하게 받는 장치이다. 송신자와 수신자는 일반적으로 컴퓨터나 단말기terminal가 된다. 통신매체는 메시지를 빠르고 정확하고 안전하고 경제적으로 전송할 수 있어야 한다. 오늘날 메시지는 음성 · 문자 · 화상 · 동영상 등 다양한 형태를 취한다. 통신매체로는 여러 가지 형태의 전선 · 전화선 · 광섬유선 · 마이크로웨이브 등이 사용된다.

정보통신에는 이와 같은 기본적인 구성요소 외에도 다양한 통신장비들이 사용되고 있다. 통신장비는 컴퓨터와 통신매체 사이에 위치하여 효과적이고 효율적인 통신이 될 수 있도록 지원하는 장치를 말하며, 대표적인 예로 전송신호의 형태를 변환시켜주는 모뎀modem이 있다. 그 외에도 통신 경로를 분할하고 입력된 메시지의 오류여부를 조사하며 컴퓨터와 통신매체 사이의 속도차이를 조절하는 등의 다양한 기능을 담당하는 통신제어 장비들이 있다.

통신매체를 통해 메시지를 전송할 때 사용되는 전송신호는 일반적으로 아날로그 신호analog signal와 디지털 신호digital signal 두 가지 유형으로 분류된다.

아날로그 신호는 연속적인 파장wave의 형태로 전송된다. 전화선을 통한 음성전송 또는 모뎀을 이용해서 자료를 전화선으로 전송할 때 아날로그 신호가 사용된다. **디지털 신호**는 불연속적인 봉우리와 골짜기의 형태로 신호를 전송하는 방식으로 컴퓨터 내부에서 사용되는 전송신호가 바로 디지털 신호이다. 신호의 봉우리는 '1', 골짜기는 '0'을 나타낸다고 할 수 있다. 아날로그 신호로 표현된 자료라도 컴퓨터에서 처리되기 위해서는 디지털 신호로 변환되어야 한다. 디지털 신호 방식은 고속전송에 적합하고 잡음이 없는 등의 장점이 많아 최근에 많이 사용되고 있다.

통신매체는 자료가 실질적으로 전송되는 통로를 의미하며 크게 유선매체와 무선매체로 나눌 수 있다. 유선과 무선의 차이는 눈에 보이는 물리적 회선 사용의 유무이다.

유선통신매체로는 전화선에 주로 사용되고 있는 두 가닥의 절연된 구리선이 균일하게 감겨져 있는 동선twisted pair cable · 케이블TV에 주로 사용되는 두껍게 절연된 구리선으로 구성된 동축케이블coaxial cable, 오늘날 가장 각광받고 있는 광섬유케이블fiber optic cable 등이 있다.

광섬유케이블은 그냥 광케이블이라고도 불리는데, 자료를 빛의 파동pulse으로 전환하여 전송하기 때문에 전송용량이 매우 크며, 100Mbps에서 수천Mbps까지 빠른 전송이 가능하다. 전송되는 자료 종류가 다양해지고 그 용량이 커짐에 따라 광케이블의 수요는 앞으로 지속적으로 늘어날 것으로 예측된다. 광케이블은 현재 대용량 및 고속 전송을 필요로 하는 기간선backbone을 구축하는데 주로 사용되고 있으나 앞으로는 모든 통신망이 광케이블로 대체될 것으로 예상된다.

무선통신매체로는 지상초단파terrestrial microwave와 위성초단파satellite microwave가 주로 사용되고 있다. 지상초단파는 선을 사용하지 않는 대신 중간에 방해물이 없는 가시거리 내에 안테나를 설치해야 한다. 또한 장거리 전송을 위해서는 초단파 중계탑을 사용한다. 초단파는 직진하는 성질이 있기 때문에 지구의 다른 편에 있는 곳까지 전송하려면 많은 중계탑을 설치해야 한다. 이러한 문제점을 해결하기 위해 사용되는 방식이 위성초단파방식이다. 위성초단파 방식은 많은 양의 자료를 장거리로 전송하는데 가장 비용 효과적인 방식이다. 위성초단파는 유선의 한계를 극복해주기 때문에 통신의 공간적 제약을 해결해준다. 그러나 TV를 통한 위성중계에서 나타나듯이 전파지연이 발생한다는 단점이 있다.

이동통신방식은 일반 공중통신망을 무선으로 구현한 것으로 이동체와 고정체, 이동체와 이동체 사이를 연결해주는 통신매체이다. 그 종류에는 셀룰러cellular 이동전화시스템 · 주파수공용시스템TRS · 개인휴대통신PCS 등이 있다. 이동통신기술은 초기에는 주로 음성 통신에 사용되었으나 기술의 발달로 인하여 점차 다양한 자료의 전송에 활용되고 있다.

통신 프로토콜 3.12

성공적인 의사소통을 위해서는 단순히 공동 언어뿐만 아니라 정보의 교환을 지배하는 일련의 공동규칙 또는 표준이 필요하다. 마찬가지로 통신망을 통해서 정보를 교환할 때도 일정한 규칙을 따라야 한다. 이와 같은 공동의 규칙 또는 표준을 **프로토콜**protocol이라 한다.

즉 프로토콜이란 둘 혹은 그 이상의 컴퓨터나 통신장비 사이에 오류 없이 효율적이고 신뢰성 있는 정보의 교환이 이루어지기 위해 정보의 송신 측과 수신 측 사이에 미리 정해둔 통신규칙(규약)을 말한다. 프로토콜은 정보교환을 위한 모든 물리적, 논리적, 절차적 내용을 규정한다.

프로토콜이 필요하게 된 것은 정보통신 분야의 등장 이래로 수많은 하드웨어 및 소프트웨어 제품이 시장에 쏟아져 나옴에 따라 서로 다른 공급자들의 제품을 상호 연결하는데 어려움이 있었다. 이는 각 공급자가 독자적인 표준에 따라 제품을 개발했기 때문이다. 따라서 이와 같은 다양한 제품들 사이의 상호연결interface을 위한 공동의 규칙이 필요하게 되었다. 프로토콜은 문자길이word length, 전송속도band rate, 전송상태transmission mode, 문자 사이를 구분하는 비트bit 수, 패리티(parity: 문자들이 정확하게 수신되게 하기 위해 사용하는 오류발견 기법) 등을 구체화하는 소프트웨어에 의해 구현되고 제어된다.

IBM을 비롯한 여러 컴퓨터 제조업체들이 각각 그들 자체의 표준(프로토콜)을 개발하였다. 그러나 정보통신 제품들 사이의 비호환성 문제가 세계적으로 광범위하게 영향을 미침에 따라 1970년대 말 국제표준기구International Standards Organization, ISO에서 네트워크 프로토콜 시스템을 개발하고 그것을 OSIOpen Systems Interconnection라고 명명했다.

OSI는 서로 다른 컴퓨터와 통신망을 연결하는 글로벌 통신망을 지원하기 위해 설계되었는데 물리적 계층physical layer · 자료연결 계층data link layer · 네트워크 계층network layer · 트랜스포트 계층transport layer · 세션 계층session layer · 프레젠테이션 계층presentation layer · 애플리케이션 계층application layer 등 7개의 계층으로 나누어 자료의 전송을 규정하고 있다. 그리고 각 계층의 프로토콜은 독립성을 가지고 있기 때문에 이를 준수하면 자료 교환에 문제가 없게 된다.

인터넷은 패킷 스위칭packet switching 방식으로 메시지를 전달한다. 패킷 스위칭은 메시지를 보내기 전에 패킷이라 불리는 작은 부분들로 나누어 각 패킷을 다른 패킷과는 독립적인 경로로 보내는 기술이다. 따라서 각 패킷은 서로 다른 경로를 통해서 최종 목적지에 도달된다. 최종 목적지에서는 도착된 각 패킷을 다시 순서대로 조합하여 원래 메시지로 전환된다.

이와 같은 작업을 위해 인터넷에서 주로 사용하는 프로토콜이 TCPTransmission Control Protocol와 IPInternet Protocol이다. 이 두 프로토콜은 어떻게 인터넷을 통해 자료(메시지)를 전송하고, 어떻게 네트워크 연결을 시작하고 끝내는 지를 통제하는 규칙들을 포함하고 있다. 보다 구체적으로 TCP는 인터넷을 통해 전송하기 전에 메시지나 파일을 작은 패킷으로 분해하는 작업과 수신처에 도착한 패킷packet들을 조합하는 작업을 통제한다. 그리고 IP는 각 패킷의 주소를 지정하는 작업을 통제한다. 즉 각 패킷의 발신처와 수신처 주소를 분류해서 붙이는 작업을 주관한다.

최근에는 무선통신 및 무선 LAN을 위한 Bluetooth · 802.11a · 802.11b 등의 새로운 프로토콜이 제안되었다. FexEx는 Bluetooth 무선기술을 탑재한 PowerPad라는 이동용 무선장치의 활용 가능성을 점검하고 있는데, 이것을 이용하면 운송 담당자는 어느 곳에 있든지 곧바로 선적 관련 자료를 검색하여 FedEx 정보시스템에 전송할 수 있다. 또한 FedEx는 운송 담당자가 선적레이블shipping label을 출력할 수 있도록 Bluetooth를 채택한 프린터를 지급하며, 무선 통신망으로 자료를 전송할 수 있도록 스마트폰을 지급할 계획이라고 한다.

Wi-Fi라고 불리는 802.11b 프로토콜은 Bluetooth 표준에 대한 경쟁자로 나타나게 되었는데, Bluetooth보다 훨씬 빠른 전송속도를 지원하며, 연결 거리에 있어서도 Bluetooth보다 10배 이상 긴 거리를 지원한다. 그러나 Wi-Fi에 사용되는 칩은 Bluetooth에 사용되는 칩에 비해 전력을 많이 소모할 뿐만 아니라 가격이 비싼 단점이 있다. Bluetooth와 Wi-Fi는 모두 휴대폰이나 PDA 등 전지를 사용하는 무선 소형 장비에 쉽게 장착될 수 있는 특징이 있다.

3.13 통신망의 종류

정보통신을 위해서는 관련 장비들이 서로 연결되어 있어야 한다. 이와 같이 서로 연결된 통신장비 전체를 네트워크 또는 **통신망**이라 부른다. 통신망은 연결모양 · 소유권 · 지원거리 · 지원서비스 등에 따라 여러 가지로 분류되는데 일반적으로 통신망의 모양 또는 접속형태에 따라 스타형 · 계층형 · 링형 · 버스형 등으로 구분된다.

(1) 스타star형은 통신망의 구성 모양이 별 모양과 비슷하다고 해서 붙여진 이름이다. 호스트host 컴퓨터를 중심으로 그 주변에 컴퓨터나 단말기를 방사형으로 배치하고 호스트 컴퓨터와 일대일로 연결한 것이다. 이 유형의 특징은 호스트에 연결된 각 컴퓨터 사이의 자료 교환을 위해서 반드시 중앙의 호스트 컴퓨터를 거쳐야 한다는 점이다. 이 때문에 잠재적 병목현상이 나타날 수 있으며 호스트 컴퓨터의 고장으로 통신망 전체가 마비될 수 있다.

(2) 계층hierarchical형은 통신망의 통제는 최상위층에 있는 컴퓨터에서 수행되므로 관리 및 확장이 용이하지만 스타형과 같이 최상위층의 컴퓨터가 고장 날 경우 통신망 전체를 사용할 수 없게 된다. 또한 각 컴퓨터 간 연결이 최상위층 컴퓨터를 통해서 이루어지기 때문에 컴퓨터 간 전송경로가 길어져 비효율적이다.

(3) 링ring형은 반지 모양의 회선에 각 컴퓨터가 연결되는 형태를 취하고 메시지는 한쪽 방향으로만 전송된다. 한 컴퓨터에서 메시지를 다른 특정 컴퓨터

로 전송하면, 해당 컴퓨터만 메시지를 수신하고 다른 컴퓨터들은 메시지를 그냥 흘려보낸다. 이 형태는 병목 현상을 많이 유발하지 않는 반면 경로가 하나밖에 없기 때문에 두 컴퓨터 사이의 경로에 문제가 있으면 통신망 전체에 영향을 주게 된다.

(4) 버스bus형은 각 컴퓨터가 버스라고 하는 하나의 공통회선에 연결된 형태를 취한다. 버스는 단순한 전기적 연결뿐만 아니라 주어진 컴퓨터로 자료를 보내거나 받을 수 있는 경로이다. 관리가 용이하고 새로운 컴퓨터를 쉽게 연결할 수 있는 반면 버스가 고장나면 통신망 전체가 마비된다.

통신망은 또한 지원 거리에 따라 근거리통신망Local Area Network, LAN과 원거리통신망Wide Area Network, WAN으로 구분할 수 있다.

근거리통신망은 일반적으로 한 건물이나 가까이에 위치한 몇 개의 건물과 같이 한정된 지역(사무실, 빌딩, 공장, 학교캠퍼스 등)에서 발생하는 정보를 처리하기 위해 각종 정보 및 통신 장치들을 연결하여 고속의 신뢰성 있는 통신서비스를 제공하는 통신망을 말한다. 전형적인 근거리통신망은 한 건물 · 연구소 · 학교 등 일정 구역 내에 여기저기 흩어져 있는 수백 대의 마이크로컴퓨터와 그 외 각종정보처리기기 및 주변기기를 연결한다. 근거리통신망의 구축은 일정 지역 내에 있는 여러 컴퓨터 사이의 자료의 공유와 교환을 가능하게 한다.

원거리통신망은 장거리 전화서비스 · 위성전송 · 해저케이블 등과 같은 다양한 통신장비를 이용해서 보다 넓은 지역을 포함하는 통신망이다. 원거리통신망은 일반적으로 호스트컴퓨터들과 많은 다른 형태의 하드웨어와 소프트웨어로 구성된다. 서로 다른 지역에 있는 대학 캠퍼스, 여러 지역에 흩어져 있는 은행지점들, 그리고 항공예약시스템 등에서 원거리통신망이 사용되고 있다. 전세계에 흩어져 있는 월마트 매장을 연결하는 원거리통신망은 유명하다.

통신망은 또한 지원 서비스에 따라 부가가치통신망Value-Added Network, VAN과 종합정보통신망Integrated Services Digital Network, ISDN 등으로 구분할 수 있다.

1970년대 초 미국에서 패킷교환망packet switching network이 대두되면서 그 이전의 컴퓨터 통신방식에 의한 통신망 구성보다 회선의 부가가치를 향상시켰다는 의미에서 **부가가치통신망**으로 불리게 되었다. 부가가치통신망은 통신망 사업자로부터 회선을 임대하여 다수의 사용자에게 수수료를 받고 통신망 서비스나 각종 부가 서비스를 제공하기 위해 구축된 통신망을 말한다. 부가가치통신망은 단순히 자료의 전송뿐만 아니라 자료의 축적 · 가공 · 변환을 통해 다양한 형태의 정보를 제공하는 복합적인 서비스를 제공한다.

종합정보통신망은 음성 · 자료 · 텍스트 · 화상graphic · 동영상video 등의 다양한 유형의 정보 서비스를 동시에 제공하기 위한 디지털 통신망이다. 전화망과 같은 기존 통신망은 서비스별로 전용통신망 형태로 구성되는 것이 일반적이었다. 오늘날과 같은 정보화 사회에서 다양하게 요구되는 서비스를 이렇게 서비스별로 별도의 통신망을 구성하게 되면 통신망 구조가 복잡하고, 사용의 불편과 비경제적인 문제가 발생한다. 그 결과 모든 정보를 디지털 형태로 통일시켜 하나의 통합된 통신망으로 종합적인 서비스를 제공하는 형태의 통신망 개념, 즉 종합정보통신망이 나오게 되었다.

종합정보통시망에서 사용하는 디지털digital 전송방식은 아날로그analog 전송방식에 비해 경제성 및 효율성이 높고 음성 이외의 문자 · 화상 · 동영상 등 다양한 정보를 전달할 수 있는 장점도 가지고 있다.

분산처리 3.14

과거 **중앙집중처리**centralized processing에서는 하나의 대형 컴퓨터가 모든 처리 작업을 담당하였으나 분산처리에서는 여러 위치에 흩어져 있는 컴퓨터들이 통신네트워크를 통해 서로 연결되어 있고 이와 같이 연결된 각 컴퓨터가 작업을 분담하여 처리 한다. 즉 분산처리는 서로 연결되어 있는 다양한 컴퓨터들 사이에 처리작업을 분담한다. 이와 같은 **분산처리**distributed processing는 네트워크 기술과 소형 컴퓨터의 발달로 더욱 촉진되었으며 여러 지역에 흩어져 있는 컴퓨터 자원을 공유할 수 있다는 장점을 가진다.

분산처리는 각 컴퓨터가 서로 다른 원거리에 설치되어 있으나 통신망을 통해 연결되어 처리작업을 분담하는 방식으로서 각 지역에 흩어져 있는 자료 및 프로그램을 쉽게 공유할 수 있다는 장점을 가지고 있다. 또한 분산처리 방식은 중요한 컴퓨터 자원을 분산시킴으로서 경영활동의 신뢰성과 안정성을 제공해 준다. 즉, 한 지역에서 예기치 못한 재해가 발생해서 그 곳의 컴퓨터 자원을 사용할 수 없다 하드라도 다른 지역에 있는 컴퓨터 자원을 활용할 수 있기 때문에 그 피해를 최소화하며 업무를 지속적으로 수행할 수 있게 된다.

오늘날 널리 사용되고 있는 분산처리 형태 가운데 하나가 **클라이언트/서버**client/server **시스템**이다. 클라이언트/서버 시스템에서는 연결된 모든 컴퓨터를 클라이언트 컴퓨터와 서버 컴퓨터로 구분해서 각 컴퓨터에게 가장 적합한 기능을 수행하도록 작업이 할당된다. 즉 클라이언트/서버 시스템은 통신네트워크에 의해 연결된 컴퓨터들이 각각 맡은 바의 역할을 분담함으로써 원활한 정보처리를 가능하게 한다.

클라이언트 컴퓨터는 사용자가 어떤 작업을 수행하기 위해 시스템에 들어가는 입구 역할을 하는 컴퓨터로 어떤 작업은 클라이언트 컴퓨터에서 바로 처리할 수 있지만 어떤 작업은 서버 컴퓨터에 처리를 요청해야 한다.

예를 들면, 사용자는 **클라이언트 컴퓨터**에 내장되어 있는 워드프로세스 소프트웨어를 사용해서 보고서를 작성하다가 관련 자료를 보고서에 삽입하기 위해 데이터베이스 기능을 담당하고 있는 서버 컴퓨터에 관련 자료에 대한 처리를 요구하고, 받은 자료를 클라이언트 컴퓨터의 스프레드시트 소프트웨어를 사용해서 분석하고 그 결과를 보고서에 삽입해서 보고서 작성을 마무리하고 다시 이메일 기능을 담당하고 있는 서버 컴퓨터에 그 보고서를 특정 수취인에게 보내도록 요청할 수 있다. 클라이언트 컴퓨터로는 주로 책상용 컴퓨터가 사용되나 경우에 따라서는 워크스테이션workstation이나 랩탑laptop 컴퓨터가 사용되기도 한다.

서버 컴퓨터는 클라이언트 컴퓨터에게 서비스를 제공하는 역할을 하며, 각 서버 컴퓨터는 각각 고유한 기능을 전담하여 수행한다. 따라서 데이터베이스 관리 · 자료저장 · 프린트 · 통신 · 네트워크보안 등의 특정한 기능을 수행하는 다양한 서버 컴퓨터들이 존재하며 클라이언트 컴퓨터는 네트워크를 통해 각 서버 컴퓨터에 접속한다. 그리고 클라이언트 컴퓨터가 특정 프로그램이나 자료를 요청하면 서버 컴퓨터는 해당 프로그램이나 자료파일을 클라이언트 컴퓨터에 제공한다.

따라서 클라이언트 컴퓨터가 정보시스템의 인터페이스interface와 대부분의 자료처리를 담당하기 때문에 서버 컴퓨터의 작업부담을 경감시키고 여러 클라이언트 컴퓨터가 하나의 서버 컴퓨터를 공유할 수 있기 때문에 효율적으로 컴퓨터 자원을 사용할 수 있다는 장점이 있다. 클라이언트/서버 시스템은 비교적 큰 자료 파일을 다루거나 빠른 응답시간을 요구하는 경우, 또는 강력한 보안 및 복구 기능을 요구하는 경우에 적합하기 때문에 주로 온라인 거래처리나 의사결정을 지원하는 정보시스템에서 사용되고 있다.

최근 정보처리 특징 가운데 하나는 대형 컴퓨터에서 처리하던 많은 업무를 소형 컴퓨터로 처리하는 추세이다. 따라서 많은 조직에서 개인용 컴퓨터가 대형 컴퓨터와 중형 컴퓨터를 대체하고 있다. 이와 같은 과정을 다운사이징downsizing이라고 한다. 클라이언트/서버 시스템이 바로 이와 같은 다운사이징을 가능하게 해주는 핵심 기술로 인식되고 있다. 클라이언트/서버 시스템에서는 정보처리 작업을 통신네트워크에 연결된 컴퓨터들이 분담하고, 서버 컴퓨터는 여러 클라이언트 컴퓨터에 의해 공유되기 때문에 중앙집중처리 시스템에서 보다 낮은 성능의 컴퓨터들로도 효율적으로 정보처리를 할 수 있다.

3.15 인터넷의 발전과정

인터넷Internet은 컴퓨터computer기술 및 네트워크network기술과 접목되어 우리 사회의 모든 면을 변화시키고 있다. 이를 디지털 혁명digital revolution이라고 한다. 그러면 과연 인터넷은 무엇을 말하며, 어떻게 발전하여 왔는가?

인터넷은 하나의 네트워크(또는 통신망)이다. 네트워크란 지역적으로 멀리 떨어져 있는 컴퓨터를 다양한 통신매체(유선 또는 무선)를 이용하여 서로 연결시켜 놓은 것을 말한다. 전 세계에는 무수히 많은 네트워크가 존재한다. 우리나라만 하더라도 기업, 교육기관, 공공기관 등에서 다양한 형태의 네트워크를 구성하여 이용하고 있다.

과거에는 이러한 네트워크를 서로 연결할 필요성을 느끼지 못하였거나 또는 연결하고자 하여도 이질적인 컴퓨터 · 프로토콜protocol 등으로 인하여 연결이 불가능하였다. 그러나 'TCP/IP' 라고 하는 프로토콜이 개발된 후 이러한 문제점들이 해소되었다. 따라서 다양한 네트워크를 라우터router라는 특수한 장비를 이용하여 서로 연결시켜 하나의 거대한 네트워크를 구축하게 되었는데, 이를 네트워크의 네트워크inter-network이라는 의미로서 인터넷Internet이라고 부르게 되었다.

인터넷의 발전과정은 대체로 창조단계 · 정착단계 · 상용단계로 구분하여 살펴볼 수 있다. 인터넷이 탄생하는 과정인 창조단계를 살펴보기 위해서는

1960년대로 거슬러 올라가야 한다. 인터넷은 갑자기 탄생한 것이 아니라 40여 년간 관련된 기술들이 축적되어 오늘날의 인터넷으로 발전한 것이다. 인터넷의 출발은 1961년에 미국 MIT 대학에서 인터넷과 관련된 중요한 기반기술인 **패킷스위칭**packet switching의 개념을 제안함으로써 이루어졌다.

이 개념에 따라 1969년에 미국 국방성의 ARPA(Advanced Research Project Agency)에 의해 최초의 패킷스위칭 네트워크인 ARPANET을 구축하였는데 이것이 최초의 인터넷이라고 할 수 있다. 1972년에는 인터넷 서비스 중에서 가장 많이 사용되는 전자우편(또는 이메일)이 처음으로 사용되기 시작하였다. 1973년에는 인터넷의 또 다른 기반기술 중의 하나라고 할 수 있는 **클라이언트-서버 컴퓨팅**client-server computing 기술이 개발되었으며, 1974년에는 TCP/IP 프로토콜이 탄생하여 인터넷이 개방형 네트워크로 발전할 수 있는 계기를 마련하였다.

이렇게 탄생한 인터넷은 1980년에 패킷스위칭 기술과 TCP/IP **프로토콜**이 표준으로 채택됨에 따라 정착단계로 접어들게 된다. 1983년에는 군사용인 MILNET과 민간대학용 ARPANET이 분리됨으로써 민간 인터넷의 출발을 예고하게 된다. 1984년에는 WWW(월드와이드웹)의 기초 개념인 하이퍼링크hyperlink기술이 애플컴퓨터에 의해 개발되어 인터넷의 대중화에 기여를 하였고, 1986년에는 NSF(국립과학재단)에서 인터넷을 대학 간 통신망으로 채택함으로써 본격적으로 인터넷의 민간화 노력에 박차를 가하게 된다.

1989년에는 인터넷의 인구를 폭발적으로 증가시키게 된 직접적인 기술인 WWW 개념이 탄생하였다. 1993년에는 최초의 **웹브라우즈**web browser인 모자익Mosaic이 등장하였고, 1994년에는 최초의 상업용 웹브라우즈인 넷스캐이프Netscape가 선을 보였고, 같은 해에 최초의 배너광고가 등장함으로써 본격적인 인터넷 비즈니스 시대를 열게 된 것이다.

1995년부터는 AT&T와 같은 민간 기업들이 인터넷 **백본**backbone의 운영을 맡음으로써 완전한 민간 인터넷이 만들어졌으며, 그 결과 인터넷이 상용단계로 접어들게 된다. 1996년에는 현재 사용하고 있는 인터넷의 문제점을 해소하기 위해 정부기관 · 대학 · 기업에서 참여한 인터넷2 컨소시엄consortium이 구성되었다. 이 컨소시엄에서는 현재보다 100배에서 1,000배 빠른 인터넷을 구성하기 위해 다양한 분야에서 연구를 진행하고 있다.

현재 인터넷은 전 세계의 많은 컴퓨터가 연결되어 있으며 전자우편e-mail · 원격 로그인telnet · 파일전송FTP · WWW 등 다양한 서비스를 제공하고 있다. 인터넷은 개인뿐만 아니라 정부 · 기업 등 다양한 기관에서 활발히 이용하고 있으며 이용자 수도 점차 늘어가고 있는 추세이다. 최근에는 인터넷이 새로운 비즈니스모델business model을 만드는데 활용되어 야후Yahoo · 아마존Amazon과 같은 과거에는 볼 수 없었던 새로운 비즈니스를 탄생시켰다.

인터넷이 제공하는 **서비스** 3.16

인터넷에서 제공되는 다음과 같이 원격 로그인 · 전자우편 · 채팅 · 콘퍼런스 · 파일전송 · 월드와이드웹 등 여러 가지가 있다. 이러한 서비스의 내용을 간략히 살펴보면 다음과 같다.

원격 로그인 Telnet은 미 국방성의 연구자들이 인터넷의 필요성을 주장할 때 요구되었던 서비스 중 하나로서 지역적으로 멀리 떨어져 있는 컴퓨터에 로그인log-in 하여 사용할 수 있도록 해주는 서비스service이다. 원격 로그인 서비스는 재택근무를 가능하게 한다. 컴퓨터에 의존도가 높은 업무를 수행하는 종업원의 경우 원격 로그인을 통하여 회사에 출근하지 않고도 컴퓨터를 이용하여 업무를 볼 수 있게 된다.

인터넷 메시지 전달서비스인 **전자우편**(또는 이메일)은 가장 많은 사람들이 이용하고 있는 인터넷 서비스이다. 초기에는 간단한 문자 메시지message를 송수신하는 정도로 전자우편을 이용하였지만, 지금은 문자뿐만 아니라 음성 · 화상 · 동영상과 같은 다양한 형태의 메시지를 전달할 수 있다.

전자우편의 용도 또한 다양해지고 있다. 초기에는 개인적으로 메시지를 송수신하였지만 지금은 고객이나 종업원에게 유용한 정보information를 제공하기 위한 수단으로 활용되고 있다. 인터넷을 이용하면 전통적인 방식(예를 들어 보고서 · 책 등을 인쇄하여 배부)보다 저렴한 비용으로 빠르게 종업원에게 정보를 제공할 수 있다. 최근에는 전자우편을 이용하여 고객에게 광고를 하거나 고객서비스를 제공하기도 한다. 전자우편 광고는 저렴하면서도 효과가 있는 광고방법으로서 관심을 끌고 있다. 그러나 전자우편 광고가 고객의 허락을 받지 않고 무차별적으로 행해지고 있어 스팸메일spam mail이라는 사회적 문제를 야기하기도 한다.

채팅Chatting은 인터넷에 접속된 다수의 사용자와 실시간으로 대화를 나눌 수 있도록 해주는 서비스로서 인터넷의 대중화에 기여한 바가 크다. 최근에는 개인적인 목적 외에 기업에서 고객서비스를 제공하는 수단으로 활용되기도 한다. 고객이 요구한 사항을 실시간으로 해결해 줄 수 있어 고객만족도를 높이는데 일조를 하고 있다. 채팅과 유사한 서비스인 메신저 서비스도 최근 활용도가 높아지고 있는 실정이다. 메신저messenger 서비스는 기업에서 종업원 간 또는 고객과의 신속한 의사소통의 수단으로 많이 활용되는 등 업무성과를 제고하는 수단이 되고 있다.

콘퍼런스Conference는 취미 · 직업 · 전공 · 관심사 등이 유사한 사람들 간에 정보교환 및 의견교환을 할 수 있도록 해주는 서비스이다. 콘퍼런스에는 두 가지 종류가 있다. 유즈넷Usenet은 특정 주제에 대한 뉴스나 메시지를 전자게시판에 올려두고 사용자가 볼 수 있게 해주는 서비스이다. 반면에 리스트서브Listserv는 회원들에게 전자우편을 통해 메시지를 보내는 서비스이다. 따라서 리스트서버는 유즈넷에 비해 힘들이지 않고 다양한 정보를 제공받을 수 있는 장점이 있지만 불필요한 정보까지 전자우편을 통해 제공됨으로써 정보과부하가 일어나는 단점도 있다.

파일전송FTP은 파일을 전송할 수 있도록 해주는 서비스이다. 대부분의 경우 서버server로부터 파일을 다운로드download 받는 것이지만 경우에 따라서 서버에 파일을 업로드upload 시킬 수도 있다. 최근에는 스트리밍 기술streaming technology을 활용하여 오디오 · 비디오파일을 다운로드 하는 도중에 실행시킬 수 있게 되었다. 이 기술은 여러 분야에서 응용되고 있다.

월드와이드웹WWW은 인터넷을 대중화시킨 핵심적인 서비스이다. WWW가 나오기 전에는 인터넷의 사용방법이 매우 불편하여 일부 전문가들만이 활용하였다. WWW는 HTML 언어를 이용하여 만든 웹 문서를 사용자가 쉽게 검색할 수 있도록 해주는 서비스이다. 웹 문서에는 문자뿐만 아니라 음성 · 화상 · 동영상 · 프로그램과 같이 다양한 멀티미디어multimedia 데이터를 포함시킬 수 있다. 또한 웹 문서에는 하이퍼링크hyperlink가 포함되어 있어 서로 관련이 있는 멀티미디어 데이터를 연결시길 수 있다. 하이퍼링크 기술을 이용하여 사용자들이 동일한 웹 사이트 내의 다른 웹 페이지로 바로 접근할 수 있거나 다른 웹사이트로도 즉시 접근이 가능하다. 이러한 점은 정보를 검색함에 있어 사용자의 편리성을 높여주는 결과를 초래하였다.

최근에는 WWW 서비스가 단순히 정보를 제공해줄 뿐만 아니라 구매자와 판매자의 거래를 성사시켜주는 전자상거래의 수단으로 활용되고 있다. 웹을 이용한 전자상거래는 정보화 사회의 핵심으로서 사회적으로나 경제적으로 많은 변화를 초래하였다.

3.17 패킷스위칭과 TCP/IP 프로토콜

우리가 사용하는 인터넷은 패킷스위칭이라는 논리적 통신 구조기술과 TCP/IP라는 논리적인 **통신규약**(프로토콜, Protocol)의 조합으로 구성되어 있다. 인터넷은 한 개의 물리적인 회선을 여러 사용자의 컴퓨터가 동시에 사용하여야 하는데, 동시 사용자의 컴퓨터에서 나오는 메시지를 하나의 물리적인 회선을 공유해서 전송하려면 각 사용자가 주고받는 메시지들이 서로 구분되어 수신컴퓨터까지 안전하게 전송될 수 있어야 한다.

패킷스위칭Packet Switching은 보내고자 하는 메시지를 여러 개의 작고 일정한 크기의 메시지의 조각, 즉 패킷Packet으로 나누어 물리적 회선에 실어 보낼 수 있다. 패킷에는 메시지를 보내는 컴퓨터의 위치정보(즉 주소)와 받는 컴퓨터의 위치정보를 명시하여 독립적으로 여러 경로를 통해 전송된다. 이러한 작은 패킷들은 순서에 상관없이 목적지에 도착하여 원래 메시지로 다시 재조립되어서 제공된다.

패킷스위칭의 장점은 하나의 물리적인 회선을 여러 사용자가 공유하여 사용할 수 있다는 것과 패킷들이 목적지 컴퓨터에 메시지가 순서대로 도착하지 않더라도 자신의 순서정보를 기억하고 있으므로 다시 순서대로 데이터를 재조립할 수 있다는 장점을 가지고 있다. 우리가 사용하는 인터넷은 이러한 컴퓨터와 컴퓨터 간의 논리적 데이터 교환 방식인 패킷스위칭을 기반으로 구성되어 있다.

패킷스위칭을 가능하게 해주는 것은 인터넷이 사용하는 TCP/IP라는 통신 규약, 즉 프로토콜Protocol 때문이다. 프로토콜이란 우리가 일반적으로 대화할 때 두 사람이 같은 언어, 말을 사용해야 대화가 가능하듯이 컴퓨터 또한 같은 통신방식으로 메시지를 주고받아야 올바로 컴퓨터 간에 메시지를 교환할 수 있다.

TCP/IP는 1973년부터 이기종(異機種,다른 회사에서 만든 다른 컴퓨터) 간의 통신을 위하여 만들어지기 시작한 통신규약으로서 TCP와 IP로 구성되어 있다. TCP(Transmission Control Protocol)는 목적지 컴퓨터에게 메시지를 전달하게 해달라고 요청을 하고 어떻게 메시지의 크기를 구성해서 보낼 것인지 그리고 어떠한 형태로 보낼 것인지를 결정하는 역할을 한다. IP(Internet Protocol)는 패킷스위칭을 가능하게 하는 주소체계를 제공하는 역할을 한다. 인터넷에 연결되어 있는 모든 컴퓨터는 고유의 주소를 가지고 있어야 메시지를 보내는 경로뿐만 아니라 목적지 컴퓨터까지 제대로 전송될 수 있다.

TCP/IP 프로토콜을 사용하는 컴퓨터들은 먼저 인터넷상의 많은 컴퓨터들 중에서 자신에게 부과된 고유의 IP주소를 가지게 된다. IP주소의 구조는 0~255까지의 범위로 구성되어 있는 4등분의 주소 형태를 가지는데, 예를 들면 210.106.100.22의 각 단위마다 255를 넘지 않는 숫자의 형태를 가지게 된다. 원래 이러한 주소는 0과 1로 구성된 이진수의 형태를 띄는데 1개 등분의 주소를 나타내기 위해서 8개의 Bit가 필요하다. 따라서 기술적으로 이러한 IP주소 체계를 8Bit x 4개 등분 = 32Bit이므로 32Bit주소체계 또는 IPv4 라고 부른다.

이러한 IP주소는 고유한 주소 구분을 가지는데, 이는 우리가 사용하는 집주소의 구분과 같다. IP는 이러한 주소 구분을 자신이 속한 영역(네트워크)을 표시하는 부분과 자신의 컴퓨터(호스트)를 나타내는 부분으로 구분하는데, 이렇게 구분한 것을 클래스Class라고 부른다.

클래스는 자신의 컴퓨터가 속한 네트워크의 규모에 따라 A, B, C 클래스로 구분이 된다. A클래스는 앞의 8Bit가 네트워크를 구분하고 뒤의 24Bit가 호스트를 구분함으로써 65,000대에서 약 16,000,000대의 컴퓨터를 사용할 수 있다. B클래스는 앞의 16Bit가 네트워크를 구분하고 뒤의 16Bit가 호스트를 구분함으로써 255대에서 약 65,000대까지의 컴퓨터를 사용할 수 있다. 끝으로 가장 보편적으로 사용되는 C클래스는 앞의 24Bit가 네트워크를 구분하고 뒤의 8Bit가 호스트를 구분함으로써 1대에서 254대까지의 호스트를 사용할 수 있다.

이러한 클래스의 구분은 TCP/IP를 사용하는 네트워크의 크기에 따라 이루어진다. 일반적으로 위에서 설명한 바와 같이 A클래스와 B클래스는 규모가 큰 국가망에 부여되고, C클래스는 학교나 기업 등에 부여되고 있다. 이 외에도 D, E클래스가 존재한다. D클래스는 IP 멀티캐스트multi-cast라는 특수한 상황에서 사용되고, E클래스는 미래에 사용하기 위한 예비용으로 남겨놓고 있으나 현재 폭발적으로 늘어나는 인터넷의 사용자 때문에 IP주소는 점점 모자라는 상황에 놓이게 되었다. 이를 위한 대책으로 기존의 IP주소 앞에 두 개의 8Bit(16Bit)의 주소를 붙여 IP주소를 획기적으로 늘이는 IPv6가 가까운 미래에 사용될 예정이다.

월드와이드웹WWW과 웹브라우즈 3.18

앞에서 설명한 바와 같이 인터넷은 1969년도에 탄생하였고 인터넷을 구성하는 기본 통신규약인 TCP/IP는 1975년도에 그 체계가 정립되고 사용이 시작되었다. 그러나 그 당시의 인터넷은 사용방식과 운영이 복잡하여 일부학자 · 과학자 · 기술자 그리고 대학생들의 전유물로서 사용되었었다.

그 후 1989년 스위스 제네바의 유럽 물리학 연구소인 CERN에서 인터넷의 활성화에 기여하는 새로운 기술이 제안되었다. 당시 CERN에서는 지리적으로 멀리 떨어져 있는 프로젝트project 참여자들이 연구결과와 의견을 빠르게 교환할 수 있는 방법이 필요하였고 이를 위한 정보시스템 구축 프로젝트를 시작하였다. 이 프로젝트의 목적은 전 세계 물리학자들의 연구결과와 자료를 손쉽게 공유하자는 것이었으며, 프로젝트의 결과물이 WWW(World Wide Web)이라는 이름으로 제안되었다. 이것이 현재 우리가 사용하는 인터넷의 원형이 되었다.

초기의 WWW는 정보를 제공하는 컴퓨터인 서버Server와 정보를 제공받는 컴퓨터인 클라이언트Client로 구분되어 설계되었다. WWW에서는 여러 가지 형태의 정보(리포트 · 데이터베이스 · 문서 · 온라인 도움말 등)를 문서형태로 제공하기 위해 하이퍼텍스트Hyper-Text개념을 사용하였다. 처음 WWW가 나왔을 때는 텍스트만을 제공하는 서비스였기 때문에 사람들이 많이 사용하지 않았다. 그러나 1992년에 HTML(Hyper-Text Markup Language) 방식으로 구현된 웹 문서를 쉽고 다양한 방식으로 볼 수 있게 해주는 모자익Mosaic이라는 웹브라우즈

web browser가 개발됨에 따라 WWW의 사용인구가 늘어나기 시작했다.

웹브라우즈는 인터넷을 통해 다양한 문자와 멀티미디어multimedia 정보(일반적으로 동영상 · 음악)를 볼 수 있게 함으로써 WWW 기반의 인터넷이 엄청나게 빠른 속도로 사용자에게 수용되게 만든 기술이다. 최초의 웹브라우즈인 모자익이 등장한 후 넷스캐이프Netscape라는 상업용 웹브라우즈가 개발되어 인터넷을 더욱 발전시킨다.

이러한 WWW기반의 인터넷은 HTML 문서를 가지고 있는 웹서버가Web Server가 클라이언트(사용자 컴퓨터)의 요청에 의해 자신이 가지고 있는 HTML문서를 TCP/IP 통신규약을 통하여 전송하고 웹브라우즈를 통해서 보여주는 형태로 구성되어 있다. 그리고 웹서버는 다양한 정보를 저장하고 있는 데이터베이스Data Base와 연결될 수 있는데, 이 경우 데이터베이스에 저장되어 있는 다양한 정보를 간단히 HTML문서로 바꾸어 웹브라우즈로 제공할 수 있어 더욱 큰 인기를 끌었다.

이 밖에 WWW를 응용한 많은 기술들이 개발되었는데 대표적인 예로는 야후Yahoo와 아마존Amazon을 들 수 있다. 먼저 야후는 '제리양' 이라는 중국계 대학원생에 의해 개발이 되었다. 야후는 전 세계에 퍼져있는 많은 웹서버들의 다양한 정보를 모아 자신들의 웹서버에 저장해 놓고 사용자가 정보를 쉽게 찾을 수 있도록 하는 검색엔진을 만들었다. 이러한 야후의 성공은 인터넷 비즈니스의 시대를 여는 계기가 되었다.

한편 1994년 '제프베조스Jeff Bezos' 에 의해 애틀란타Atlanta의 한 차고에서 5대의 웹서버로 시작된 아마존은 HTML문서로 물건의 거래내역을 서버와 클라이언트 사이에 주고받아 이를 통해 상거래를 해보자는 아이디어에서 출발한 인터넷기업이다. 초기에 아마존은 제품의 품질이 비교적 믿을 수 있고 일반인들에게 익숙한 책을 판매하려고 했다.

제프베조스는 아마존을 시작하면서 세 가지에 초점을 맞췄다. 폭 넓은 선택, 최대한의 편의성, 낮은 가격이다. 초창기 아마존은 400만권이 넘는 책을 제공했다. 아마존에서 다루는 책 목록을 카탈로그catalog로 제작하면 서울시내

전화번호부 40권 분량에 달한다. 또한 아마존은 주차 걱정, 자신이 원하는 책을 찾기 위해 돌아 다녀야 하는 수고도 덜어 준다. 임대비 · 건축비 · 빌딩 관리비 등을 부담할 필요가 없다. 이런 이유로 신간을 비롯한 모든 책을 15 40% 정도 저렴한 가격에 팔고 있다. 운송비를 고려해도 일반 서점에서 사는 것보다 저렴하다. 이러한 아마존은 인터넷쇼핑몰Internet Shopping Mall의 개념을 제시했으며 다음에 알아볼 전자상거래의 시대를 여는 큰 축이 되었다.

3.19 전자상거래의 개념과 유형

앞장에서 언급한 제프베조스Jeff Bezos가 만든 아마존Amazon은 고객과의 거래를 위해 HTML을 기반으로 한 물품 내역서와 거래 내역서를 웹서버를 통해 주고 받는 인터넷 전자상거래Electronic Commerce를 정착시켰다. 물론 그 이전부터 상거래에서 발생하는 모든 정보교환을 네트워크에서 전자적으로 처리하는 전자상거래라는 개념은 존재해 왔었다.

가장 먼저 전자상거래가 적용된 분야로는 1970년대 EDI(Electronic Data Interchange)를 들 수 있다. EDI는 국제무역에서 사용되는 수없이 많은 문서들을 정형화된 문서로 만든 후 정보통신 기술을 이용하여 무역업자끼리 교환함으로써 전자상거래를 시행한 예이다. 그러나 같은 업종끼리의 사람들만이 참가하여 사용하는 폐쇄적인 형태를 띄고 문서의 형식이 복잡하여 널리 사용되지는 못하였다.

다음으로는 1980년대 CALS(Commerce At Light Speed)라는 이름의 전자조달 프로세스를 들 수가 있다. CALS는 미국美國 국방부가 디지털 네트워크를 통해 납품업체들과 물품을 전자적으로 주문하고 납품받고 결재하는 시스템으로서 인터넷이 상용화되면서 사용량이 증가 하였으나 지금은 시스템의 폐쇄성으로 인해 사용이 저조한 편이다.

그 후 WWW가 등장하여 아마존과 같은 인터넷 쇼핑몰들이 출현하기 시작하였다. 이들 인터넷 쇼핑몰은 웹서버를 통해 고객들에게 기존의 상점과는 달리 24시간 쉬지 않고 물건을 판매하고 특정장소까지 가지 않아도 인터넷을 통해 공간의 제약 없이 자유로운 거래가 가능하며 제품에 대한 정보와 서비스를 빠른 시간에 얻을 수 있다는 이점 때문에 널리 확산되었다.

이러한 인터넷 전자상거래는 거래를 주도하는 부분이 기업이냐, 개인이냐, 정부냐에 따라 다음과 같은 여러 가지 유형으로 나눌 수 있다.

(1) 기업과 개인 간 B2C (B-to-C: Business to Consumer) : 실제적으로 많이 사용되는 전자상거래의 형태로서 B2C는 인터넷을 통해 기업이 개인(고객)에게 상품을 사고파는 형태의 비즈니스를 통칭한다. 기업(판매자)이 웹 브라우즈를 통해 상품을 진열해 놓고 고객은 인터넷을 통하여 주문을 하고 대금을 지불하면 주문 상품이 도착하게 된다. 주로 많이 거래되는 품목은 소규모의 상품에서부터 디지털제품 · 공연티켓 · 전자금융(대금결제 · 계좌관리 · 증권거래 등) 등에 이르기까지 다양하다.

(2) 기업과 기업 간 B2B (B-to-B: Business-to-Business) : 거래당사자가 모두 기업인 B2B는 앞에서 설명한 EDI와 CALS의 발전된 모습인데 기업 간 자재를 조달하거나 물품을 사고 팔 때 거래의 효율성을 높이기 위해 인터넷을 통하여 거래하는 방식을 통칭한다. B2B에서 주로 거래되는 물품으로는 상품이나 원재료 및 부품 등의 구입과 판매에서 전자자금이체 · 문서발송 및 수신 · 증권사나 은행의 주식 및 채권거래에 이르기까지 다양하다.

(3) 정부와 개인 간 G2C (G-to-C: Government-to-Consumer) : 거래의 당사자가 정부와 개인인 전자상거래로서, 정부는 일반적으로 자신의 고객이라고 할 수 있는 국민에게 많은 서비스를 제공하는데 이 중에서 서류를 기반으로 한 전자민원처리, 사회복지급여 지급, 공과금(세금) 납부서비스 등의 다양한 서비스들을 인터넷을 통하여 실현하는 것이라고 볼 수 있다.

(4) 개인과 개인 간 C2C (C-to-C: Consumer-to-Consumer) : 일반적으로 개인이 가지고 있는 물건을 교환하거나 오래된 물건을 다른 사람에게 팔 때 인터넷을 통해 이루어지는 것을 의미하지만, 넓게 해석하면 일반인들이 인터넷을

통하여 자신이 가지고 있는 정보, 음악, 글 등을 다른 사람에게 전달하고 전달받는 과정을 포함한다.

이 밖에 정부와 기업 간의 거래를 하는 B2G(B-to-G) 방식과 정부와 정부 간의 거래를 전자상거래로 하는 G2G(G-to-G) 방식 등이 있으나 아직 널리 사용되지는 않고 있다.

이러한 전자상거래는 시간이 흐를수록 더욱 다양한 형태로 변화하고 있다. 특히 컴퓨터가 아닌 다른 전자기기들(휴대폰 · 정보단말기 · 가전기기)이 더욱더 많이 인터넷에 연결되고 이를 통하여 전자상거래가 가능하게 되었다. 뿐만 아니라 비즈니스의 형태도 다양해지고 있다. 전통적인 TV나 라디오를 통한 광고 홍보활동이 인터넷이라는 매체로 이동하고 있으며 인력의 채용이나 기업 계약들 또한 인터넷을 이용하고 있다

이와 같이 인터넷을 기반으로 하는 전자상거래는 기업의 가치를 창출하는데 지대한 기여를 하고 효율성을 증대시키며 고객과 기업 간의 관계를 향상시키고 있다. 우리는 이러한 활동을 총칭해서 **인터넷 비즈니스**Internet Business라고 한다. 인터넷 비즈니스는 현재 많은 기업의 활동과 기업 상호간 관계에서도 급격한 변화를 초래하고 있으며 새로운 부가가치의 창출과 원가 절감으로 산업 경쟁력을 강화 시킬 것으로 예측하고 있다.

인터넷 비즈니스 모델의 개념 3.20

비즈니스 모델Business model은 기본적으로 기업이 사업을 영위하고 이익을 창출하는 방식을 말한다. 그래서 비즈니스 모델은 일반적으로 현물시장의 거래방법이나 경제법칙 자체 또는 이를 응용한 상거래 방법 등을 포괄적으로 정의하는 의미를 가지고 있다. 앞에서 본 야후나 아마존과 같은 인터넷 기업들은 인터넷상에서 독특한 비즈니스 모델을 창안하여 기회를 선점하기 위한 노력을 기울이고 있다.

이베이e-bay : www.ebay.com같은 기업은 사용자와 사용자간에 물건을 교환할 수 있는 인터넷 경매장을 조성하고 결재대금을 관리하는 인터넷 비즈니스 모델로 사업을 시작했고, 이트레이드e-trade : www.etrade.com는 증권회사를 인터넷에 개설하여 사용자들이 이트레이드의 웹서버를 통해 증권거래를 할 수 있게 하고 중계수수료를 받는 형태의 인터넷 비즈니스 모델을 만들었다. 오늘날 아마존 · 야후 · 이베이 · 이트레이드 같은 인터넷기업의 가치는 비즈니스 모델의 수익 창출력, 비즈니스 모델의 모방가능성, 비즈니스 모델에 대한 기회 선점 등에 따라 달라진다.

이러한 기업들의 인터넷 비즈니스 모델은 기업에 따라서 그리고 기업의 주변 환경에 따라서 매우 다양하고 기존의 모델들이 조금씩 변경되어 다른 여러 모델들과 결합되면서 새로운 모델로 진화되고 있기 때문에 인터넷 비즈니스 모델을 정확하게 구분을 짓고 각 각의 모델들을 정의하는 것은 어려운 일이 되었다.

가장 기본적으로 과거에서부터 사용되어 오던 인터넷 비즈니스 모델에는 인터넷 비즈니스를 통해 직접 수익을 창출하는 수익모델revenue model과 기존의 사업에 인터넷 비즈니스를 도입함으로 해서 사업의 역량을 강화하고 기업의 이미지를 재고하는 지원모델support model 두 가지가 있다.

수익모델은 인터넷 사업을 통하여 직접적으로 수익을 얻기 위한 것을 목적으로 하며 아마존 · 야후 · 이베이 · 이트레이드와 같은 대부분의 인터넷 사이트들이 수익모델을 가지고 있다. 이러한 수익모델들은 상거래 자체를 통해 수익을 얻을 수도 있고, 광고 공간을 제공해 주고 수익을 올릴 수도 있고, 정보나 서비스를 제공해주는 대가로 이용료를 받아서 수익을 올리는 경우도 있다.

인터넷을 통해 상품이나 서비스를 유통시키고 수익을 얻는 수익모델은 많은 기업에 의해 채택된 수익모델이다. 이 수익모델을 사용하는 기업으로는 상행위를 직접 하는 아마존 · 인터파크www.interpark.com와 같은 인터넷 쇼핑몰과 인터넷 기업이 판매 또는 구매를 중계해주고 중계 수수료를 받는 이베이나 옥션www.auction.co.kr, 지마켓www.gmarket.com과 같은 기업이 있다. 이러한 수익모델은 수익의 원천이 단순하고 명확하다는 장점이 있으나 초기에 마케팅 및 홍보 비용이 많이 지출된다는 단점이 있다.

광고를 통한 수익창출은 인터넷 기업이 자신의 웹서버에 다른 회사의 광고를 제공하고 광고료를 받아 수익을 내는 형태이다. 인터넷 비즈니스 초기에는 인터넷 사용자의 지속적인 증가로 인해 많은 기업이 광고를 통해 수익을 올릴 수 있었으나, 지금은 인터넷 광고시장의 포화로 거의 대부분의 인터넷 기업이 광고만으로는 수익을 올리기 어렵기 때문에 자신의 주요 수익모델과 함께 광고를 사용하여 수익을 올리고 있다.

사용자에게 유료 정보 또는 서비스를 제공하는 웹서버를 운영하면서 사용자들이 그 정보나 서비스를 사용하는 대가로 내는 이용료로 비용을 충당하면서 이익을 내는 수익모델도 있다. 초기에는 인터넷 기업들이 사용자를 유치하기 위해 무료로 정보를 제공하는 경향이 강하였으나 지금은 수익 창출을 위해 선별적으로 정보이용을 유료로 전환하는 경우가 많아졌다. 예를 들면 인터넷

방송을 제공하는 CNN(www.cnn.com) · imbc(www.imbc.com) 등과 온라인게임을 제공하는 리니지www.lineage.com 등이 있다. 그 외에도 신문사 · 법률정보 또는 서비스를 제공하는 회사들이 선별적으로 유료로 정보를 제공하고 있다.

대부분의 기업들이 홈페이지를 통하여 자기 제품을 소개 및 홍보하고 고객에게 서비스를 제공하며 납품업체나 파트너업체들과 협력하고 있다. 이와 같이 인터넷을 사용하여 기업 활동을 하는 형태를 지원모델이라고 한다. 오늘날 많은 기업들이 이러한 지원모델을 기반으로 하여 E-비즈니스를 시행하고 있다. 대표적인 예로는 HP(www.hp.com)가 자사의 웹서버에서 시행하는 고객지원시스템이나 삼성전자에서 자사의 핸드폰 사용자를 위한 종합 정보제공 시스템인 애니콜랜드land.anycall.com 등이 있다.

3.21 고객관계관리CRM와 공급사슬관리SCM

시장개방 · 경쟁심화 · 소비자욕구변화에 따라 대중마케팅mass-marketing으로 성공을 거둔 기업들도 새로운 시장상황 하에서 어떻게 경쟁할 것인가를 고민하게 되었다. 기업들은 불특정 다수의 대중을 향한 광고가 더 이상 기대치만큼 효과가 없다는 것을 깨달았고, 진열대에 수많은 상품들을 진열해놓고 고객들이 구매하기를 기다려 매출을 올리기에는 이제 어렵다는 현실도 깨달았다. 다양한 상품 못지않게 서비스의 질도 향상되어 고객들은 조금만 불만족스러운 대접을 받아도 언제든지 경쟁자의 상품으로 눈을 돌리게 된다.

이러한 현실은 '회사 수익의 65%는 만족을 얻는 고객을 통해서 이루어진다' 라는 법칙과 '신규고객 획득 소요비용은 기존고객에게 베푸는 서비스 비용의 약 5배가 소요 된다' '상위 20%에 해당되는 고객 1인의 매출이 나머지 80%에 해당되는 고객 16명의 매출과 비슷하다' 등의 조사에서 나타나고 있다.

이러한 배경 하에서 기업들은 모든 고객을 대상으로 일반적인 마케팅을 하는 대신 선별된 고객을 대상으로 집중적이고 차별화된 마케팅 활동을 하게 되었다. 그리하여 과연 우리 회사와 거래하는 고객들은 누구이며, 자주 오는 사람들은 누구이고, 많은 물건을 구매하는 사람들은 누구인가, 그리고 우리 회사를 떠난 사람들의 특성은 무엇인가에 대한 질문을 하게 되었다. 이를 바탕으로 우수 고객과 일탈 가능성이 높은 우수 고객을 발견하고, 불특정 다수를 대상으로 하는 획일화 된 광고보다는 이들 고객의 특성과 필요에 맞는 메시지를 전달하여 이들 고객과 더욱 친밀한 관계를 유지하여, 결국은 평생고객으로 유도한다는 전략이 나오게 되었다. 이러한 전략을 고객관계관리Customer Relationship Management : CRM라고 한다.

결국 고객관계관리는 고객관련 자료를 분석하여 우수 고객을 발견하고, 그 고객들의 욕구와 선호에 맞는 제품과 서비스를 제공함으로써 이들 고객과의 관계를 지속적으로 유지하여 기업의 수익을 극대화하려는 노력이라고 할 수 있다. 이를 통해 기업은 또한 마케팅 비용을 보다 효율적으로 사용할 수 있다. CRM은 고객과 관련된 기업의 내부 및 외부 자료를 분석 · 통합하여 고객특성에 기초한 마케팅활동을 계획하고 지원하며 평가하는 과정이며 정보 시스템이다. CRM은 고객수익성을 우선시하여 콜센터 · 캠페인관리 도구와의 결합을 통해 고객정보를 적극적으로 활용하는 것이다.

이러한 CRM을 하기위해서는 기업에 많은 정보시스템이 필요로 하는데 먼저 고객 통합 데이터베이스가 구축되어 있어야 한다. 기업이 보유하고 있는 고객과의 거래 데이터와 고객서비스 · 웹서버 · 콜센터에서 고객반응 등을 통해 생성된 고객반응정보, 그리고 인구 통계학 데이터를 데이터베이스 관점에 기초하여 통합한다. 이러한 데이터베이스를 데이터웨어하우스하고 한다. 즉, CRM을 위해서는 고객과 관련된 전사적인 정보의 공유체제가 확립되어야 한다.

또한 고객 특성을 분석하기 위한 데이터 마이닝data mining 도구가 준비되어야 한다. 구축된 고객 통합 데이터베이스를 대상으로 마이닝 작업을 통해 고객의 특성을 분석한다. 데이터 마이닝 작업은 고객 개개인의 행동을 예측하기 위한 목적으로 모형을 구축하는 것으로 신경망Neural Network과 같은 다양한 분석 모형을 활용하게 된다.

다음으로 공급업자 및 유통업자와의 관계를 효율적으로 관리하는 공급사슬관리Supply Chain Management : SCM는 구매자와 자재공급자간 또는 생산업자와 유통업자간의 공급사슬에 관련된 모든 활동을 보다 효율적으로 계획하고 조직하고 조정하는 것이다. 공급사슬관리는 제품을 생산하는 기업이 부품의 구매 · 제조 · 판매까지의 모든 일정을 수립하고 고객의 수요계획 및 물류현황을 체계적으로 정리하여, 원자재로부터 최종 소비자에로의 제품(가치)의 흐름을 원활하고 효율적으로 수행할 수 있게 한다.

공급사슬은 공급업자로부터 재화나 용역이 제조화사를 거쳐 최종소비자까지 전달되는 유통과정에 관한 정보 및 프로세스process의 집합이다. 일반적으로 공급사슬에서는 원자재, 부품 등이 제조업자에 의해 구매되고, 이를 사용하여 제조공장에서 제품이 생산되고, 생산된 제품은 창고에 저장되고, 창고에서 도/소매업자로 제품이 전달되고, 마침내 최종소비자에게 전달되는 과정을 포함한다.

공급사슬관리는 원자재의 구매와 제품의 생산 및 유통이 적절한 시간에 적절한 양을 적절한 장소에서 발생할 수 있도록 공급자 · 제조업자 · 창고 · 유통업자들을 효율적으로 연계시킴으로써 공급사슬 전체의 효율성을 최대화하기 위한 여러 가지 방법들을 포함한다. 따라서 공급사슬관리는 정보기술을 사용하여 기업 내부 부서 간 업무흐름을 조정하고 기업 간 물류와 정보의 흐름을 적절하게 관리함으로써 기업의 물류비용을 줄이고 수익을 증대시킬 수 있는 기회를 제공한다.

최신 인터넷 기술 3.22

인터넷은 처음 군사망으로 시작하여 공개형 통신규약(프로토콜, protocol)인 TCP/IP를 도입하여 이기종간의 연결을 자유롭게 하였고 WWW가 접목되어 복잡한 관리가 필요 없는 네트워크로 발전하였다. 1990년대에는 웹브라우즈Web browser의 개발로 인해 사용자가 폭발적으로 증가하였고 이러한 사용자의 증가에 의해 E-비즈니스가 시작되었다.

현재에도 인디넷은 생활과 기업의 비즈니스 환경에 전빈적으로 지대한 영향을 미치고 있으나 인터넷의 성장이 멈춘 것은 아니다. 현재 인터넷은 새로운 다양한 전자 기술들이 인터넷과 결합하여 발전하고 있다. 이하에서는 어떤 새로운 기술들이 인터넷을 변화시키고 있는지 와 어떻게 인터넷이 변화하는지에 관해 알아보도록 하자.

인터넷을 변화시키고 있는 기술 중 가장 보편화되어 있는 기술은 모바일 기술이다. 일반적으로 모바일 기술은 핸드폰과 PDA로 대표되는 소형이동기기를 총칭하는 기술로 구성되어 있다. 모바일 기술은 1970년부터 개발되기 시작하여 아날로그 음성위주의 서비스를 중심으로 발전하기 시작했다. 시간이 지나면서 많은 사용자를 수용할 수 있는 디지털 기술을 도입하여 충분한 사용자를 수용하고 고성능의 통화 품질을 제공하기 시작했다.

3세대 통신인 IMT-2000이 수용되면서 디지털 통신기술에 패킷 통신기술을 융합하여 IP기반의 인터넷통신이 가능하게 되었다. 이러한 모바일 기반의 인터넷은 독자적인 웹브라우즈(모바일 브라우즈, mobil browser)와 HTML을 축약한 마크업mark-up 언어로서 인터넷을 사용할 수 있는데 아직 용량과 속도가 느리다는 단점이 있으나 많은 이동통신 가입자가 있다는 조건 때문에 널리 사용이 되고 있다.

현재에는 모바일 장비로 인터넷을 통해 은행 업무를 볼 수 있는 모바일 뱅킹, 작은 화면과 키보드를 써서 간단한 게임을 할 수 있는 모바일 게임, 인터넷 서버로부터 음악을 다운로드 받아 핸드폰에서 들을 수 있는 모바일 음악 등을 중심으로 발전을 하고 있다. 현재 속도가 느리고 용량이 적다는 단점은 와이브로Wibro가 본격적으로 서비스를 개시한다면 해결될 것으로 보인다.

와이브로는 모바일 기기를 이용하여 정지 및 이동 중에 언제 어디서나 고속의 전송속도(약 1Mbps급)로 인터넷에 접속하여 다양한 정보 및 콘텐츠 사용이 가능한 초고속인터넷 서비스를 말한다. 즉, 실내의 유선 초고속인터넷 서비스를 실외에서 이동 중에도 사용할 수 있도록 확장하는 개념이다. 와이브로 서비스가 시작되면 노트북용 무선랜카드나 USB 무선랜카드처럼 생긴 장치를 연결하면 길거리나 달리는 차 안에서 영화를 즐기고, 온라인 게임을 하는 것을 지금 사무실에서 인터넷 하는 것처럼 할 수 있게 된다.

현재 사용이 되고 있는 모바일 기술 외에도 새로운 인터넷기술의 발전을 주도하고 있는 것은 유비쿼터스Ubiquitous와 Web2.0의 개념이다.

유비쿼터스는 기술이라기보다는 하나의 공간혁명을 의미하고 있다. 도시의 건설에 의해 인구가 밀집된 현대 도시를 만들면서 인류의 활동 공간인 물리적인 공간을 원시적인 평면에서 도시적 방식으로 창조한 도시혁명을 1차적인 공간 혁명이라고 한다면 산업혁명은 도시공간을 중심으로 물리공간의 생산성을 고도화한 2차 공간혁명일 것이다. 인터넷은 인가의 공간 활동을 물리적 공간에서 전자적 공간으로 시간과 거리의 제약을 없애는 3차 공간 혁명이라고 할 수 있다.

유비쿼터스는 4차 공간 혁명으로서 라틴어로 도처에 편재한다는 의미를 가지고 있다. 유비쿼터스는 인터넷에 컴퓨터와 모바일 장비뿐만이 아니라 각종 전자기기들은 센서와 RFID, 블루투스 등의 무선기술을 이용하여 정보를 공유하고 어디에서나 어떤 전자 장비들로부터도 사용자가 자신이 원하는 정보를 얻을 수 있는 환경을 의미한다. 이러한 유비쿼터스의 시대가 온다면 우리는 공상과학 만화에서 보듯이 컴퓨터 앞에 있지 않아도 그리고 노트북과 같은 컴퓨터를 가지고 다니지 않아도 어디에서나 인터넷과 정보에 접근을 할 수 있는 환경을 경험하게 될 것이다.

Web2.0은 어떤 소프트웨어나 기술을 말하는 것이 아니고, 현재 사용되고 쓰여 지고 있는 웹의 진화 모델로서 제시되고 있는 환경을 말한다고 하는 것이 좀 더 그 의미에 가까울 것이다. 이에 현재 쓰이고 있는 웹은 Web1.0이라고 불리기도 한다. Web2.0의 개념을 일반화된 내용으로 설명을 하면 정보의 개방성 · 이동성 · 연결성 등과 관련된 개념이라고 할 수 있다. 이 정보라는 말은 우리가 쓰고 있는 세상의 모든 것을 포괄하는 큰 개념으로 설명될 수 있다.

3.23 정보시스템의 의의

기업을 운영하기 위해서는 여러 가지 자원resource이 필요하다. 대표적인 자원으로는 자금, 인력, 원자재 등을 들 수 있다. 정보information도 이러한 자원 중의 하나이다. 과거에는 정보를 활용하기는 했지만 자원으로 간주하지 않았으나, 최근에는 정보를 오히려 다른 자원보다 더 중요한 것으로 인식하고 있다. 왜냐하면 정보자원은 다른 자원을 대표하는 자원이기 때문이다. 자원관리를 위해서는 정보 제공이 필수적인 것이다. 이렇게 정보 자원이 중요하게 인식되는 이유는 몇 가지 측면에서 살펴볼 수 있다.

먼저, 정보자원은 다른 자원을 대표하는 자원이다. 자원은 기업경영에서 없어서는 안 될 중요한 것이기 때문에 적절히 관리하여야 한다. 그런데 자원을 관리하기 위해서는 정보제공이 필수적이다. 정보자원이 중요한 이유는 정보시스템이 기업의 성공에 많은 영향을 미치기 때문이다.

(1) 정보시스템은 기업에서 행하는 자본투자의 상당부분을 차지하고 있으므로 정보시스템에 대한 의사결정이 잘못되면 기업성과에 막대한 악영향을 미친다.

(2) 정보시스템은 비즈니스의 핵심이다. 전통적으로 제조업에 비해 서비스업에서 정보시스템을 많이 활용하였다. 그러나 최근에는 제조업조차 정보시스템에 대한 의존도가 매우 높다. 정보시스템은 기업의 시장점유율을 높여줄

뿐만 아니라 고품질과 저비용의 제품을 생산할 수 있게 해준다. 또한 정보시스템은 기업의 경쟁력을 높여줄 신제품 개발의 핵심요소로서 작용한다.

(3) 정보시스템은 생산성 향상의 도구이다. 정보시스템은 비용을 절감할 수 있게 함으로써 효율성을 높여준다. 이는 국가경제에도 큰 도움이 된다. 국가경제에서 매우 중요한 사안은 인플레이션inflation의 억제이다. 정부에서 인플레이션을 억제하기 위해 사용하는 수단은 이자율을 높이는 것이다. 그런데 이자율을 높이면 기업의 금융비용이 증가하여 기업에는 부담이 된다. 정보시스템은 비용감소를 통하여 인플레이션을 억제해준다.

(4) 정보시스템은 기업에게 전략적 기회와 이점을 제공해 준다. 정보시스템은 새로운 비즈니스 모델을 가능하게 하고, 새로운 서비스의 창출을 통하여 기업의 경쟁력을 높여주고, 경쟁업체가 쉽게 모방할 수 없는 차별성을 제공해 준다.

한편 이러한 정보자원의 중요성을 환경변화라는 측면에서 살펴보면 다음과 같다.

(1) 글로벌경제의 출현이 정보자원을 더 중요하게 만든다. 글로벌경제는 기업에게 기회와 위기를 함께 제공한다. 시장이 넓어진다는 점은 기회이지만 경쟁이 더욱 치열해지다는 점은 위기이다. 글로벌경제에서는 기업 기능의 일부가 해외에 이전된다. 이 경우 통제와 관리의 문제가 생긴다. 그러나 디지털 네트워크digital network를 통해 해외에 이전된 지사의 현재 상황에 대한 정보를 실시간으로 본사에 제공한다면 아무런 문제가 없다.

(2) 산업경제에서 지식경제로 전환되고 있다. 지식경제에서는 지식과 정보가 기업의 중요한 자산이다. 지식경제에서는 새로운 제품이나 서비스가 많이 만들어지며, 시간이 중요한 경쟁적 요소이며, 제품 수명주기가 짧아진다. 이러한 특징을 가지고 있는 지식경제에서 기업이 생존하려면 정보시스템에 대한 의존도를 더욱 높여야 한다.

(3) 기업의 구조적인 변화가 일어나고 있다. 이러한 변화는 기업의 생존을

위해 필수적인 것인데, 이렇게 변하기 위해서는 정보시스템의 활용이 전제조건이 된다. 조직구조가 수평화 되고 있으며, 의사결정의 권한이 위임되고 분산되고 있다. 지식경제에서 시간이 중요한 경쟁적 요소라고 하였는데, 의사결정을 신속히 하기 위해서는 조직을 유연하게 만들어야 한다. 특히 공장자동화는 조직을 유연하게 만드는 핵심적인 수단이다. 산업경제의 특징인 대량생산mass production 체제로는 경쟁에서 이길 수 없다. 대신 대량맞춤mass customization 체제로 변하여야 한다. 대량맞춤 체제로 변하기 위해서는 공장자동화를 선택하여야 한다. 또한 기업의 업무처리 방식을 재설계하여야 한다. 전통적인 방식으로는 낭비적인 요소가 많아 고객을 만족시킬 수 없을 뿐만 아니라 비용과 인력이 많이 든다.

한편, 이러한 정보시스템은 기술적인 관점과 비즈니스의 관점에서 이해될 수 있다. 기술적인 관점에서 보면 정보시스템이란 경영자의 업무(통제 및 의사결정)를 지원해주기 위해 필요한 정보를 제공할 목적으로 데이터를 수집 · 저장 · 가공 및 처리하는 관련된 구성요소(하드웨어 · 소프트웨어 · 데이터베이스 · 네트워크 · 사람)의 집합체로 볼 수 있다. 비즈니스의 관점에서 보면 정보시스템이란 환경의 변화에 의해 일어나는 조직의 문제를 정보기술을 활용하여 해결하는 솔루션으로 정의할 수 있다. 이러한 점에서 볼 때 정보시스템을 이해하기 위해서는 정보기술뿐만 아니라 조직과 경영에 대한 지식을 가지고 있어야 한다는 것을 알 수 있다.

정보시스템의 유형 3.24

조직 내에는 많은 **정보시스템**Information Systems이 존재한다. 이렇게 많은 정보시스템이 있는 이유는 조직 구성원에 따라 수행하는 기능도 다양하고 같은 기능이라 하더라도 경영계층이 달라 업무가 다르고 또한 필요로 하는 정보도 다르다. 따라서 정보시스템의 유형은 경영계층에 따라 분류될 수 있다.

경영계층은 최고경영층top manager · 중간경영층middle manager · 하위경영층lower manager으로 구분된다. 정보시스템의 유형을 경영계층으로 구분하기 위해서는 각 계층에서 수행하는 경영활동의 내용을 살펴볼 필요가 있다. 최고경영층은 전략계획을 수립하고 중간경영층은 경영통제 업무를 수행하며 하위경영층은 운영통제 업무를 수행한다.

이러한 경영계층에 따라 정보시스템을 분류하면 다음과 같이 사무정보시스템 · 거래처리시스템 · 경영정보시스템 · 의사결정지원시스템 · 중역정보시스템으로 구분된다. 이러한 각 정보시스템의 특징을 보면 다음과 같다.

(1) 사무정보시스템 Office Information Systems : 사무정보시스템은 정보기술을 기반으로 사무실 지식 근로자들의 업무와 활동을 효율적으로 지원하고 의사소통을 향상시키기 위한 시스템이다. 이는 단기적으로는 지식 근로자의 생산성을 향상시키는 데에 목적이 있으며, 궁극적으로는 기업의 경쟁력을 강화시키는 것을 목적으로 한다. 사무정보시스템은 문서처리와 의사소통 업무를

지원하는 것이기 때문에 조직의 모든 사무직 종업원들이 사용한다. 워드프로세스(한글이나 MS워드) · 스프레드시트(엑셀) · 프레젠테이션(파워포인트) · 그래픽 처리(포토샵, 일러스트) · 이메일 · 전자게시판 등의 프로그램이 사용된다.

(2) 거래처리시스템 Transaction Processing Systems : 거래처리시스템은 가장 기본적인 단계의 정보시스템으로, 반복적이고 일상적인 거래처리 활동을 기록하는 정보시스템이다. 거래처리시스템은 경영활동의 처리속도를 빠르게 하고 사무노동비용을 크게 절감할 수 있게 해준다. 거래처리시스템은 조직에서 없어서는 안 될 필수적인 시스템이다. 가령 증권이나 은행, 혹은 항공사의 거래처리시스템이 단 하루만이라도 제 기능을 발휘하지 못한다면 어떤 일이 발행하겠는가? 이러한 거래처리시스템은 주로 운영통제를 지원하기 위해 사용되고 있다.

(3) 경영정보시스템 Management Information Systems : 경영정보시스템은 중간경영자에게 필요한 관리정보를 주기적인 보고서나 예외보고서로 제공하는 시스템이다. 관리정보에는 과거 실적이나 현재 상태에 대한 요약 정보가 포함된다. 일반적으로 경영정보시스템은 거래처리시스템에 의해 기록된 데이터와 정보를 가공 및 요약하여 표준화된 보고서를 제공한다. 경영정보시스템은 조직 외부환경에 관한 정보보다는 조직 내부 활동과 관련된 정보를 제공하며, 이러한 정보를 통해 조직의 문제점을 인식할 수 있게 된다.

(4) 의사결정지원시스템 Decision Support Systems : 의사결정지원시스템은 경영자들이 비구조적 또는 반구조적인 의사결정문제들을 다룰 수 있도록 지원해주는 시스템이다. 이것은 거래처리시스템이나 경영정보시스템에 비해 보다 분석적이며, 조직 내부뿐만 아니라 조직의 외부의 정보도 많이 필요로 한다. 의사결정지원시스템은 사용자와 정보시스템을 연결시켜주는 대화시스템, 데이터를 관리하는 데이터베이스시스템, 분석적 도구와 의사결정 모델을 관리하는 모델베이스시스템으로 구성되어 있다. 의사결정지원시스템은 문제의 특성에 따라 데이터에 의존을 많이 하는 데이터 중심의 의사결정지원시스템과 의사결정모델을 많이 활용하는 모델 중심의 의사결정지원시스템으로 구분

될 수 있다.

(5) 중역정보시스템 Executive Information Systems : 중역정보시스템은 첨단 그래픽과 통신을 활용하여 최고경영자의 비구조적인 의사결정을 지원하도록 설계된 전략적 수준의 정보시스템이다. 중역정보시스템은 최고경영자들이 조직의 성과를 파악하고 경쟁업자들의 활동을 분석하며, 문제를 발견하고, 기회를 확인하며, 추세를 예측해볼 수 있도록 도와준다. 중역정보시스템은 모델링 modeling 및 분석 도구를 포함하고 있다. 의사결정지원시스템은 비교적 좁은 범위의 의사결정 상황에 적용되는 시스템인 반면에 중역정보시스템은 비교적 넓은 범위, 가령 조직의 성과와 같은 일반적인 정보를 제공하는데 사용된다.

3.25 그룹의사결정지원시스템

오늘날 경영자들은 많은 경우에 단독으로보다는 그룹으로 회의를 통해 의사결정을 한다. 단독으로 의사결정을 하는 경우라도 많은 경우 문제와 관련된 다른 사람들의 의견을 듣거나 상의해서 의사결정을 하게 된다. 따라서 이런 경우에는 의사결정에 직간접적으로 참여하는 사람들 사이의 의견교환 및 의사소통이 매우 중요하다. 이와 같은 상황에서는 관련된 여러 사람들의 회의 소집과 회의 준비 및 진행에 상당히 많은 시간이 소비되고, 회의 결과도 그렇게 효율적이지 못한 경우가 자주 발생한다.

그룹의사결정지원시스템Group Decision Supporting System : GDSS은 이와 같이 하나의 문제를 해결하기 위하여 여러 사람이 의사결정에 참여하는 그룹의사결정 과정을 보다 효율적이고 효과적으로 지원해주는 정보시스템이다.

GDSS는 의사결정지원시스템이 갖는 장점을 그대로 유지하면서 그룹의 의사결정 환경에 적합한 기능들을 포함한다. 예를 들면, 그룹의사결정을 지원하는 소프트웨어들은 사람들이 회의를 위해 한 자리에 모이거나 면 대 면으로 상호작용을 하지 않으면서도 화상회의시스템 등을 통해 서로 정보와 전문지식을 교환하고 공유할 수 있도록 지원한다.

GDSS 소프트웨어 가운데 가장 대표적인 것이 **그룹웨어**groupware이다. 그룹웨어는 팀 위주로 구성된 조직에서 구성원들이 효과적으로 의사소통 및 정보공유를 할 수 있도록 지원해주는 네트워크 기반의 정보기술이다. 그룹웨어는 일반적으로 그룹의 일정관리 · 의사소통 · 회의준비 및 진행 그리고 관리기능들을 포함하고 있다. 그룹웨어를 통해서 그룹 구성원들은 서로의 의견을 교환하고 새로운 아이디어와 지식을 공유하는 등 협업을 보다 효과적으로 할 수 있다.

그룹웨어는 그룹 구성원들이 협업을 지원해주는 도구로서 그 실용화는 전자우편으로부터 시작되었으며 오늘날 대부분의 그룹웨어는 공동 데이터베이스 · 일정계획scheduling · 전자게시판 · 문서관리 · 워크플로work flow 등의 기능을 포함하고 있다. 최근에는 문서와 같은 정형적인 정보 외에 도형 · 음성 · 동영상과 같은 비정형적인 자료에 대한 검색과 관리기능도 포함되어지는 추세로 그룹웨어를 사용하면 비록 지역적으로 떨어져 있는 그룹 구성원들과의 협업도 가능하게 된다.

대표적인 GDSS 소프트웨어의 하나인 Lotus Notes는 그룹프로젝트에서 생성된 메모나 편지를 수집 · 저장 · 처리 · 배포하는 기능과 함께 지식을 관리하는 기능도 가지고 있다. 마이크로소프트웨어의 NetMeeting은 일 대 일 화상채팅뿐만 아니라 다중사용자회의 · 화이트보드공유 · 프로그램공유 · 데스크탑desktop공유 · 파일전송 등 인터넷 기반의 회의 도구도 제공한다. 마이크로소프트웨어의 Exchange는 그룹웨어의 또 다른 예로서 전자게시판, 그룹회의 일정관리, 그리고 그룹 메일 등을 지원한다.

GDSS는 1980년대 중반 경부터 미국 애리조나대학 및 미네소타대학을 중심으로 시작되었다. 전자회의시스템electronic meeting system : EMS이라고 불리는 GDSS는 그룹 공동에 의한 아이디어 생성의 촉진을 통해 회의 과정 및 성과를 개선하는데 역점을 두는 기술로 시작하였다.

그룹의사결정지원시스템은 의사소통 시간대와 장소의 동일 및 상이 여부에 따라 네 가지 유형으로 분류할 수 있다.

(1) 대면 회의는 한 장소에서 같은 시간대에 회의를 효과적으로 진행하도록 해주는 시스템으로 전자회의실과 전자칠판 등을 포함한다.

(2) 비실시간 회의는 같은 장소의 시스템을 이용하여 그룹 구성원들이 서로 다른 시간대에 의견을 교환하는 시스템으로 정보센터나 팀룸team room 등을 포함한다. 이 유형은 그룹 구성원들이 한 곳에 근무하지만 같은 시간대에 모이기가 어려울 때 유용하다.

(3) 원격회의는 서로 다른 지역에 위치한 조직원들 간에 실시간으로 의견교환을 할 때 사용하는 시스템으로 화상회의시스템을 포함한다. 이를 이용하면 비록 그룹 구성원들이 다른 지역에 있더라도 필요할 때는 언제나 쉽게 의사소통할 수 있게 된다.

(4) 회의 없는 회의는 서로 다른 지역에 위치한 조직원들이 서로 다른 시간대에 의견교환을 할 수 있게 해주는 시스템으로 전자우편과 음성우편, 전자결재, 컴퓨터 회의 시스템 등을 포함한다.

전통적으로 GDSS는 그룹의사결정을 지원하기 위한 개별 소프트웨어로 개발 되었으나, 근래에는 기존의 소프트웨어 패키지에 결합되는 경향이 높아지고 있다. 특히, 최근에 개발되는 거래처리 및 전사적자원시스템Enterprise Resource Planning : ERP 패키지의 일부는 GDSS 기능을 수행하는 협업collaboration 소프트웨어를 포함하기도 한다. 그룹의사결정지원시스템은 그룹의 요구, 지원하는 의사결정의 종류, 그리고 사용빈도와 그룹 구성원들의 지리적 위치 등에 따라 다양한 형태로 구성될 수 있다. 예를 들면 의사결정실decision room · 근거리 의사결정 네트워크 · 원격회의 · 광역 의사결정 네트워크 시스템 등을 생각할 수 있다.

전문가시스템 3.26

전문가는 특정 분야에서 많은 이론적인 지식뿐만 아니라 문제해결에 대한 다양한 경험적 지식을 가지고 있다. 즉, 전문가는 문제에 영향을 미치는 요소들이 무엇이며 어떻게 상호 작용하는지, 어떤 가능한 해결대안들이 있으며 성공할 확률은 어느 정도이고, 해결되지 못했을 경우 초래되는 비용은 어느 정도인지 등에 대한 총체적인 지식을 바탕으로 가장 적절한 해결방안을 제시할 수 있다. 대표적인 전문가로는 의사 · 법률가 · 엔지니어 · 신용평가자 등이 있다. 이와 같은 전문가와 유사하게 작동하면서 특정 전문분야의 문제해결을 지원해주는 정보시스템을 **전문가시스템**Expert System : ES이라 한다.

전문가시스템은 특정분야의 전문가들이 가지고 있는 지식을 이끌어 내어 시스템화 한 것이다. 전문가시스템은 인공지능의 연구로부터 가장 성공적으로 상용화된 응용시스템이다. 인공지능의 다른 분야는 아직 초보적인 실험단계에 있지만 전문가시스템은 전 세계의 기업, 산업, 정부 등에서 다양한 업무에 응용되고 있다. 예를 들면 아메리칸 익스프레스는 전문가시스템을 개발하여 수없이 쇄도하는 신용조회 요청에 신속하게 대응할 수 있었다.

전문가시스템은 다음과 같은 몇 가지 **특성**을 가지고 있다.

우선, 전문가시스템은 어떤 대안을 제시 할뿐만 아니라 왜 그리고 어떻게 그런 결론에 도달했는지를 설명해주는 기능을 가지고 있다. 예를 들면 대출심사

전문가시스템은 대출승인 여부뿐만 아니라 대출을 승인한 혹은 거절한 근거를 설명할 수 있다. 따라서 전문가시스템 사용자들은 이러한 특성을 통하여 어떤 결론에 도달하게 된 근거를 알 수 있다.

전문가시스템은 지능적인 행동을 보인다. 데이터 수집에 있어서 전문가시스템은 새로운 아이디어 혹은 문제해결을 위한 새로운 접근방법을 제시할 수 있다. 어떤 전문가시스템은 환자의 상태에 따라 능동적으로 가상의 의학적 진단을 내리거나 특정 지역에서 천연가스 추출을 위한 탐사 방안을 제안 하거나, 사람들에게 직업알선을 조언하기도 한다.

전문가시스템은 결론에 도달하고 문제를 해결하기 위하여 복잡한 상황을 분석할 수 있는 능력을 가지고 있다. 예를 들어 전문가시스템은 유연제조시스템 flexible manufacturing system에서 어떤 도구를 사용하는 것이 최적인가를 결정하는데 사용될 수 있고 품질통제 절차를 향상시키는 방법을 제안 할 수도 있다.

전문가시스템의 또 하나 중요한 특징은 사라져 버릴 수 있는 인간 전문가의 전문지식을 획득해서 보존할 수 있다는 것이다. 인간 전문가는 다른 회사로 가거나 퇴직하거나 사망하면 그가 가지고 있던 전문지식은 사라지게 된다. 그러나 전문가시스템은 이런 전문지식을 인간 전문가로부터 추출해서 보존할 수 있다. 전형적인 예로 다양한 기계를 고칠 수 있는 고급 기술자로 퇴직한 David Smith라는 사람의 전문지식을 보존하고 지속적으로 활용하기 위하여 개발된 DELTA(Digital Electric Locomotive Troubleshooting Aid)라 불리는 전문가시스템이 있다.

전문가시스템은 지식베이스 · 추론엔진 · 설명기관 · 지식획득기관 · 사용자 인터페이스와 같은 구성요소들로 이루어져 있다.

지식베이스는 전문가시스템에서 사용되는 모든 데이터 · 규칙 · 사례 · 관계 등을 저장한다. 이 지식베이스에 특정분야의 전문가들이 가지고 있는 전문지식을 저장하고 축적하여 보전한다.

추론엔진은 지식베이스에서 유용한 정보와 관계를 찾아 인간 전문가가 하는 것처럼 어떤 문제에 대한 해답이나 예측 · 조언을 제공하는 기관이다.

설명기관은 전문가시스템 사용자들에게 어떻게 결론에 도달했는지를 알려주는 기관이다. 예를 들어, 의학 분야 전문가시스템이 환자의 증상과 검사 결과를 기초로 심장판막 질환이 있다는 결론을 내렸다면, 설명기관은 어떤 근거와 논리를 바탕으로 그런 진단이 나왔는지를 알려준다. 이러한 설명기관으로 인하여 의사는 전문가시스템이 정확하고 논리적으로 진단을 하였는지를 알 수 있다.

지식획득 기관은 지식베이스를 만들고 갱신하는 과정을 지원해주는 기관이다. 지식획득 기관을 사용하여 복잡한 사실 데이터 · 관계 · 규칙 등을 쉽게 지식베이스에 저장할 수 있고 지식베이스의 유지 및 보수비용도 절감할 수 있다.

사용자 인터페이스는 사용자들이 전문가시스템을 보다 쉽게 사용하고 개발할 수 있도록 지원해 준다.

3.27 정보시스템 아웃소싱

기업이 경쟁우위를 획득하고 유지하는데 정보시스템이 매우 중요한 역할을 한다는 것을 부정하는 사람은 없을 것이다. 이렇게 중요한 정보시스템을 다른 제3자에게 아웃소싱outsourcing한다는 것은 기업의 입장에서는 상상할 수도 없었다. 그러나 1990년 대 들어서 기업들은 아웃소싱을 기업이 고려해야 할 전략적 선택 중 하나로 받아들이기 시작했다.

이런 변화는 외부적으로 기업 환경과 정보기술 자체의 급격한 변화에 기인한다고 말할 수 있지만 가장 중요한 원인은 '경쟁우위라는 것이 정보기술을 가지고 있느냐 없느냐에 의해 결정되는 것이 아니라 정보기술을 어떻게 활용하느냐에 의해 결정된다는 것' 을 인식했기 때문이다. 기업은 아웃소싱을 통해 정보기술의 기본 역량을 향상시키지 않으면서도 정보기술의 활용도를 증가시키고 기업의 경쟁우위를 얻을 수 있게 된 것이다.

정보시스템 아웃소싱이란 정보시스템 기능의 일부 또는 전부를 외부 전문업체에 위탁하는 것이다. 과거에는 보안이나 정보자원의 중요성이라는 측면에서 정보시스템 기능에 대한 아웃소싱은 제한적으로 이루어졌다. 그러나 최근에는 몇몇 주요 성공사례가 소개되어 아웃소싱에 대한 관심도가 높아졌으며 또한 정보기술이 급격하게 발전함에 따라 새로운 정보기술의 도입 및 관리문제를 내부적으로 해결한다는 것이 조직에는 많은 부담이 되고 있다. 이러한 환경적 변화와 함께 정보시스템이 비즈니스의 핵심이 됨에 따라 경쟁적 우위를 확보하기 위해 정보시스템 아웃소싱이 늘어나고 있는 추세이다.

정보시스템 아웃소싱이 확산됨과 동시에 그 특성特性도 다음과 같이 변하고 있다.

첫째, 일반적으로 아웃소싱은 중소기업에서 많이 도입하고 있었다. 그 이유는 중소기업의 경우 정보시스템 기능을 자체적으로 제공할 여력이 없기 때문이다. 그러나 최근에는 정보시스템 기능을 자체적으로 제공할 수 있는 대기업에서도 전략적 차원에서 아웃소싱을 추진하고 있는 실정이다.

둘째, 선택적 아웃소싱이 많아지고 있다. 과거에는 모든 기능을 아웃소싱 주는 형태로 추진되었지만 최근에는 특정 기능에 대해서만 아웃소싱을 주거나 여러 기능을 여러 업체에 위탁을 하는 방식을 취하고 있다.

셋째, 아웃소싱 서비스를 제공하는 업체와 서비스를 요청한 업체와의 관계가 변하고 있다. 과거에는 엄격한 계약으로 관계를 유지하였으나 최근에는 상호 신뢰를 바탕으로 하는 파트너십partnership의 관계로 변하고 있다. 파트너십에 의한 아웃소싱의 성과가 엄격한 계약에 의한 아웃소싱의 성과보다 높다는 점에 유의할 필요가 있다.

한편 정보시스템 아웃소싱은 다음과 같은 이점利點이 있다.

첫째, 조직의 역량을 핵심적인 분야에 집중시킬 수 있다. 정보기술에 대한 문제를 다른 조직에 일임함으로써 경영문제에 보다 관심을 기울일 수 있게 한다. 뿐만 아니라 정보시스템 기능을 보다 전문적인 업체에 위탁함으로써 정보시스템을 전략적 무기로 활용할 수 있게 만들 수 있다.

둘째, 정보기술에 대한 비용이 증대되고 있지만 아웃소싱을 통하여 비용을 절감할 수 있다. 서비스 제공업자들은 규모의 경제를 통하여 보다 저렴하게 서비스를 제공할 수 있기 때문이다. 또한 서비스 제공업자와 고정가격으로 아웃소싱 계약을 함으로써 비용에 대한 불확실성을 제거할 수 있게 된다.

셋째, 정보기술 인력의 활용이 쉬워지며, 정보기술 기반구조의 노후화에 대한 우려가 없으며 최신 정보기술을 활용할 수 있게 되어 조직의 경쟁력 향상에 많은 도움이 된다.

정보시스템 아웃소싱은 다음과 같은 **단점**短點도 있다.

첫째, 정보시스템 기능에 대한 통제권을 잃어버릴 수 있다. 특히 계약을 불리하게 체결할 경우 서비스 제공업체에게 전적으로 의존하는 결과를 초래한다.

둘째, 조직의 중요한 기밀사항이나 정보가 유출될 가능성이 있다. 따라서 전략적으로 중요한 분야에 대한 아웃소싱은 신중을 기하여야 한다. 물론 아웃소싱 서비스 제공업체의 입장에서는 신뢰도가 생명이기 때문에 고객업체의 기밀사항을 외부로 유출시키는 경우는 절대로 없을 것이다.

셋째, 아웃소싱을 하면 일반적으로 비용이 절감되지만 때로는 오히려 비용이 증가할 수도 있다. 그 이유는 조직의 문화가 서로 달라 의사소통이 원활하지 못하거나 감시 감독에 따른 비용이 증가할 수 있기 때문이다. 또한 아웃소싱을 하면 정보기술에 대한 지식 축적이 어렵다.

정보시스템 개발방법론 3.28

새로운 것을 만들어 낸다는 것은 언제나 복잡하고 힘든 일이다. 사용자의 정보처리 요구조건을 컴퓨터에 정확하게 구현해야 하는 정보시스템 개발의 업무도 마찬가지이다. 이 복잡하고 힘든 정보시스템 개발을 어떻게 하면 보다 효과적으로 수행할 수 있을까? 복잡하고 어려운 문제일수록 이를 해결하기 위해서는 체계적인 접근이 필요하다. 마찬가지로 정보시스템을 보다 효과적으로 개발하기 위해서도 체계적인 접근이 필요하다.

정보시스템을 개발할 때 우리가 따라야 할 가이드라인을 정의해놓은 것이 **정보시스템 개발방법론**information system development methodology이다. 다시 말해 정보시스템 개발방법론이란 시스템을 보다 효과적으로 개발하기 위해 우리가 따라야 할 단계적 절차, 각 단계에서 수행되어야할 업무, 각 단계에서 만들어야 할 산출물, 각 단계의 수행에 활용될 체계적 기법 등을 명시해 놓은 것이다.

가장 보편적으로 많이 활용하고 있는 정보시스템 개발방법론은 SDLC(Systems Development Lifecycle)방법이다. SDLC 법의 주요 특징은 다음과 같다.

첫째, 시스템 개발의 전 과정을 몇 개의 단계로 구분한다. 가장 보편적인 단계는 분석analysis · 설계design · 구현implementation · 운영 및 유지보수operation and maintenance 단계이다.

둘째, 문서화documentation가 중요하다. 개발과정에서 많은 산출물이 만들어지며 앞 단계에서 만들어진 산출물은 다음 단계에서 활용된다.

셋째, 앞 단계가 완전히 종료된 후에 다음 단계로 넘어간다. 이러한 점에서 SDLC 방법을 폭포수모형model이라고도 한다. 폭포수는 한번 떨어지면 위로 올라갈 수 없기 때문이다.

시스템개발의 각 단계에서 수행되는 업무를 간단히 요약하면 다음과 같다.

(1) 분석단계 : 현재 사용 중인 정보시스템의 문제점을 파악하고 새로운 정보시스템에서 필요로 하는 요구사항을 도출하게 된다. 즉 새로운 시스템의 모형을 만들어야 한다. 이를 위하여 자료흐름도Data Flow Diagram와 같은 다양한 도구가 사용된다.

(2) 설계단계 : 분석단계에서 도출한 정보 요구사항을 충족시켜주기 위한 상세한 방법을 정하게 된다. 즉 프로그램program · 입력 및 출력 · 데이터베이스database 등에 대한 상세한 설계를 하여야 한다. 설계단계에서 주로 사용하는 기법으로는 구조도structure chart · 흐름도flow chart · ERD(Entity Relationship Diagram) 등을 들 수 있다.

(3) 구현단계 : 프로그래밍programming · 테스팅testing · 시스템전환이 이루어진다. 테스팅은 단위 프로그램에 대한 단위 테스트, 시스템 전체에 대한 시스템 테스트, 사용자에 의해 이루어지는 수용 테스트의 순으로 진행된다. 시스템 전환은 기존 시스템을 폐기하고 새로운 시스템으로 바꾸는 과정이다. 여러 가지 방법이 있지만 비용이 적게 들면서 위험이 낮은 방법을 선택하여야 할 것이다. 시스템 전환 단계에서는 기존에 축적된 데이터를 새로운 시스템에 맞게끔 바꾸는 과정도 필요하다. 데이터의 전환은 많은 시간이 소요될 뿐만 아니라 매우 중요한 과정이다. 만약 데이터의 전환에서 오류가 발생하면 프로그램의 오류와는 관계없이 시스템이 오작동하게 된다. 따라서 데이터의 전환에 신중을 기하여야 하며, 필요한 경우 데이터의 전환을 위한 별도의 프로그램을 작성하기도 한다.

(4) 운영 및 유지보수 단계 : 시스템을 운영함과 동시에 사용과정에서 새로운 요구사항에 대하여 시스템을 수정 및 보완하는 과정이다. 이 과정은 가장 많은

자금과 인력이 투입되는 어려운 과정이다. 유지보수의 어려움을 줄이기 위해 다양한 프로그래밍 기법들이 사용되고 있다. 구조적 프로그래밍과 객체 지향적 프로그래밍이 대표적인 예라고 할 수 있다.

이상과 같은 SDLC 방법은 여러 가지 장점이 있지만 **단점**도 있다. 가장 큰 단점은 사용자가 요구한 사항이 새로운 시스템에 제대로 반영되었는지의 여부가 시스템 개발이 완료된 후에 알 수 있다는 것이다. 이러한 단점을 해결할 수 있는 방법이 바로 **프로토타이핑**prototyping방법으로서 SDLC 다음으로 많이 사용되는 정보시스템 개발방법법이다.

프로토타이핑 방법에서는 기본적인 사용자의 요구사항을 파악한 후 시스템의 초기 모형을 만든다. 그리고 사용자가 시스템의 초기 모형을 사용한 후 평가를 하여 이를 수정 및 보완한다. 이러한 과정을 몇 번 거치게 되면 점차 완전한 시스템으로 발전을 하게 되어 최종적으로 더 이상 수정할 필요가 없는 최종 시스템이 완성된다. 그러나 프로토타이핑 방법은 규모가 크거나 매우 복잡한 시스템에는 적용할 수 없는 단점이 있다.

3.29 정보시스템의 전략적 활용

정보시스템의 역할은 시대에 따라 변하여 왔다. 초기에는 정보시스템이 회계분야에 업무처리를 위해 사용되다가 1970년대에 와서는 경영자의 업무(통제 및 의사결정)를 지원하기 위해 사용되었다. 1980년대에 들어서는 정보시스템의 역할이 획기적으로 바뀌어 조직의 경쟁력을 높여주는 수단으로 정보시스템이 활용되기 시작하였다. 이렇게 정보시스템을 전략적으로 활용하는 경우 이를 **전략정보시스템**Strategic Information Systems이라고 한다.

전략정보시스템은 경쟁력향상 · 신사업진출 · 조직 리엔지니어링re-engineering 등의 전략 목표를 달성하기위해 개발되어 실제로 이러한 전략수행에 도움을 주거나 경쟁우위 확보에 도움을 줄 수 있는 시스템을 의미한다. 일반적으로 전략정보시스템은 조직의 목표 · 전략 · 업무프로세스business process · 고객 및 공급업체와의 관계 등에 많은 변화를 초래한다. 이러한 변화는 조직 구성원의 저항으로 이어질 수 있기 때문에 적절한 관리가 필요하다. 또한 전략정보시스템이 제공하는 전략적 이점이 지속되기 위해서는 경쟁업체가 쉽게 모방할 수 없는 시스템이어야 한다.

전통적인 정보시스템들이 혁신적인 방식으로 활용될 경우 이러한 정보시스템도 전략정보시스템이 될 수 있다. 아메리칸 항공American Airlines의 SABRE(세이버)시스템이 대표적인 사례이다. SABRE는 컴퓨터예약시스템으로 비행기 · 렌트카rent car · 호텔hotel · 여객선 · 극장 등을 단말기를 통해 예약할 수 있으며, 동일한 출발시각에 다른 항공사의 비행기가 있을 경우 American Airlines에 우선적으로 예약되도록 설계되었다. SABRE는 개발 초기에는 American Airlines의 경쟁우위 획득에 중요한 역할을 하였다. 그러나 얼마 후 대부분의 항공사가 이와 유사한 시스템을 개발하고 난 이후에는 더 이상의 경쟁우위를 제공하지 못하고 기본적인 거래처리 업무를 담당하는 정보시스템이 되었다.

이와 같이 정보시스템을 전략적으로 활용하는 것은 매우 중요하지만 쉬운 일은 아니다. 이러한 정보시스템의 전략적 활용방안을 몇 가지 살펴보면 다음과 같다.

첫째, 정보시스템을 제품 및 서비스를 차별화시키기 위한 수단으로 활용하여야 한다. 대표적인 사례로서 델 컴퓨터Dell Computer를 들 수 있다. 델 컴퓨터는 다른 컴퓨터 제조업체와는 달리 소비자에게 직접 주문을 받아 생산을 하는 독특한 주문 및 생산시스템을 구축하여 경쟁력을 높였다. 경쟁업체에서 델 컴퓨터의 주문 및 생산방식을 모방하였으나 성공할 수 없었다.

둘째, 조직 내에는 많은 가치 활동들이 있다. 그런데 가치 활동들은 서로 연관되어 있기 때문에 가치사슬이라고도 한다. 이러한 조직 내의 가치사슬을 분석하여 자사 제품 및 서비스의 가치를 가장 많이 높이는 활동을 정보기술을 이용하여 자동화하여야 한다. 예를 들어 제품의 설계가 중요한 조직에서는 CAD 시스템을 도입하여 신속한 제품설계가 이루어지도록 하여야 하며 제조공정의 유연성이 중요한 조직에서는 공장자동화를 추진하여 경쟁력을 높여야 한다.

셋째, 조직의 경쟁력에 영향을 미치는 여러 가지 요인을 분석하여 정보기술을 이용하여 적절히 대응하여야 한다. 조직의 경쟁력에 영향을 미치는 요인으로는 신규진입세력 · 대체제의 출현 · 공급업자의 협상력 · 고객의 협상력 · 경쟁업체를 들 수 있다. 정보시스템을 활용하여 신규진입세력을 막을 수 있는 진입장벽을 만들어야 하며, 빠른 시간 내에 대체재를 개발하여야 하며 공급업자 및 고객의 전환비용을 높여야 하며, 경쟁업체에 대응할 수 있는 전략을 수립할 수 있도록 하여야 한다.

넷째, 고객의 요구에 민첩하게 대응할 수 있는 시스템을 도입하여야 한다. 이러한 시스템의 대표적인 예는 월마트의 재고시스템을 들 수 있다. 월마트는 경쟁업체인 K-마트에서 사용하는 Push Systems가 아닌 Pull Systems를 사용하였다. 월마트의 Pull Systems는 정보기술을 이용하여 고객의 수요에 신속히 대응하여 재고비용을 최소화하면서도 품절이 일어나지 않도록 하는 정보시스템이다. 월마트는 이 시스템을 활용하여 전 세계에서 가장 경쟁력이 있는 할인점이 된 것이다.

다섯째, 조직의 핵심역량이란 경쟁업체에 비해 월등히 잘되고 있는 분야라고 할 수 있다. 이런 핵심역량을 강화할 수 있는 방향으로 정보시스템을 활용하여야 한다. 대표적인 사례로 혼다자동차를 들 수 있다. 혼다자동차의 핵심역량은 딜러관리dealer management이다. 오토바이의 생산 및 판매에서 축적된 딜러관리의 역량을 승용차의 생산 및 판매에도 적용할 수 있었던 것은 정보시스템 덕분이라고 할 수 있다. 혼다자동차는 이러한 정보시스템을 활용하여 미국 자동차시장에 뛰어들어 단기간에 엄청난 성과를 거둘 수 있었다.

기업혁신과 정보시스템의 활용 3.30

최근 기업을 둘러싸고 있는 환경이 급변하고 있으며 경쟁도 더욱 치열해지고 있다. 이러한 환경 하에서 기업이 존속 및 성장하기 위해서는 혁신을 하지 않을 수 없다. 혁신은 기업에 많은 변화를 초래한다. 경쟁력을 높이고 기업을 변화시키기 위해서는 정보시스템의 활용이 필수적이다. 새로운 정보시스템을 개발하여 활용하면 기업의 목표 · 전략 · 정책 · 업무프로세스 · 제품 및 서비스 등에 변화가 일어난다. 어쩌면 기업을 변화시키기 위해 새로운 정보시스템을 개발하는 것이다.

그러나 변화의 정도는 기업에 따라 다르다. 업무 프로세스의 관점에서 정보시스템의 개발에 따른 변화의 정도를 설명하면 다음과 같이 요약될 수 있다.

첫째, 현재의 업무프로세스를 전혀 변경하지 않은 채 새로운 정보시스템을 개발하는 경우이다. 이 경우에는 정보기술의 투자성과가 거의 나타나지 않는다. 오히려 잘못된 업무 프로세스를 정보기술을 이용하여 자동화하기 때문에 역효과가 나기도 한다.

둘째, 현재 업무 프로세스의 문제점을 파악하여 이를 제거한 후 새로운 정보시스템을 적용하는 경우이다. 이를 업무개선이라고 한다. 업무개선은 첫째 방법보다 성과가 있지만 큰 성과를 기대하기는 어렵다.

셋째, 현재 업무 프로세스를 완전히 무시하고 백지상태에서 새로운 업무 프로세스를 재설계한 후 이에 따른 정보시스템을 개발하는 경우이다. 이를 업무재설계BPR라고 한다. 이 경우 성과를 획기적으로 높일 수 있는 장점이 있지만 기업에 많은 변화가 초래되어 구성원들의 저항이 일어나는 단점도 있다. 조직구성원의 저항을 제대로 관리하지 못하면 새로운 정보시스템의 개발을 통한 기업혁신은 실패하게 된다.

넷째, 새로운 비즈니스 모델을 창출한다든지 업종을 완전히 바꾼다든지 기업의 모습을 새롭게 만드는 경우이다. 이는 가장 큰 변화가 수반되면서도 가장 위험한 방법이다. 물론 성공하면 큰 성과를 기대할 수 있다.

정보시스템은 기업에 많은 영향을 미친다.

우선 경제적인 측면의 영향을 보면 먼저, 정보도 자원이기 때문에 자본과 마찬가지로 노동을 대체할 수 있다. 따라서 정보시스템을 활용하면 기업구성원의 수를 줄일 수 있게 된다. 또한 거래비용이론에 따르면 기업의 규모(즉 종업원의 수)가 커지면 거래비용이 줄어든다. 그런데 정보시스템을 활용하면 기업의 규모를 크게 하지 않고도 거래비용을 줄일 수 있게 된다. 이를 달리 말하면 동일한 거래비용을 유지하기 위해 기업의 규모를 줄일 수 있다는 의미이다. 셋째, 대리인비용이론에 따르면 기업규모가 커지면 대리인비용(즉 관리비용)이 늘어나게 된다. 그런데 정보시스템을 활용하면 대리인비용이 줄어들게 된다.

관리적인 측면에서도 정보시스템은 기업에 영향을 미친다. 앞서 언급한 바와 같이 경영계층은 최고경영층 · 중간경영층 · 하위경영층으로 구분할 수 있다. 여기서 중간경영층의 역할이란 최고경영층과 하위경영층을 연결해 주는 것이다. 이러한 역할은 정보시스템으로 대체될 수 있다. 정보시스템을 활용하면 최고경영층이 중간경영층으로부터 보고를 받지 않고도 필요한 정보를 획득할 수 있다. 또한 최고경영층은 중간경영층을 거치지 않고 직접 하위경영층에 지시를 내릴 수 있다. 그 이유는 정보시스템이 통제의 범위를 넓혀주기 때문이다.

이와 같이 기업혁신을 위해서 새로운 정보시스템을 구축하게 되면 기업에는 많은 변화가 일어난다. 이러한 변화는 당연히 필요한 것이지만 때때로 기업의 구성원의 입장에서는 받아들이기 힘든 현상이 되기도 한다. 인간은 근본적으로 변화를 싫어하기 때문에 이러한 변화가 자신들에게 불리한 것으로 인식된다면 변화를 수용하지 않을 것이다. 예를 들어 새로운 정보시스템이 도입됨에 따라 기업구성원들이 지금까지 해오던 업무가 바뀌거나 새로운 부서로 이전이 되거나 심지어 해고된다면 이러한 변화에 대하여 저항하게 된다. 따라서 새로운 정보시스템을 도입할 때 기업구성원들의 저항을 최소화하기 위한 방안을 마련하지 않고 추진하면 실패할 수밖에 없다.

기업 구성원들의 새로운 정보시스템에 대한 저항을 최소화하기 위한 방안은 다음과 같다.

첫째, 기업의 비전을 제시하여 구성원들의 공감대를 형성하여야 한다. 이때 최고경영자의 관심과 지원이 매우 중요하다. 구성원들에게 기업이 변하지 않으면 안 되는 상황을 설명하고 변화과정에서의 어려움을 미리 알리고 그리고 기업의 미래모습을 제시한다면 구성원들은 변화를 수용할 수 있을 것이다.

둘째, 변화과정에 구성원들을 적극적으로 참여시켜야 한다. 자신이 변화를 추진하는 입장에 있으면 변화를 쉽게 수용할 수 있을 것이다. 따라서 정보시스템의 개발과정에 구성원들을 많이 참여시키는 것은 그들이 원하는 정보시스템을 개발한다는 점도 있지만 저항을 최소화하는 목적도 있다. 마지막으로 새로운 정보시스템에 잘 적응할 수 있도록 교육과 훈련도 빼놓을 수 없다. 익숙하지 않으면 사용하지 않기 때문이다.

주요 용어 및 토론 주제

3.1 컴퓨터의 분류_

주요 용어

특수목적 컴퓨터, 일반목적 컴퓨터, 마이크로컴퓨터, 워크스테이션, 미니컴퓨터, 메인프레임컴퓨터, 슈퍼컴퓨터

주요 질문

1. 컴퓨터는 크게 어떻게 분류할 수 있는가?
2. 일반목적 컴퓨터의 특징에 대해 설명하시오.
3. 일반목적 컴퓨터를 처리능력과 크기에 따라 분류하시오.

3.2 컴퓨터시스템의 구성 및 처리방법_

주요 용어

컴퓨터시스템, 자료처리주기, 일괄처리, 즉시처리

주요 질문

1. 시스템이란 무엇인가?
2. 컴퓨터시스템의 구성요소에 대해 설명하시오.
3. 일괄처리의 문제점에 대해 논의하시오.

3.3 컴퓨터 하드웨어_

주요 용어

컴퓨터 하드웨어, 입력기능(장치), 처리기능(장치), 출력기능(장치), 저장기능(장치)

주요 질문

1. 컴퓨터 하드웨어의 입력기능에 대해 설명하시오.
2. 컴퓨터 하드웨어의 처리기능에 대해 설명하시오.
3. 컴퓨터 하드웨어의 출력기능에 대해 설명하시오.
4. 컴퓨터 하드웨어의 저장기능에 대해 설명하시오.

3.4 컴퓨터 하드웨어의 처리장치_

주요 용어

중앙처리장치, 주기억장치, 제어장치, 연산/논리 장치, RAM, 보조기억장치

주요 질문

1. 중앙처리장치에는 어떤 장치들이 포함되는가?
2. 제어장치의 기능에 대해 설명하시오.
3. 주기억장치와 보조기억장치의 차이점은 무엇인가?

3.5 컴퓨터 소프트웨어_

주요 용어

컴퓨터 소프트웨어, 시스템소프트웨어, 응용소프트웨어

주요 질문

1. 컴퓨터 소프트웨어의 기능은 무엇인가?
2. 컴퓨터 소프트웨어는 어떻게 분류할 수 있는가?
3. 시스템소프트웨어와 응용소프트웨어를 비교 설명하시오.

3.6 시스템소프트웨어_

주요 용어

운영체제, 프로그래밍언어, 기계어, 어셈블리언어, 고급언어

주요 질문

1. 운영체제의 기능에 대해 설명하시오.
2. 기계어와 고급언어를 비교 설명하시오.

3.7 응용 소프트웨어_

주요 용어

범용프로그램, 전용프로그램, 데이터베이스관리시스템, 그룹웨어

주요 질문

1. 응용소프트웨어의 기능에 대해 설명하시오.
2. 응용소프트웨어의 종류에는 어떤 것이 있는가?
3. 범용프로그램에는 어떤 것이 포함되는가?

3.8 컴퓨터시스템의 처리방식_

주요 용어

중복처리, 다중프로그래밍, 멀티태스킹, 시분할, 다중처리

주요 질문

1. 중복처리의 개념에 대해 설명하시오.
2. 다중프로그래밍과 다중처리의 차이에 대해 설명하시오.
3. 시분할의 개념에 대해 설명하시오.

3.9 데이터베이스_

주요 용어

자료, 정보, 데이터베이스, 데이터베이스관리시스템, 데이터 모형

주요 질문

1. 자료와 정보의 차이를 설명하시오.
2. 자료 관리를 위한 데이터베이스 방식에 대해 설명하시오.
3. 데이터베이스 방식에서 데이터베이스관리시스템의 역할은 무엇인가?
4. 데이터 모형의 개념에 대해 설명하시오.

3.10 데이터웨어하우스_

주요 용어

거래처리시스템, 의사결정지원시스템, 데이터웨어하우스

주요 질문

1. 데이터웨어하우스란 개념이 등장하게 된 배경에 대해 설명하시오.
2. 데이터웨어하우스의 특성에 대해 설명하시오.
3. 기존의 데이터베이스와 데이터웨어하우스의 차이는 무엇인가?

3.11 정보통신의 개요_

주요 용어

통신, 통신매체, 아날로그 신호, 디지털 신호, 유선 통신매체, 무선 통신매체

주요 질문

1. 정보통신시스템의 구성요소는 무엇인가?
2. 아날로그 신호와 디지털 신호를 비교 설명하시오.
3. 무선 통신매체로는 어떤 것이 있는가?

3.12 통신 프로토콜_

주요 용어

프로토콜, OSI, TCP/IP

주요 질문

1. 프로토콜이란 무엇인가?
2. 정보통신에서 왜 프로토콜이 필요한가?
3. 인터넷에서 주로 사용되는 프로토콜은 무엇인가?

3.13 통신망의 종류_

주요 용어

근거리통신망, 원거리통신망, 부가가치통신망, 종합정보통신망

주요 질문

1. 통신망은 어떤 기준으로 분류될 수 있는가?
2. 근거리통신망이란 무엇을 의미하는가?
3. 부가가치통신망에 대해 설명하시오.

3.14 분산처리_

주요 용어

중앙집중처리, 분산처리, 클라이언트/서버 시스템, 다운사이징

주요 질문

1. 중앙집중처리와 분산처리를 비교 설명하시오.
2. 클라이언트/서버 시스템에서 클라이언트와 서버의 역할을 각각 설명하시오.
3. 다운사이징은 무엇을 의미하는가?

3.15 인터넷의 발전과정_

주요 용어

인터넷, 패킷스위칭, 클라이언트-서버 컴퓨팅, TCP/IP 프로토콜, 웹브라우즈, 백본

주요 질문

1. 인터넷이란 무엇이며, 어떻게 탄생되었는가?
2. 인터넷은 어떤 단계를 거쳐 오늘날의 인터넷으로 발전하였는가?
3. 인터넷은 지금 어떻게 활용되고 있는가?

3.16 인터넷이 제공하는 서비스_

주요 용어

원격 로그인, 전자우편, 스팸메일, 채팅, 메신저, 콘퍼런스, 유즈넷, 리스트서브, 파일전송, 스트리밍 기술, 월드와이드웹, HTML 언어

주요 질문

1. 인터넷에서 제공되는 주요 서비스로는 어떠한 것이 있는가?
2. 전자우편은 어떠한 용도로 활용되고 있는가?
3. 월드와이드웹이 어떻게 인터넷을 대중화시킬 수 있었는가?

3.17 패킷스위칭과 TCP/IP 프로토콜_

주요 용어

통신규약, 프로토콜, 패킷스위칭, TCP/IP, IP주소 체계, 클래스

주요 질문

1. 패킷스위칭이란 무엇을 말하는가?
2. 인터넷에서 TCP/IP 프로토콜이 하는 역할은 무엇인가?
3. 인터넷의 주소체계는 어떻게 구성되어 있는가?

3.18 월드와이드웹WWW과 웹브라우즈_

주요 용어

월드와이드웹WWW, HTML, 웹브라우즈

주요 질문

1. 월드와이드웹은 어떻게 탄생하였는가?
2. 월드와이드웹의 주요 특징은 무엇인가?
3. 월드와이드웹은 인터넷 비즈니스에서 어떻게 활용되고 있는가?

3.19 전자상거래의 개념과 유형_

주요 용어

전자상거래, EDI, CALS, B2C, B2B, G2C, C2C, 인터넷 비즈니스

주요 질문

1. 인터넷 전자상거래란 무엇을 말하는가?
2. 전자상거래의 유형은 어떻게 구분할 수 있는가?
3. 전자상거래는 어떻게 발전하고 있는가?

3.20 인터넷 비즈니스 모델의 개념_

주요 용어

인터넷 비즈니스 모델, 수익모델, 지원모델

주요 질문

1. 인터넷 비즈니스 모델이란 무엇을 의미 하는가?
2. 왜 수익 모델이 중요한가?
3. 수익모델이 수익을 창출하는 다양한 방식에 대해 설명하시오.

3.21 고객관계관리CRM와 공급사슬관리SCM_

주요 용어

고객관계관리, 공급사슬, 공급사슬관리

주요 질문

1. 고객관계관리에 대해 아는 대로 설명해 보시오.
2. 공급사슬은 무엇을 의미하는가?
3. 공급사슬관리에서 정보기술이 중요한 역할을 하는 이유를 생각해 보시오.

3.22 최신 인터넷 기술_

주요 용어

인터넷, PDA, 와이브로, 유비쿼터스, Web 2.0

주요 질문

1. 최신 인터넷 기술의 발전 추세(방향)에 대해 논의 하시오.
2. 최신 인터넷 기술들이 어떻게 기업에 활용될 수 있을 지에 대해 논의하시오.

3.23 정보시스템의 의의_

주요 용어

정보, 정보시스템, 지식경제, 글로벌 경제, 대량생산, 대량맞춤

주요 질문

1. 정보 자원이 중요한 이유는 무엇인가?
2. 지식경제와 정보시스템은 어떻게 관련이 있는가?
3. 정보시스템이란 무엇을 말하는가?

3.24 정보시스템의 유형_

주요 용어

정보시스템의 유형, 사무정보시스템, 거래처리시스템, 경영정보시스템, 의사결정지원시스템, 중역정보시스템

주요 질문

1. 정보시스템의 유형은 어떠한 기준으로 구분될 수 있는가?
2. 거래처리시스템의 특징은 무엇인가?
3. 경영정보시스템의 특징은 무엇인가?
4. 의사결정지원시스템과 중역정보시스템의 특징은 무엇인가?

3.25 그룹의사결정지원시스템_

주요 용어

의사결정지원시스템, 그룹의사결정지원시스템, 그룹웨어, 그룹의사결정

주요 질문

1. 그룹의사결정의 특성에 대해 생각하시오.
2. 의사결정지원시스템과 그룹의사결정지원시스템의 차이점을 비교 설명하시오.
3. 그룹웨어에는 어떤 기능들이 포함되는지를 설명하시오.

3.26 전문가시스템_

주요 용어

전문가시스템, 지식베이스, 추론엔진, 설명 기관, 지식획득 기관

주요 질문

1. 전문가시스템의 특성에 대해 설명하시오.
2. 전문가시스템이 사용될 수 있는 다양한 분야에 대해 생각해 보시오.
3. 전문가시스템이 전문가를 완전히 대체할 수 있는지 아니면 단지 전문가에 대한 지원 기능만 수행할 수 있는지 생각하고 논의하시오.

3.27 정보시스템 아웃소싱_

주요 용어

정보시스템 아웃소싱, 파트너십, 경쟁우위

주요 질문

1. 정보시스템 아웃소싱의 최근 추세를 설명하시오.
2. 정보시스템 아웃소싱의 이점을 설명하시오.
3. 정보시스템 아웃소싱의 단점을 설명하시오.

3.28 정보시스템 개발방법론_

주요 용어

정보시스템 개발방법론, SDLC, 프로토타이핑, 분석, 설계, 구현, 운영 및 유지보수, 시스템 전환

주요 질문

1. 정보시스템 개발방법론이란 무엇을 말하는가?
2. SDLC 방법의 특징은 무엇인가?
3. 프로토타이핑 방법의 특징은 무엇인가?

3.29 정보시스템의 전략적 활용_

주요 용어

전략정보시스템, 업무 프로세스, 경쟁력, 리엔지니어링

주요 질문

1. 전략정보시스템이란 무엇인지 설명하시오.
2. 전략정보시스템의 대표적인 사례를 설명하시오.
3. 정보시스템을 전략적으로 활용하는 방안을 설명하시오.

3.30 기업혁신과 정보시스템의 활용_

주요 용어

기업혁신, 업무재설계(BPR), 거래비용, 대리인비용, 업무 프로세스

주요 질문

1. 기업혁신과 정보시스템의 관계를 설명하시오.
2. 새로운 정보시스템에 대한 기업 구성원들이 저항을 하는 이유를 설명하시오.
3. 기업 구성원들의 저항을 최소화할 수 있는 방안을 설명하시오.

주요 참고문헌

강재정 외 공역, 정보시스템의 이해 (한경사, 2005)

김기수 · 성도경, 컴퓨터와 정보시스템 개정판 (한국지역발전연구재단 출판부, 1997)

김원수, 경영학개론 (경문사. 1996)

노택환 외, 국제통상의 이해 (박영사, 2004)

박명호 · 박종무 · 윤만희, 마케팅 개정판 (경문사. 2003)

박영봉 · 박종무 · 김상현 · 이희욱, 소비자의 이해 (영남대학교출판사. 2001)

서길수, 데이터베이스관리 제3판 (박영사, 2005)

서성무 · 이지우, 경영학의 이해 (형설출판사. 2003)

서인덕 · 김윤상, 현대경영의 이해 (문영사. 2005)

손정식, 소프트 경제원론 (문영사, 2007)

정경수 외, 경영정보시스템 (이프레스, 2004)

정재영 외 공역, 경영학 배움터 (생능출판사. 2006)

조재희 · 박성진, 데이터웨어하우스의 효과적 활용기법 OLAP 테크놀로지 (시그마컨설팅그룹, 1999)

한국개발원 경제정보센터, 경제정책용어해설 (KDI, 2007)

한국개발원 경제정보센터, 이야기로 배우는 경제공부 (매일경제신문사, 2007)

한국은행, 우리나라의 금융시장 (2006)

한동근, 국제금융의 이해 (명경사, 2006)

Gregory Mankiw, *Macroeconomics* (Worth, 2007)

K. Laudon & J. Laudon, *Management Information Systems* (Prentice Hall, 2007)

Mark Skousen & Kenna C. Taylor, *Puzzles and Paradoxes in Economics*, 권선주 역, 경제학의 퍼즐과 패러독스 (인간사랑, 2003)

Montousse Marc & Chamblay Dominique, *100 Fiches Pour Comprendre les Sciences Economiques*, 강주헌 역, 하룻밤에 읽는 경제학 (랜덤하우스 중앙, 2005)

Paul R. Krugman and Maurice Obstfeld, *International Economics* (Addison-Wesley Publishing Company, 2000)

Todd G. Buchholz, *From Here to Economy*, 이성훈 역, 유쾌한 경제학 (김영사, 1997)

찾아보기

한 권으로 배우는

경제 · 경영 · 정보시스템의 이해

초판 1쇄 인쇄 _ 2008년 8월 18일
초판 1쇄 발행 _ 2008년 8월 25일

지은이 _ 노택환 · 박종무 · 한동근 · 한영춘 · 김기수
펴낸이 _ 우동기
펴낸곳 _ 영남대학교출판부
디자인 _ GukjeAD

출판등록 _ 1975년 9월 5일 경산 제16-1호
주소 _ 경북 경산시 대동 214-1
전화 _ 053) 810-1801~3
FAX _ 053) 810-4722
홈페이지 _ book.yu.ac.kr

ISBN 978-89-7581-358-0 93320

*값은 표지 뒷면에 있습니다.
*잘못 만들어진 책은 바꾸어 드립니다.